普通高等学校物流管理专业系列教材

采购与供应管理

Purchasing and Supply Management

赵道致　王振强　等 编著

Zhao Daozhi　Wang Zhenqiang

清华大学出版社

北京

内 容 简 介

采购与供应管理是物流与供应链管理的重要组成部分。本书由 13 章组成,以加工制造类企业的采购与供应环节的各项业务内容为研究对象,基于现代物流和供应链管理的理论和方法以及最先进的采购与供应链管理的实践,分别从采购与供应环节的组织、策略与计划、自制与外包决策、供应商选择与评价等方面系统地介绍了一般加工制造类企业采购与供应环节各项业务的内容、基本原理、相关法规和决策优化方法等内容。

本书可作为普通高等学校物流类专业本科生教材,也可供其他相关专业的学生和从事物流与供应链管理领域工作的人员学习参考。

图书在版编目(CIP)数据

采购与供应管理/赵道致,王振强等编著 . —北京:清华大学出版社,2009.7(2022.1重印)
(普通高等学校物流管理专业系列教材)
ISBN 978-7-302-19868-0

Ⅰ. 采… Ⅱ. ①赵… ②王… Ⅲ. ①采购-物资管理-高等学校-教材 ②物资供应-物资管理-高等学校-教材 Ⅳ. F252

中国版本图书馆 CIP 数据核字(2009)第 051659 号

责任编辑:张秋玲 洪 英
责任校对:刘玉霞
责任印制:杨 艳

出版发行:清华大学出版社
　　　　网　　　址:http://www.tup.com.cn,http://www.wqbook.com
　　　　地　　　址:北京清华大学学研大厦 A 座　　　　　　邮　　编:100084
　　　　社 总 机:010-62770175　　　　　　　　　　　　　邮　　购:010-62786544
　　　　投稿与读者服务:010-62776969,c-service@tup.tsinghua.edu.cn
　　　　质 量 反 馈:010-62772015,zhiliang@tup.tsinghua.edu.cn
印 装 者:三河市铭诚印务有限公司
经　　　销:全国新华书店
开　　本:185mm×230mm　　　　　印　张:19　　　　　字　　数:410 千字
版　　次:2009 年 6 月第 1 版　　　　　　　　　　　　　印　　次:2022年1月第12次印刷
定　　价:55.00 元

产品编号:026583-05

编　委　会

丛　书　序

　　物流业正在成为我国新兴的快速发展的行业,对物流人才的需求也急剧上升。据人才市场需求信息统计显示,物流被列为我国 12 类紧缺人才门类之一。业内专家认为,在未来 7~10 年里,随着经济的高速增长和物流业的快速发展,我国将进入物流人才需求的高峰期,人才缺口会持续扩大。

　　当前,与我国物流业的迅速发展不相协调的是我国物流人才培养体系的滞后,主要表现为以下两个方面:一是物流人才的培养速度跟不上物流业的发展速度;二是物流从业人员大多数没有受过系统的物流教育,与发达国家相比,我国物流从业人员的素质有很大的差距。(据有关统计资料显示,美国物流管理人员大约 95% 拥有学士学位、45% 拥有研究生学位、22% 获得了正式的从业资格证书。)

　　可喜的是,我国有关教育部门已认识到物流人才培养的紧迫性,在本科专业目录中设置了"物流工程"和"物流管理"两个专业,各专业人才培养的定位如下:

　　物流工程专业——从工程和技术的角度,对物流系统的硬件进行设计、制造、安装、调试等,同时也需要规划软件的能力。

　　物流管理专业——应用管理学的基本原理和方法,对物流活动进行计划、组织、指挥、协调、控制和监督,使物流系统的运行达到最佳状态,实现降低物流成本、提高物流效率和经济效益的目标。

　　现在有条件的大学已纷纷设立了物流相关专业,着力培养物流领域的人才。到目前为止,超过 300 所高校设置了物流专业,其中超过 200 所高校设置的是物流管理专业。

　　为了促进物流管理专业人才培养体系的规范和完善,2006 年 8 月 26—27 日,清华大学工业工程系召开了"全国高校物流管理(暨工业工程)教学与实验室建设研讨会"。在这次会议上,教材建设问题是大家讨论的一个焦点。会上决定由清华大学和天津大学牵头组织国内一些在物流管理领域有丰富教学科研经验的专家学者编写一套体系合理、知识实用、内容完整的物流管理专业系列教材,以满足各兄弟院校本科人才培养的需求。

　　在此后的一个月,清华大学和天津大学进行了充分沟通,初步确定了教材定位与教材结构。为了使这套教材真正编出特色、编出水平,又进一步确定了南京大学、同济大学、上海交通大学、华中科技大学、中国科学技术大学、对外经济贸易大学等院校物流管理专业的教师组成"普通高等学校物流管理专业系列教材"编委会,共同完成这套教材的组织与编写工作。

　　2006 年 10 月编委会正式成立,并于 14—15 日在清华大学召开了编委会第 1 次工作会议,进一步明确了本系列教材的具体编写任务和计划。2007 年 3 月 31 日—4 月 1 日,编委会第 2 次会议在清华大学召开,对教材大纲逐一进行了审查,并明确了编写进度以及编写过程中需要注意的问题,整个教材编写工作进展顺利。

这套教材主要定位为普通高等学校物流管理专业以及其他相关专业的本科生。共有11 本主教材和 1 本实验教材,分别是《物流导论》、《物流网络规划》、《现代物流装备》、《交通运输组织基础》、《库存管理》、《采购与供应管理》、《企业生产与物流管理》、《物流服务运作管理》、《物流信息系统》、《国际物流与商务》、《物流系统仿真》和《物流管理系列实验》。在内容的组织和编排上,与学生已学过的工程管理类专业基础课程的内容成先后关系,一般要求学生在进入本系列的专业课程学习之前,应先修诸如"工程经济学"、"概率论与应用统计学"、"运筹学"(数学规划、应用随机模型)、"数据库原理"等课程。

这套教材基本涵盖了物流管理专业的主要知识领域,同时也反映现代物流的管理方法及发展趋势,不仅适用于普通高等学校物流管理、物流工程、工业工程、管理科学与工程、交通运输等专业的本科生使用,对研究生、高职学生以及从事物流工作的人员也有很好的参考价值。

因水平所限,加之物流工程与管理发展迅速,故教材中不妥之处在所难免,欢迎批评指正,以便再版时修改、完善。

盛昭瀚

2008 年元月于南京大学

前　　言

本书是"普通高等学校物流管理专业系列教材"之一。这套教材建设的构思,成形于2006 年 8 月在清华大学召开的"工业工程教学研讨会"。在这次研讨会上,包括清华大学、天津大学、南京大学等 8 所大学的工业工程与物流类专业的学者同行一致认为,在物流在经济系统中的作用日益重要、物流实践快速成熟、物流学科快速发展、专业人才需求迅速增长的情况下,为了使我国的物流人才培养能够适应经济发展对物流人才的需求,也为了缩小我国在物流教育方面与发达国家的差距,有必要集中国内高校的优势力量,由国内在物流学科的教学和科研方面相对较强的高等院校联合研讨出版一套物流类专业本科教材。经过 8 所院校相关学者的多次研讨,确定了本系列教材的总体框架和每本书的编写大纲。本书就是上述工作的成果之一。

随着信息通信技术和经济全球化的快速发展,经济系统中的制造和消费方式发生了巨大变化,在经济系统中起着重要作用的物流与供应链的实践创新也在快速发展,进而对相应专业人才的需求也在快速增长,相关的研究百花齐放。在这种情况下,国内外高校纷纷创建物流类专业。我国至今已有二百多所院校设置了物流管理专业,近百所院校设置了物流工程专业,还有许多院校在企业管理、工业工程等专业设置了物流管理方向,随之,相关教材也大量出版。然而,由于在经济系统中,物流业务是一个快速成长、创新活跃的经济领域,与加工制造、流通服务、国际贸易以及电子商务等业务领域有着密切的联系和相互渗透的关系,这就使得物流的业务边界很模糊,不同业务背景和不同学科背景的专家和学者,对物流都有着不同的理解,物流学科的教材也呈现出百花齐放的局面。

然而,任何一个领域的科学和管理实践的发展都有着本身内在的规律性,一项经营业务无论多么活跃和新颖,也都有其最基本的业务形式和内容。相应地,一个新的学科和实践领域所包含或覆盖的知识,在基本理论和方法工具层面也应该是科学和统一的。所以这套教材试图在基本业务范围、基本理论和工具等方面给出一个尽可能代表本学科的本质内容、实践要求以及发展趋势的知识框架和相应的理论方法体系。

笔者曾经问过有多年物流实践工作经验的同行、MBA 学生以及工程硕士学生,用中文理解物流和供应链两个术语,其中的核各落在哪个字上,几乎 100% 的回答都是,前者强调的是"流",后者强调的是"链"。其实,这两个字都充分体现了管理中的系统思想,即事物之间的"相互联系"和"动态变化"的思想。现代的企业,无论是否有意识,都处于全球供应链的某个环节。"相互联系"在这里就表现为企业与上下游供应商和客户的联系,而与供应商之间的联系环节所发生的所有决策和运营活动,就是本书所覆盖的"采购与供应管理"的业务范围。

采购作为一种经济行为——购买行为,是人类社会文明和经济关系发展的产物。采购是通过交换方式获取生存和生产资料的一种商业行为,在人类社会发展到社会分工和交换的阶段时就已经出现了。作为生产性组织的购买生产资料的业务,采购管理也一直是企业管理的一项重要内容。随着社会分工和生产专业化程度的提高,采购在企业经营活动和社会经济系统中的作用也越来越重要。

在网络化制造已经成为一种主流的生产经营模式的时代,信息技术的发展和市场的成熟,一方面使产品寿命周期日益缩短,进而导致市场的不确定性提高;另一方面使得企业在市场通过交易方式配置资源的成本降低,进而使得企业越来越多地通过集成外部资源来获得效率和竞争优势。这就使得现代企业比传统的高度纵向集成生产经营方式的企业更加重视采购与供应管理,同时,也赋予了采购与供应管理更多的内容,使采购与供应管理不仅包括生产资料采购的业务,还包括资源运营战略层面的内容。随着物流与供应链管理实践和理论的发展,采购与供应管理的实践创新也在不停地出现和完善。因此,采购与供应管理的内容也没有清楚的定义,不同的教材在涉及的内容上也不统一。其实,所有学科都有这样的特点,越是新兴的学科,越是专业性的教材,其内容就越难明确地确定和统一。采购与供应管理教材就是一门新兴学科的专业课程教材。

本书根据教材编写委员会多次讨论的结果,考虑到目前生产型企业中采购与供应管理中带有共性的业务内容,从供应链管理的视角,确定了现在的内容框架。本书的编写本着从管理实践出发,从问题到理论与方法的原则,力图帮助读者了解相关业务的组织、计划、决策以及控制的方法和理论,向读者提供采购与供应管理领域各业务环节的介绍、解决问题的方法、相关的法律法规等内容。

本书共 13 章。第 1 章简单介绍了物流与供应链管理的定义以及采购与供应管理在企业供应链管理中的地位;第 2 章介绍了企业采购与供应管理的组织;第 3、4 两章分别讨论了采购策略和决策问题;第 5、11 两章分别介绍了供应商的选择与评价和供应商绩效与关系管理方法;第 6、7 两章分别讨论了采购环节的价格和计划问题;第 8、9 两章介绍了采购业务中的招投标和合同管理的程序和相关法律法规;第 10 章介绍了采购质量管理方法;第 12、13 两章介绍和分析了国际化采购和采购与供应管理的发展趋势。本书在阐述中尽量考虑到本科生对专业知识的学习能力,并尽可能将采购与供应管理的知识和其他相关知识联系起来,以形成一个相对完整的知识体系。

本书的学习需要读者具有一定的经济学和管理学的基础知识,了解运营管理的专业理论和方法。

本书的编写分工为,王振强负责编写第 6～9 章,其余由赵道致负责编写。在本书的编写工作中得到了天津大学研究生李广、张凤娟和黄健的参与和帮助,他们分别参与了本书第 2、10、13 章,第 4、11 章和第 12 章的编写工作。

本书的编写,得到了编委会成员的许多宝贵建议,清华大学出版社的张秋玲老师自始至终给予了大力的支持和鞭策,在此表示衷心的感谢。

　　在本书的编写过程中,参阅了大量的国内外文献资料,由于篇幅所限,在此不能一一列出,在本书的最后仅列出了其中部分参考文献。在此,向本书参考文献中未列出的文献作者表示衷心感谢。

　　最后,由于笔者的学识和能力所限,也由于采购与供应管理正在快速地发展,本书一定存在许多不足之处,敬请读者批评指正。

赵道致

2009 年元月于天津大学

目　　录

第1章 绪 论

随着人类社会发展的信息化、高科技化和全球化,物流已受到各国政府、学者和管理者的高度重视,并已成为当今社会经济活动的重要组成部分。

目前,国际上比较普遍采用的对物流的定义如下:

Logistics is that part of the supply chain process that plans, implements, and controls the efficient, effective flow and storage of goods, services, and related information from the point of origin to the point of consumption in order to meet customers' requirements.

对应地,我国对物流的定义如下:

物流是供应链的重要组成部分,是为了满足消费者需求,有效地计划、管理和控制原材料、中间仓储、最终产品及相关信息从起始点到消费地的流动过程。

由此可见,在物流覆盖的业务领域中,采购与供应是核心的业务内容,采购与供应管理是物流及供应链管理的重要工作之一。

1.1 采购与供应的概念

现代物流(logistics)从实物配送演化而来,其业务领域已经从实物配送覆盖的"企业和客户之间的桥梁"拓展到覆盖从采购与供应、生产过程支持到销售配送,以及其他相关业务的全部经营活动,如图 1-1 所示。

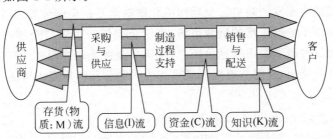

图 1-1 物流系统中的流和覆盖的生产业务领域

物流是企业价值链中的重要环节,如图 1-2 所示①,其中的采购与供应是物流中的重要组成部分。在波特的价值链模型中,采购和 R&D、HR 以及基础设施建设具有同样重要的地位,是面向所有基本业务活动提供服务的辅助业务活动;而其中的内向物流就是向生产运营过程供应所需的物资和服务。

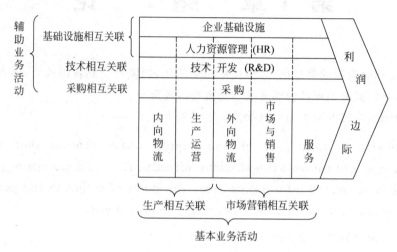

图 1-2　企业价值链模型

1. 采购的概念

采购的本来含义就是根据需要的时间和数量购买必要的商品。美国供应链管理专业协会(Council of Supply Chain Management Professionals,CSCMP)推荐的,由供应链展望公司(Supply Chain Visions)创始人之一 Kate Vitasek 编纂的《供应链与物流术语》(*SUPPLY CHAIN and LOGISTICS TERMS and GLOSSARY*),对采购的定义是,"**采购是企业有关购买需要的物品和服务的职能,包括采购计划、采购活动、存货控制、运输、接收、入库检验等业务活动(Procurement is the functions associated with buying the goods and services required by the firm. That is the business functions of procurement planning, purchasing, inventory control, traffic, receiving, incoming inspection, and salvage operations)②"**。

近年来,随着信息通信技术的快速发展和经济全球化不可逆转的趋势,全球网络化制造成为企业经营模式的主流发展趋势。全球网络化制造就是在全球范围内寻求最佳的资源配置。它既为企业提供了更加广泛的资源市场,也给企业带来了来自全球的竞争压力。更加广泛的资源市场和日益激烈的市场竞争压力,使得企业将采购管理提升到战略高度,越来越重视从企业外部获取资源,并将战略资源管理作为采购管理的重要内容之一。因此,这里我

①　迈克尔·波特.竞争优势.陈小悦译.北京:华夏出版社,1997:36

②　Vitasek K. Supply Chain and Logistics Terms and Glossary, http://cscmp.org/Downloads/Public/Resources/glossary03.pdf. 2009-3-14

们定义采购如下：

采购是企业资源运营的主要职能，跨越了战略、运营和作业 3 个层面。在战略层面，包括在尽可能大的范围内为企业寻求资源、决定资源获取方式以及选择采购方式；在运营层面，包括供应商选择与管理、采购计划、存货控制、价格控制、综合成本控制以及内向运输管理等；在作业层面，包括接收、入库验收、货款支付等。采购的目的是要以尽可能低的成本满足企业内、外部客户的需要。

在采购的概念中涵盖了如下几个关键点：

（1）寻求和获取最佳资源。从企业整体目标和客户价值的视角，基于企业的能力现状，寻求最佳的外部资源，与企业内部资源整合，以获得最大的企业效益和客户价值。还要设计最佳的资源获取方式，以有利于优质、低成本和稳定地获取资源。

（2）按需采购。所有的购买物品和服务的采购活动都必须在企业经营计划的框架下，依据企业内、外部客户的需要。

（3）满足内、外部客户的需求。采购的最终目标就是要最大限度地满足企业内、外部客户的需求。

（4）成本控制。在满足企业内、外部客户需求的前提下，采用优化采购策略，使采购成本最小化。

（5）采购质量控制。采购的物品和服务必须满足必要的质量要求，通过供应商选择、供应商开发、供应商绩效管理以及接收检验等手段和质量控制方法来控制。

（6）采购策略。依据企业经营战略而制订的有关供应商选择、管理和激励、采购方法的计划模式的原则体系。

（7）采购计划。采购是有计划的业务活动，其计划的依据是企业的经营战略、市场需求和生产计划，计划的目标是用最小的成本满足内、外部客户的数量和质量要求。

（8）存货控制。存货（inventory）是指用于创造企业产品和服务已满足客户需求的原材料、在制品、产成品以及补给品等。存货控制就是将存货控制在一定的水平上，既能满足及时需求，又要将存货成本控制在最低水平。

（9）供应商选择与管理。按照企业经营战略、采购策略和企业需求，选择最适合的供应商，建立和维护与供应商的关系，并管理供应商的物资与服务供应绩效。

2. 供应的概念

这里讲的供应主要是对企业内部需求的供应，即**在企业生产经营需要的时候，按照需要的数量，提供生产需要的物资和服务，以满足企业生产运营和市场的需要。**

供应是采购业务的延伸。现在，许多企业为了提升制造系统的效率，会将采购对企业内部客户的服务延伸到生产线，即将原材料验收入库后，继续根据生产计划或订单，将生产用原材料配套，按订单顺序交付到生产线旁。这样，既减少了车间待加工零部件的库存，又为生产现场提供了方便，提高了流动资金的周转率。

采购与供应是相辅相成的。采购是为了供应，而供应则是靠有效的采购支持。前者的业务对象是向外的,即从供应链上游组织资源,向供应商采购有形的生产物资和无形的服务;后者的业务对象是向内的,即为企业内部的生产和其他职能部门供应所需的资源。

1.2 采购与供应管理的演化

人类社会自从有了分工,就出现了交换。早期的交换,只是一种易货的交易。再之后,为了交易方便,便有人发明了货币,货币作为一般等价物,使得交易更加方便,也促进了进一步的分工。社会进入工业化阶段后,经济系统中的厂商通过用自己的产品在市场上交换原材料,完成资金的周转过程和创造利润,这时便有了企业的采购活动。

采购的理论基础,可以追溯到 18 世纪,经济学创始人之一,经济学家亚当·斯密(Adam Smith,1723—1790)的劳动分工理论和绝对优势理论。亚当·斯密在其 1776 年出版的经济学不朽之作《国民财富的性质和原因的研究》中,研究了分工问题①,提出了绝对优势理论(Theory of Absolute Advantage)。该理论指出,在某种商品的生产上,一个经济体在劳动生产率上占有绝对优势,或其生产所耗费的劳动成本绝对低于另一个经济体,若各个经济体都从事自己占绝对优势的产品的生产,继而进行交换,那么双方都可以通过交换得到绝对的利益,从而整个世界也可以获得分工的好处。企业和供应商之间的采购行为就是这种供应链上下游企业间的分工和交换(或交易)。亚当·斯密的绝对优势理论为企业采购行为奠定了最基本的基础。

英国 19 世纪经济学家大卫·李嘉图(David Ricardo,1772—1823)在其 1817 年出版的著名经济学著作《政治经济学及赋税原理》中,发展和完善了亚当·斯密的绝对优势理论,提出了比较优势理论(Theory of Comparative Advantage)②,也称相对利益理论或相对成本理论。相对优势理论认为,当若干经济体都生产几种商品,且在经济体内,生产不同商品的相对效率不同,则各经济体可以用自己生产相对效率高的产品与其他经济体交换自己生产相对效率低的产品。这种交换可以使各经济体都得到利益,进而整个世界都得到好处。

如果一个经济体生产两种商品的成本都高于另一个经济体,这时没有绝对优势。但是,只要两个经济体生产两种商品的成本差异不同,它们之间依然可以进行商品交易。即处于优势地位的经济体可以专门生产优势较大的商品,而处于劣势地位的另一经济体可以专门生产劣势较小的产品,通过分工和交易,双方仍然可以从贸易中获利。这其实就是中国哲学思想中的"两利相权取其重,两害相权取其轻"。

企业的采购行为主要是因为某些资源从外部获取比自己生产更经济。如果购买某种零部件比自己生产该零部件更经济,为何不通过外购来满足零部件需求呢?

---

① 亚当·斯密.国民财富的性质和原因的研究(上).北京:商务印书馆,1996:12
② 大卫·李嘉图.政治经济学及赋税原理.北京:华夏出版社,2005:91

　　随着科学技术的发展和市场经济的日益成熟,采购也在不断地进化。这种进化表现在功能的升级、管理模式的改善以及关注点的转移。

　　Stannack 和 Jones 根据采购关注焦点转移的过程,给出了采购演变的 4 个阶段及其特征,如表 1-1 所示。

表 1-1　Stannack 和 Jones 提出的采购管理演化阶段划分

阶　　　段	特　　　征
第 1 阶段 以采购产品为中心的采购	强调产品本身,关心 5 个"合适",只强调对具体产品的采购及其结果的重要性
第 2 阶段 以运营流程为中心的采购	强调产品本身,从只注重结果提升了一步,开始衡量形成结果的过程
第 3 阶段 以采购关系为中心的采购	强调过程和关系。拓宽思路,加入了供需方的关系以及如何利用这些关系来加强供方的质量管理
第 4 阶段 以采购绩效为中心的采购	强调最佳产品管理方法。采用综合管理的方法论来处理关系、运营和结果,并与供方联合采用这一方法论

来源:肯尼斯·莱桑斯等.采购与供应链管理.第 7 版.北京:电子工业出版社,2007:7

　　Reck 和 Long 根据采购业务地位的变化,给出了采购演化的 4 个阶段及相应的特征,如表 1-2 所示。Reck 和 Long 还指出,采购的整合是提升企业竞争力的重要武器。

表 1-2　Reck 和 Long 提出的采购职能演化的阶段划分

阶段	定　　义	特　　征
第 1 阶段 被动阶段	采购职能还未以战略为指导,而主要是对采购的需求作出初始反应	大量时间用在快速解决日常运营事务上; 由于采购职能的透明度低,其信息交流以功能性和单位性为主; 供应商的选择根据物料和获取方便程度而定
第 2 阶段 独立阶段	采购职能已采纳了最新的采购技巧和方式,但其战略方向仍未与企业整体的竞争战略接轨,因此称为独立阶段	绩效仍主要以降低成本和提高效率来衡量; 在采购和技术培训方面建立了协调的联系; 高级管理层意识到采购专业发展的重要性; 高级管理层意识到采购中有机会为创利做出贡献
第 3 阶段 支撑阶段	采购职能通过掌握采购技巧和产品来支持企业的竞争战略,以此巩固企业的优势地位	采购被划归在销售计划小组中; 供应商被看作是一种资源,强调其经验、动力和态度; 市场、产品和供应商的动向时刻被关注和分析
第 4 阶段 综合阶段	采购的策略已完全与企业整体战略接轨,并在企业其他职能中形成一股综合力量来制定并推行一个战略性的计划	已有了为采购专业人员(主管)提供的交叉职能培训; 与其他职能部门的信息交流渠道已通畅无阻; 专业的发展重点放在竞争战略的战略成分上; 采购绩效是以其对企业成功的贡献来衡量的

来源:Reck R F, Long B. Purchasing: a competitive weapon. Journal of Purchasing and Materials Management, 1988, 24: 3~5

在表 1-2 阶段划分的基础上,Reck 和 Long 还进一步找出了影响采购进化的 12 个因素及其在各阶段提升的特征,如表 1-3 所示。实际上,表 1-3 给出了 12 个因素的特征与采购提升阶段的对应关系,也就是说,要提升采购的发展水平,各个因素就应该达到相应的水平。这就为企业的采购工作改善提供了努力方向。

表 1-3　Reck 和 Long 的各个阶段及影响因素特征对应关系

要素 ＼ 特征	阶段			
	被动阶段	独立阶段	支撑阶段	综合阶段
1. 长期计划的本质	无长期计划	商品和采购步骤	战略支持	战略的综合部分
2. 推动变化的动力	上级管理的要求	同行竞争	竞争战略	综合管理
3. 职业发展的前景	有限	有机会	有较多机会	有许多机会
4. 工作绩效衡量的依据	投诉	成本的降低和供应商的绩效	竞争的目标	战略性贡献
5. 组织机构的透明度	低	有限	变化的	高
6. 信息系统的着重点	重复性	技术性	精确性	系统的需求
7. 新思路的来源	常识和错误	采购实践经验	竞争战略	各职能部门间的信息交换
8. 资源可获性的基础	有限的	任意的/可供的	有目标的	战略的需要
9. 供应商评价的基础	价格和获取方便程度	总成本的降低	竞争的目标	战略性贡献
10. 对供应商的态度	对抗的	变化的	企业的资源	相互依存和依赖
11. 专业发展重视度	没必要的	现有的新实践	战略的组成成分	交叉功能的理解
12. 总特征	文员职能	职能部门的效率	战略性推进	战略性贡献者

来源:肯尼斯·莱桑斯等.采购与供应链管理.第 7 版.北京:电子工业出版社,2007:8

1.3　采购与供应管理在供应链管理中的地位

1.3.1　SCOR 模型——采购与供应管理在供应链中的地位

这里利用 SCOR 模型来说明采购与供应管理在供应链管理中的作用。SCOR 模型(supply-chain operations reference-model)是美国供应链协会(Supply-Chain Council,SCC)开发的,适用于不同行业企业的供应链运营参考模型。该模型于 1996 年提出,至 2008 年已发展到 9.0 版[①]。

SCOR 模型建立在计划、采购、制造、配送和退货 5 个不同的管理流程之上,其整体结构如图 1-3 所示。图 1-4 是 SCOR 模型第 2 层企业内部结构。

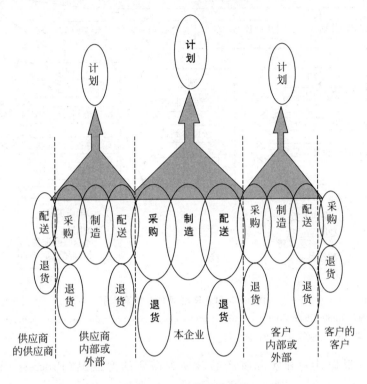

图 1-3　SCOR 模型的结构

来源:Supply-Chain Council,http://www. supply-chain. org/galleries/public-gallery/SCOR％209. 0％20Overview％20Booklet. pdf. 2009-3-14

SCOR 模型中各业务流程的定义[②]如下。

(1) 计划:平衡总需求和总供应,制订一套能最好地满足采购、生产和配送要求的计划(Processes that balance aggregate demand and supply to develop a course of action which best meets sourcing, production and delivery requirements)。

(2) 采购:根据计划和实际需要采购物品和服务(Processes that procure goods and services to meet planned or actual demand)。

---

① Supply-Chain Council,http://www. supply-chain. org/galleries/public-gallery/SCOR％209. 0％20Overview％20Booklet. pdf. 2009-3-14

② Supply-Chain Council,http://www. supply-chain. org/galleries/public-gallery/SCOR％209. 0％20Overview％20Booklet. pdf. 2009-3-14

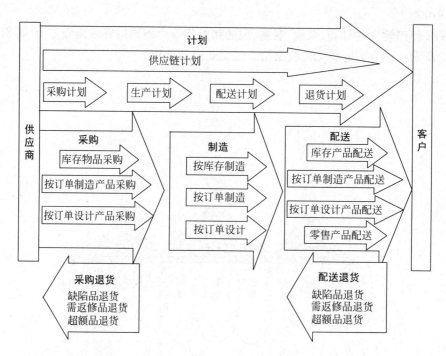

图 1-4　SCOR 模型 9.0 版第 2 层

来源：Supply-Chain Council，http://www. supply-chain. org/galleries/public-gallery/SCOR％209. 0％20Overview％20Booklet. pdf. 2009-3-14

（3）制造：根据计划和实际将产品转换为需要的产成品（Processes that transform product to a finished state to meet planned or actual demand）。

（4）配送：根据计划和实际需要提高产成品和服务，通常包括订单管理、运输管理以及配送管理（Processes that provide finished goods and services to meet planned or actual demand，typically including order management，transportation management，and distribution management）。

（5）退货：与退货或接收由于任何原因造成的退回产品相关的业务，这些业务延伸到售后服务（Processes associated with returning or receiving returned products for any reason. These processes extend into post-delivery customer support）。

SCOR 模型中各业务流程的范围[①]如下。

（1）计划：需求和供应计划与管理（demand/supply planning and management）。

（2）采购：为满足库存、按订单制造和按订单设计产品而采购（sourcing stocked，

---

① Supply-Chain Council，http://www. supply-chain. org/galleries/public-gallery/SCOR％209. 0％20Overview％20Booklet. pdf. 2009-3-14 make-to-order and engineer-to-order product)。

（3）制造：按库存制造、按订单制造和按订单设计过程的生产执行(make-to-stock,
make-to-order and engineer-to-order production execution)。

（4）配送：面向库存、按订单制造和按订单设计产品的订单、仓储、运输以及安装管理
(order, warehouse, transportation installation management for stocked, make-to-order
and engineer-to-order product)。

（5）退货：原材料退货和产成品退货(return of raw materials and receipt of returns of
finished goods)。

从图 1-3、图 1-4 和 SCOR 模型中采购业务的定义和范围可见,采购是企业经营活动中
不可缺少的重要环节,没有采购与供应,后续的制造和配送业务就无法进行。

1.3.2　全球网络化制造——采购与供应管理的重要性

信息技术快速发展和经济全球化的环境,迫使企业采用全球网络化制造模式。这一动
因影响机制可用图 1-5 来描述。

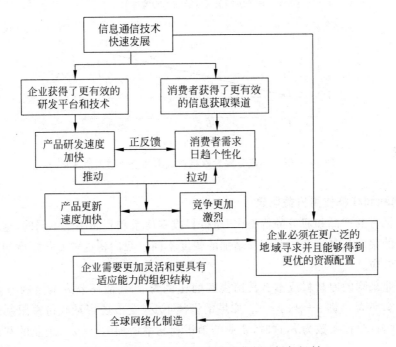

图 1-5　制造组织结构随环境演化的逻辑与机制

全球网络化制造,企业将分解原有的、在相对稳定的市场环境下相对稳定的、纵向集成
的组织结构,剥离一些非核心业务,以提升企业的核心竞争力和市场灵活性。在这种情况

下,采购与供应管理的重要性将比传统的制造模式有很大的提升,原因如下。

1. 采购从原来的原材料采购转变为战略资源选择或获取

资源寻求的区域从较小的地理范围扩展到全球范围,赋予采购更加重要的在全球范围寻求资源优化配置的责任;大量非核心业务外包,也使得企业对外部资源的依赖增加,进而使得采购职能更加重要。采购绩效的优劣直接关系到企业从外部整合资源的交易成本的大小,进而影响到企业资源配置战略的制定。

2. 采购成本大幅度上升

全球网络化制造和传统的制造模式相比,纵向集成度相对较低。与较高的纵向集成度相比,全球网络化制造的原材料成本在总成本中占比重相对较大,这是因为有些加工环节已经剥离到原材料供应商一端,企业内的工艺环节缩短,相应地,企业内增加值缩小,如图1-6所示。在这种情况下,采购成本的降低就具有重要的战略意义。

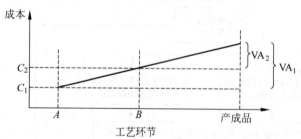

A：高纵向集成度的企业内　　　　C_1：高纵向集成度的企业采购
　　加工工艺起点　　　　　　　　　　　原材料成本
B：纵向剥离(分工细化)之　　　　C_2：纵向剥离之后的企业采购
　　后的企业内加工工艺起点　　　　　原材料成本
VA_1 VA_2：分别为纵向集成分解前后的增加值

图1-6　纵向集成分解后原材料成本和企业增加值变化

3. 采购利润杠杆作用日益明显

在企业销售的产品和服务的价格中,原材料成本比重和利润率是不同的,这就使得原材料成本降低的幅度与其带来的利润率增加的幅度不同。我们将这种变化幅度的差异称为采购利润杠杆效应。

假设企业采购的原材料成本占其销售额的比例为 α,其他环节成本比例为 β,产品和服务的销售利润率为 ρ,即 $\alpha+\beta+\rho=1$。如果销售额不变(受市场容量和份额限制),采购原材料成本降低的百分比系数为 r,这时,企业的销售利润率增加为 $\rho+\alpha r$,企业的利润率增加幅度为 $1+\dfrac{\alpha}{\rho}r$。这里,我们将 $L=\dfrac{\alpha}{\rho}$ 称为采购利润杠杆。显然,采购杠杆 L 与原材料成本比重 α 成正比,与利润率 ρ 成反比。在目前的全球网络化制造模式下,在大部分行业都已经进入微利时代的环境下,显然,采购利润杠杆的作用会日益明显。

4. 资源观转变

著名管理学家、哈佛商学院教授 Theodore Levitt 于 20 世纪 80 年代曾经说过这样一句非常经典并被广泛引用的话："People don't want to buy a quarter-inch drill. They want a quarter-inch hole!"这句话之所以被广泛引用,是因为它揭示了这样一个事实,就是人们选择商品或服务不是看重商品本身,而是看重商品带来的效用。

这个观点其实也适合现代企业对生产资源的态度,即对于非战略性的非关键资源,"只求所用,不求所有"。这正是许多国际化企业(比如 Dell)目前的资源观。这些企业摆脱了大量的非核心业务所需的非核心资源,将大量的非核心业务外包,通过外包,获得更大的效率和效果。

小结与讨论

本章从采购与供应管理的角度介绍了物流、物流管理、供应链以及供应链管理的概念。不同于传统物流,现代物流包括了物料流、信息流、资金流和知识流,覆盖了企业生产的采购与供应、制造和销售配送的全过程。实际上,随着物流与供应链管理的创新,现代物流的业务领域已经渗透到产品与服务的生产和消费的过程之中。物流管理就是对物流业务实施计划、组织、领导和控制,以求获得物流所贯穿的整体系统高效率地满足客户需求的过程。

供应链的概念也是一个随着制造模式的发展而与时俱进的不断进化的概念。供应链实际上是企业用以集成资源以获得自身竞争优势的由相关企业购成的组织网络,而供应链管理则是企业为了有效地集成资源,将企业外部优势转化为企业自身优势而做的包括在战略和运营层面的所有合作与协调性的工作。

采购与供应管理是企业物流与供应链管理的重要环节,其业务内容和概念从早期的简单采购生产性原材料到今天的资源开发与获取,经过了从简单到综合的演化过程。由于企业经营环境的变化,全球范围的资源配置和网络化制造既可以为企业带来更大的效益和竞争力,同时也为企业的采购与供应管理提出了更高的要求,纵向集成的分解使得采购杠杆的作用更加明显,企业资源观的转变也使得战略资源采购——资源运营成为企业供应链管理和运营模式创新的重要内容。

习题与思考题

1. 简述物流与物流管理的概念。
2. 简述供应链与供应链管理的概念。

3. 简述采购的概念及采购的 3 个层面的职能。

4. 简述 SCOR 模型第 1 层和第 2 层的结构。

5. 解释采购杠杆的作用和概念。

6. 简单论述企业资源观的转变对采购的影响。

7. 企业纵向集成度与企业市场适应能力之间有什么关系？

8. 为什么企业的纵向集成度下降会导致采购杠杆的作用更加明显？

第 2 章　采购与供应组织

采购与供应是产品生产和销售的两个环节,在单个企业节点中,采购和供应是一个生产过程的起点和终点。而在供应链系统中,采购和供应行为则是构建供应链系统的基本机制,是形成商业关系的体现。因此,采购与供应组织既统一于单一的一个企业节点,又是两个企业互联的纽带,其组织形式既是企业的生产组织,也是供应链系统的组织基础。

2.1　采购的职能

2.1.1　采购和供应的职能

采购与供应是企业经营活动的一个重要环节,是企业经营战略的一项重要内容,同时也是企业获取利润的重要来源。在传统的管理思维中,采购就是拿钱买东西,其目的就是以最少的钱买到最好的商品。随着市场经济的发展、技术的进步、市场竞争的日益激烈,采购已由单纯的商品买卖发展成为一种专门职能,一门专业,一种可为企业节省成本、增加利润、获取服务的资源。采购部门在企业中占有举足轻重的地位,采购人员需要有较高的专业技能和谈判技巧。

企业采购行为的目标就是要保持企业的竞争优势,持续提高企业的采购效率,只有这样,采购方才能知道什么才是合适的价格、合适的质量等。要成功地履行采购的职能,需要明确采购的基本要素,即明确的采购战略、有效的信息管理与控制系统、高水平的专家、采购在企业中的重要程度、企业的发展基础以及协作能力。此外,企业内部各个层级之间的有效沟通也是高效采购的关键因素。

因此,采购的职能就包括为满足企业生产、销售和服务的需求而进行的市场调研、分析、供应商选择、实施采购等一系列工作,这是一个以合理的成本快速、高效地满足需求的过程,它综合体现了企业运营过程中信息流、物流和资金流的集成。

2.1.2　采购管理的目标

采购的目的是要以尽可能低的成本满足企业内外部客户的需要。具体地说,就是要以尽可能低的成本满足企业经营活动所需的物资和服务需求,而且这种需求的满足具有明显的时效性。

要保证物资供应的有效性,在采购过程中就应该做到5R(right),即在确保适当的质量水平下,能够以适当的价格,在适当的时期从适当的供应商那里采购到适当数量的物资和服务所采取的一系列的管理活动。一般地,企业采购的基本目标可以定位为上述5个R,即适当的供应商(right supplier)、适当的质量(right quality)、适当的时间(right time)、适当的数量(right quantity)和适当的价格(right price)。

1. 适当的供应商

选择供应商是采购管理的首要目标。对于采购方来讲,选择的供应商是否合适会直接影响采购方的利益。如数量、质量是否有保证,价格是否降到最低,能否按时交货等。供应商的选择,主要应考察供应商的市场声誉、生产能力、财务状况、管理水平、企业文化以及与本企业的匹配程度等。适当的供应商选择是后面4个R的保证,也有利于建立双方相互信任的长期合作关系,实现采购与供应的双赢战略。

2. 适当的质量

采购的直接目的,是为了满足企业生产经营的需要。因而,为了保证企业产品的质量,首先应从源头上保证所采购原材料的质量能够满足企业生产的质量标准要求。采购的原材料质量应该做到"适当",一方面,如果产品质量过高,会加大采购成本,同时也造成质量过剩,如某种原材料或零部件的质量过高,大大超过其他零部件的质量,以至于该原材料的质量效果无法体现,这种过高的质量便是浪费;另一方面,所采购原材料等质量太差,就不能满足企业生产对原材料品质的要求,影响到最终产品质量,最终影响到企业的市场竞争力和盈利能力,甚至会危及人民生命财产安全,如水泥、钢材质量的不合格,可能造成楼房建筑、桥梁等"豆腐渣"工程。

3. 适当的时间

采购管理对采购时间有严格的要求,过早,会形成较长时间的原材料存货,占压流动资金,甚至会因为原材料存货的贬值而造成损失;过晚,又会影响生产,最终影响到产成品的交付,导致市场销售的损失。

4. 适当的数量(批量)

采购数量决策也是采购管理的一个重要目标。即要科学地确定采购数量,在采购中要防止超量采购和少量采购。如果采购量大,易出现积压现象;如果采购量小,可能出现供应中断,采购次数增加,采购成本增大。因此,采购数量一定要适当。

5. 适当的价格

采购价格的高低是影响采购成本的主要因素。采购中能够做到以"适当的价格"完成采购任务是采购管理的重要目标之一。采购价格应做到公平合理。一方面,采购价格过高,加大了采购方的生产成本,产品将失去竞争力,供应商也将失去一个稳定的客户,这种供需关系也不能长久。另一方面,采购价过低,供应商利润空间缩小或无利可图,将会影响供应商供货积极性,甚至出现以次充好,降低产品质量以维护供应,长此以往,采购方将失去一个供应商。

随着现代企业采购模式的变化,委托采购、远程采购等新型采购模式的不断出现,在实现 5R 的基本目标后,还要满足另外两个目标。

6. 适当的服务

采购的目的一方面是要获得质优价廉的资源;另一方面,现代影响采购决策的重要因素还包括服务环节,包括质量争议的解决方案、退货渠道的畅通与否等内容。作为供应链上的一个节点,企业的采购活动起到了连接不同节点的重要作用,而现代企业的采购策略对供应商的服务承诺日益看重。

7. 适当的交货地点

随着供应链管理模式的兴起,对供应过程的交货地点也日益灵活,尤其是在全球化采购日益流行的背景下,异地交货的要求日益流行,因此,是否具备大区域的交货能力也逐步成为考查一个优秀供应商的基本指标。适当的交货地点也逐步成为采购过程中需要达到的基本目标之一。

采购过程追求的目标还和具体的企业采购行为有关,如追求适当的交货方式等。总之,现代的企业采购是一个复杂的职能集合体,正确理解采购,创新采购模式是现代企业在全球化、信息化的市场经济竞争中赖以生存的一个保障,也是现代企业谋求发展壮大的一个必然途径。

2.2　采购组织

组织管理是达成组织目标的基本保证,是管理的一项职能。

随着采购在企业中战略地位的提高,它对企业经营和赢得竞争具有越来越重要的影响,因此,如何规划采购组织就变得日益引人瞩目。虽然,像外包、信息通信技术和全球化技术等因素都会对采购流程产生强烈影响,但是企业本身的性质还是不可避免地影响其对采购组织的决策。

从单纯采购向采购与生产供应整合的转移,使得传统的采购组织无法与许多企业目前所面临的挑战相适应。在这种情况下,企业内部有可能出现新的独立的采购部门或组织。一般来讲,采购过程可以分成两个阶段:日常采购业务管理和前期采购决策。采购作为一项重要的企业职能,其存在的前提就是要根据企业的需要来调整采购组织。

2.2.1　采购组织的含义

组织通常有两种含义：其一是指作为实体本身的组织，即按照一定的目标、任务和形式建立起来的社会集体，如政府、大学、医院等；其二是指管理的组织职能，即通过组织机构的建立运行和变革机制，以实现组织资源的优化配置，完成组织任务和实现组织目标，因此，组织是实现目标的重要保证。

采购组织是指为了完成企业的采购任务，实现保证生产经营活动顺利进行，由采购人员按照一定的规则组成的一种采购团队。无论生产企业还是流通商贸企业，都需要建立一支高效的采购团队，通过科学采购降低采购成本、保证质量和时间，进而保证企业生产经营活动的正常进行。一般地，采购组织具备以下基本职能。

1. 凝聚或目标职能

采购组织的凝聚力的表现就是凝聚功能：凝聚力来自目标的科学性与可行性。采购组织要发挥凝聚功能，必须具备以下三个条件：①明确采购目标及任务；②良好的人际关系与群体意识；③采购组织中领导的导向作用。

2. 协调功能

采购组织的协调功能是指正确地处理采购组织中复杂的分工协作关系。这种协作功能包括两个方面：一是组织内部的纵向和横向关系的协调，使之密切协作、和谐一致；二是组织与环境关系的协调，采购组织能够依据采购环境的变化，调整采购策略，以提高对市场环境变化的适应能力和应变能力。

3. 制约功能

采购组织是由一定的采购人员构成的，每一成员都承担职能，也有相应的权利、义务和责任。通过这种权利、义务、责任组成的结构系统，对组织的每一成员的行为都有制约作用。

4. 激励功能

采购组织的激励功能是指在一个有效的采购组织中，应该创造一种良好的环境，充分激励每一个采购人员的积极性、创造性和主动性。因而，采购组织应高度重视采购人员在采购中的作用，通过物质和精神的激励，使其潜能得到最大限度的发挥，以提高采购组织的激励功能。

2.2.2　采购策略与组织

所谓采购策略是指企业采购中使用的采购方式及采购行为准则。采购策略的确立是采购组织的选择或设计的前提。在采购工作实践中，采购策略通常主要有 3 种方式，即集中化采购、分散化采购和混合制采购。

1. 集中化采购

所谓集中化采购指由企业的采购部门全权负责企业采购工作。即企业各生产部门所需物资的采购任务都由一个部门负责,其他部门(包括分厂、分公司)均无采购职权。

1) 集中化采购的优点

(1) 降低采购费用;

(2) 实现较大批量采购,获得供应商的价格折扣;

(3) 有利于实现采购作业及采购流程的规范化和标准化;

(4) 有利于对采购工作实施有效控制;

(5) 可以统一组织供应,合理配置资源,最大限度地降低库存。

当然,这种采购制度也存在不足,主要有:①采购过程复杂,时效性差;②非共享性物资集中采购,难以获得价格折扣;③采购与使用分离,缺乏激励,采购绩效较差。

2) 集中化采购的适用范围

(1) 企业物资需求规模小,集中采购能够解决企业的供应问题;

(2) 企业供应与需要同处一地,便于集中组织供应;

(3) 为了管理与控制,需进行集中采购,如连锁店的采购配送中心实行的便是集中采购制度。

2. 分散化采购

所谓分散化采购是指按照需要单位自行设立采购部门负责采购工作,以满足生产需要。这种采购制度适合于大型生产企业或大型流通企业,如实行事业部制的企业,每一事业部设有独立的采购供应部门。分散化采购的优点有:

(1) 针对性强;

(2) 决策效率高,权责明确;

(3) 有较强的激励作用,但这种采购制度如果管理失控,将会造成供应中断,影响生产活动的正常进行。

3. 混合制采购

所谓混合制采购即将集中化采购和分散化采购组合成一种新型采购制度。依据采购物资的数量、品质要求、供货时间、价值大小等因素,对于需求量大且价值高的货物、进口货物等可由总公司采购部集中采购;需要量小且价值低的物品、临时性需要采购的物资等由分公司和分厂的采购部门分散采购,但在采购中应向总公司反馈相关的采购信息。

2.3　采购组织设计

组织设计是指组织中部门(岗位)协作关系、指挥系统、岗位职责、岗位考核指标以及保证组织结构正常运行所需制度和方法的设计。采购组织的设计需要甄别不同的采购模式,考虑采购组织中信息的沟通渠道的路径,尽量提高采购管理的效率,保证信息的真实、快速、畅通。

2.3.1　采购组织的设计原则

目前,许多企业组织仍沿用19世纪大批量生产的组织结构模式,类似于传统式的韦伯式的官僚体系,即金字塔结构。这种模式的最高层是董事会,董事会之下是若干垂直的职能部门,员工个人的职业生涯也就是自下而上的晋升过程。这些垂直的职能部门包括财务、营销、生产运作、人力资源等部门,采购职能一般不是与这些部门平行的独立的部门,而是包含在这些部门之内。到20世纪后期,这种组织模式随着专业化分工而得到加强。但随着采购业务的日益复杂,相应的组织创新也显得日益重要。

采购组织设计的目的就是通过对企业内部资源的整合来提高企业的运作效率。采购组织必须与市场的发展变化相一致,所以采购组织的设计也必须不断更新。消费市场的全球化迫使企业不得不面对世界各地企业的竞争,因此它们不仅要拥有核心竞争能力,同时还必须具有灵活的业务运作部门,采购组织设计的改变能直接而深刻地营销采购过程,因此采购组织已不可能像从前一样分散在企业的不同部门。

采购组织设计时,应该考虑如下基本原则。

1. 目标原则

采购与供应部门的组织设计,首先应该保证采购与供应职能的目标与使命的实现。而采购与供应的目标,应该与企业的经营战略目标一致。

2. 战略匹配原则

采购组织是企业的一个职能部门,其结构和岗位职能的设计,应与企业的经营战略相匹配,应能保证企业经营战略的实现。比如,企业实施全球化采购战略和本地化采购战略的采购组织结构是不同的;企业在寻求快速发展战略时,需要较多的外包和 OEM 合作伙伴,与企业实施稳步发展战略时的采购组织结构也是不同的。

3. 统一指挥的原则

在采购组织中,应尽量保证每一个采购人员只对一个上级负责,即只向一个上级汇报。这样可以避免责任不清,相互推诿的情况发生。

4. 效率原则

采购与供应处于企业经营环节的前端,其效率关系到企业的整体运营效率。所以,采购与供应部门的设计应考虑到采购与供应业务运行的成本效率、时间效率和资金效率等。

5．功能块整合与合理分工原则

根据采购与供应的职能使命列出所有业务，将相同（似）功能的业务整合，以提高工作效率。按照业务逻辑关系设计流程，再根据不同人员的能力和特点合理分工，以便各司其职，提高采购效率。

6．管理幅度原则

管理幅度是指每一管理者直接管理下属的人数，与管理者的能力和所使用的管理工具成正相关，管理者的能力或使用的工具越强，管理的幅度就越宽。管理幅度还与管理层次相关，在采购与供应业务量给定的情况下，管理能力（手段）越强，管理的幅度就越宽，相应的管理层次就越少。在建立采购管理组织时，为了保证采购与供应管理的效果，应合理确定管理的幅度和层次。

7．权责相符原则

有效的采购管理组织必须是责权相互制衡。有责无权，责任难以落实，就会滥用职权，因此，应该实现责权的对等和统一。

8．有机界面原则

采购与供应职能是企业整体功能的一个有机组成部分。采购组织的设计，既要保证组织边界的清晰，又要保证与上下游业务职能部门的信息通畅和协调合作。

9．闭环原则

采购组织内部的职能之间的信息流应形成闭环，以保证业务执行过程中的决策、计划、执行和监控的有效性。

10．环境适应性原则

采购与供应组织应能较好地适应企业经营战略的调整和市场环境的变化。任何组织都是存在于环境之中的。面对变化的环境，组织的竞争能力在很大程度上取决于其环境适应能力。

2.3.2　采购组织的类型

企业采购组织结构的设定，决定了采购过程中权力分配的基本模式。一般地，依照一般的企业组织模式，企业的采购组织结构可有以下几种类型。

1．直线制的采购组织结构

直线制是由一个上级主管直接管理多个下级的一种组织结构形式，例如，由一个采购经理直接管理多个采购员。

直线制采购组织的优势在于直接指挥,可以做到:①有利于加强管理控制和责任的力度;②实现有效交流沟通,使管理符合实际;③能够实现个性化管理。这种结构适合于小型企业的采购管理,由采购经理直接管理采购员,见图2-1。

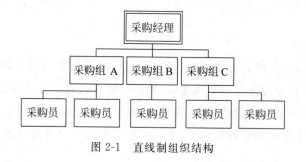

图 2-1　直线制组织结构

2. 直线职能制的采购组织结构

直线职能制的采购组织结构是在直线制的基础上,再加上相应的职能管理部,承担管理的职能,见图2-2。

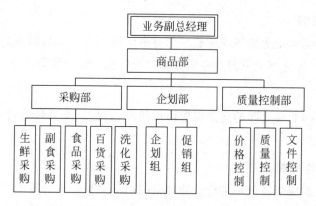

图 2-2　某公司采购组织结构

3. 采购事业部制

事业部制又称分权结构或部门化结构,由通用汽车公司副总裁斯隆研究设计。事业部一般按地区或产品类别分类,对公司赋予的任务负全面责任。采购事业部组织结构适用于采购规模大及多品种、需求复杂、市场多变的企业采购。

这种采购组织是一种集中化与分散化相结合的组织结构。各事业部实行的是集中化采购,顺从总公司的角度分析则实行的是分散化采购,即将采购权分散到各事业部,如图2-3所示。

4. 矩阵制采购组织结构

矩阵制是为了完成指定任务(项目)由各个方面的人员组成临时的一个组织机构。当任

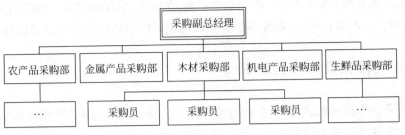

图 2-3　采购事业部

务完成后,人员各自回原单位工作。这种组织结构突破了一名采购人员只受一个主管领导的管理原则,而是同时接受两个部门的领导,主要适合于生产工序复杂的企业,由于新产品多,需要采购多种物料。其优点是采购的目的性强,组织柔性好,能够提高企业的采购效率,降低采购成本;缺点是双重领导容易导致职能部门之间意见的不一致,影响业务活动的正常进行。矩阵制采购组织结构如图 2-4 所示。

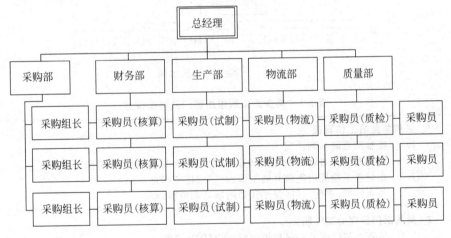

图 2-4　矩阵制采购组织结构

2.4　采 购 人 员

采购人员是企业采购工作的执行主体,采购本身是一门包容和涉及管理、贸易、法律、保险、制造、材料、工程技术、计划控制、贮运、物流管理等多项复杂专业的管理科学。鉴于采购科学本身的复杂性,以及在企业经营和管理中采购管理的重要地位,因此,在现代企业管理中,采购管理应是由具备专业知识和技能的专业人员来承担的专业工作。

采购人员的素质高低,会直接影响企业采购的效率、质量和效益。加强采购人员的培训,提高采购人员的综合素质,设置科学合理的岗位,使人尽其才,以保证采购任务的完成。

2.4.1 采购岗位设置及其职责

要保证采购工作顺利进行,在企业内部应建立一个高效率、团结协作的采购团队,不同的团队成员发挥不同的采购职能。

企业采购组织的人员,一般由如下人员组成:①市场及需求分析员;②供应商管理人员;③采购计划员;④进货管理人员;⑤采购质量管理人员;⑥库存管理人员;⑦采购统计分析人员;⑧财务与成本核算人员;⑨采购人员;⑩采购经理人员……,如图 2-5 和表 2-1 所示。

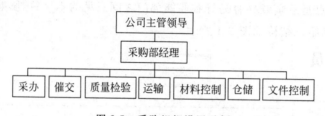

图 2-5　采购组织设置示例

表 2-1　某企业采购组织部门及岗位设置

1. 采购总监的工作职责

1.1　监管所有的采购决定
1.2　负责制订销售计划和毛利预算,对超市的毛利、销售额预算全面负责
1.3　指导各采购部门经理开展工作,并完成任务指标
1.4　负责年度、季度、月度促销计划的制订和监督落实

2. 采购部门经理的工作职责

2.1　负责本部门的毛利率和销售额、库存周转预算
2.2　指导采购主管开展工作,并完成每年的毛利、销售额和库存控制指标
2.3　发展与供应商的业务关系
2.4　督促落实每期促销计划,审核促销品项和价格
2.5　制订新商品引进计划和旧商品汰换计划并监督落实

3. 促销部的工作职责

3.1　负责整体的超市促销活动计划,策划设计年度、季度、月度促销方案
3.2　负责 DM 采购计划的组织和跟进
3.3　负责跟进促销样品的收集、拍照、价格审核等工作
3.4　负责促销活动结束后的评估总结

续表

4. 采购主管的工作职责
4.1 负责与本部门供应商的谈判与对供应商的管理
4.2 完成本部门销售计划、毛利计划、库存周转计划的落实
4.3 负责本部门商品计划表的落实和调整
4.4 负责本部门商品的促销计划落实
4.5 负责本部门新商品的引进和滞销商品的汰换
4.6 负责市场调查,保证本部门商品的市场竞争力
4.7 定期巡店,与店铺及时沟通,解决销售中出现的问题

5. 采购助理的工作职责
5.1 协助采购主管开展工作
5.2 负责订单发放和送货跟踪
5.3 负责采购主管的文书工作
5.4 供应商前期接待,合同和相关资料的整理

2.4.2 采购人员的选拔标准

采购人员的选择是企业一项重要的人力资源的配置。选择标准的实质是对采购人员总体素质的基本要求。当然在企业内部,不同采购岗位的人员的素质要求不同,采购经理、采购主管对采购员的要求也是不同的。但作为一个采购人员,其选拔标准分为如下几个方面。

1. 良好的气质

气质指影响人的心理活动和行为的个性特征,即人们通常所说的脾气、性情。人的气质分为:

(1)胆汁质者——对人直率、热情、活泼,但易激动、暴躁;

(2)多血质者——待人热情、稳重,容易理解别人,易成为具有显著效率的活动家;

(3)黏液质者——对人对事态度持重、和气,交际适度,适合于有条理和持久性的工作;

(4)抑郁质者——较孤僻、谨慎。

采购工作是一项与人打交道的工作,因此,采购人员应以多血质型气质的人员担任,对采购工作有热情、善交际,才能保证采购的成功。

2. 性格

性格是人在对他人或外界事物的态度和行为方式上所表现出来的特征,是个人对外界态度行为方式的习惯的表现。通常将人的性格划分为外向型性格和内向型性格。从采购工作的要求来看,外向型性格比内向型性格更具优势。

3. 能力

能力是指人完成某种活动所必备的个性心理特征。人的能力分为一般能力和特殊能力。一般能力是人的基本能力,如观察能力、记忆能力、思维能力、想象能力等;特殊能力指

从事某种专业活动的能力,如艺术能力、运动能力等;采购人员除具备一般能力外,还应具备进行采购工作的特殊能力,如发现新客户的能力、交往洽谈能力、协调关系的能力等。

2.4.3　采购人员应具备的基本素质

由于采购工作的特殊性,外部环境的复杂性,合格的采购人员需要具备良好的综合素质,见表2-2。

(1)智能:主要包括敏锐的观察能力、开发能力。

(2)良好的心理品质:主要包括强烈的事业心、广泛的兴趣、坚定的意志等。

(3)高尚的品德:主要包括为人正派、待人真诚、谦虚礼貌、宽容大度。

(4)丰富的知识:主要包括理论知识、企业知识、客户知识、市场知识、法律知识、采购实务等。

(5)良好的适应能力:能够快速适应不同的行为方式,快速与人形成融洽的沟通关系。

表 2-2　某企业对采购人员的素质要求

1. 操守廉洁
1.1　正直高尚的个人品质
1.2　良好的职业道德
1.3　不利用工作之便牟取私利,拒绝接受供应商的任何个人馈赠
2. 市场知识
2.1　对零售行业有深入的了解
2.2　对消费品市场有深入的了解
2.3　掌握对所负责部门商品的专业知识
2.4　对供应商的熟悉
3. 精打细算
3.1　把超市采购看成是自己的生意
3.2　良好的成本控制意识
3.3　尽最大努力创造最高的利润
3.4　时时处处维护公司的整体利益
4. 积极认真
4.1　敬业、爱业,热爱零售业
4.2　良好的心态,工作认真扎实
4.3　上进心强
5. 创新求进
5.1　不断寻求突破,提升业绩
5.2　善于学习,提高自我
5.3　不躺在原来的成就上沾沾自喜

6. 适应性强
6.1　良好的身体素质和心理素质
6.2　能适应超市快速扩张的需要和重复繁琐的工作
6.3　合理安排工作

7. 团结合作
7.1　良好的谈判能力,不断提高谈判技巧,善于与供应商合作
7.2　良好的人际关系处理能力,善于与各部门同事合作
7.3　尊重供应商、同事及店铺员工

2.5　面向供应链协调的采购模式

供应链协调是提升供应链整体效率和竞争力的关键。因此,在供应链协调运营方面,近年来出现了多种形式的创新模式。这里介绍几种比较多见的面向供应链协调的采购创新模式。

2.5.1　VMI 采购供应模式

VMI(vendor managed inventory)即供应商管理库存,通常也译为寄售。简单地说,VMI 就是供应商把产品放在客户的仓库,客户消费一件,付费一件,消费之前,库存属于供应商。在供应链管理领域中,VMI 介于采购商和供应商之间,消除不必要的库存,减少资金占用和积压,提高对采购商需求的反应速度,提高整条供应链的效率。VMI 是一种供应链运作模式,也是实现低成本采购的较好选择,实质上,它体现了基于供应链上各个企业合作机制下的采购-供应模式的创新。对客户来说,VMI 降低了库存成本;而对供应商来说,VMI 有利有弊。

在 VMI 运营实践中,需求方往往要设定其库存量上、下限,比如以四周的平均需求(销售)量为上限,两周的平均量为下限,这取决于需求方对需求量的预测。对于供应商而言,则要维持库存水位介于上下限之间。当需求量高、稳定时,VMI 不失为一种好模式,因为它简化了围绕订单的一系列操作流程(如买卖双方不需频繁下单、跟单、催单、收货、付费),供应商的库存周转率也可以得到改善;但当需求波动较大或需求量较低时,要么库存水平频频低于下限甚至为零而影响客户,要么库存积压,影响供应商的库存周转率。在周期性强的行业,采购方是否要求将某项产品纳入 VMI,需要谨慎考虑,尤其是生产周期短的产品。如半导体设备制造行业,周期性特点明显,2000 年的经济低迷给主要设备生产商带来的剩余库存数额巨大,其中一部分就来自 VMI 库存。这是由于 VMI 框架下,客户有责任保证需求最高水位下的库存,并对供应商的一部分过程产品库存负责(因为为了维持正常库存水平,供应商必须在生产流程的不同阶段维持一定的半成品)。一般地,在供应链系统中,客户越是

强势,其责任和风险就越小。对供应商而言,VMI 的库存属客户专用,无法用来支持别的客户,这也降低了库存资产利用率。

对供应商来说,采用 VMI 可较好掌握客户的需求量信息,有利于保持市场份额。因为 VMI 程序下的产品一般消费量稳定,如果客户变更其供应商,则原供应商从销售量的变化上就很容易看出客户的流失情况。有些供应商设定 VMI 的前提之一就是客户不得向其他公司采购同一产品。此外,VMI 也可降低大订单带来的波动。例如,有些客户的采购、物料管理不够成熟,动辄就下很大的订单,例如半年的消费量,然后就几个月不订货。很短时间里满足这么大的订单,对整条供应链的产能影响很大。但进入 VMI 后,每周补货多次,每次补货规模减少,改善了管理效率。

VMI 模式的提出,主要源于对供应链管理(SCM)模式功能集成化的考虑。即 VMI 模式的基本设想是力图通过集成供应链上各节点企业的库存控制职能,从而达到降低整体库存费用的目的。VMI 模式的基本内涵是通过供应商和用户之间实施战略性合作,采取对双方来说能实现成本最低化的方案,并在双方满意的目标框架下由供应商管理库存的方法。同传统的库存控制方法相比,VMI 模式具有以下几个特点。

(1) 合作性。VMI 模式的成功实施,客观上需要供应链上各企业在相互信任的基础上密切合作。其中,信任是基础,合作是保证。

(2) 互利性。VMI 追求双赢的实现,即 VMI 主要考虑的是如何降低双方的库存成本,而不是考虑如何就双方的成本负担进行分配的问题。

(3) 互动性。VMI 要求企业在合作时采取积极响应的态度,以实现反应快速化,努力降低因信息不畅而引起的库存费用过高的状况。

(4) 协议性。VMI 的实施,要求企业在观念上达到目标一致,并明确各自的责任和义务。具体的合作事项都通过框架协议明确规定,以提高操作的可行性。

2.5.2　JIT 采购模式[①]

在传统的采购模式中,采购的目的是为了补充库存,即为库存采购。随着全球经济的形成,市场竞争更加激烈,竞争方式已由原来企业与企业之间的竞争,转变为供应链与供应链之间的竞争。因此,在供应链管理的环境下,采购将由库存采购向以订单驱动方式进行,以适应新的市场经济。

1. JIT 的哲理

JIT(just in time)即准时化,也称为丰田生产方式,它是第二次世界大战后兴起的最重要的生产方式之一。后来随着这种生产方式的独特性和有效性,被越来越广泛地认识、研究

---

① 董国强,张翠华,马林.基于 JIT 理论的供应链采购模式分析.现代管理科学,2006(02):93~94

和应用。

JIT 哲理的核心是：消除一切无效的劳动与浪费，在市场竞争中永无休止地追求尽善尽美。JIT 十分重视客户的个性化需求；重视全面质量管理；重视人的作用；重视对物流的控制，主张在生产活动中有效降低采购、物流成本。作为 JIT 哲理，任何类型的企业都可以而且应当采用。

JIT 可用于业务中任何具有重复性的部分，而不论它们出现在何处，在 JIT 情况下理想的批量规模都是"1"，同时它要求全过程各阶段都要具有高水平的质量、良好的供应商关系以及对最终产品需求的准确预测。JIT 意味着在必要的时候生产必要的产品，不要过量生产。超过所需要最小数量的任何东西都将被看成是浪费，因为在现在不需要的事物上投入的精力和原材料都不能在现在被使用。这种思想就与那种依靠额外物料投放以防出现工作失误的做法形成鲜明的对比，这种生产方式的最终目标是消除浪费，获取利润，它从根本上解决导致生产率不高的问题。JIT 是一组活动的集合，是一种浓缩各种精华的哲理，它是在重复制造的生产环境下发展起来的一种先进的管理思想、管理方法及管理工具。

JIT 模式的实现方法，主要特点是拉式生产，只有在下道工序有需求时才开始按需用量生产，采取平准化计划，按日产批量采购和投产，把库存降到最低限度。在库存记录上采取反冲的方法，以减少记录库存的事务处理工作量。其目的在于实现在原材料、在制品及产成品保持最小库存的情况下进行大批量生产。"准时化"是基于"任何工序只有在需要的时候，按需要的量生产所需的产品或提供所需服务"的逻辑，生产需要产生于产品的实际需要。理论上讲，当有一件产品卖出时，市场就从系统的终端（如总装线）拉动一个产品，于是形成对生产线的订货、采购。JIT 是一种执行策略，它需要 MRP(material requirement planning, 物料需要计划)的计划功能、BOM(bill of material, 材料清单)、库存记录等基础文件。如果说 MRP 计划的执行采用订单形式，JIT 则采用均衡生产的日产计划及广告牌形式。实施 JIT 必须要用到工业工程的许多技术与方法。JIT 与 MRP 对待需求的不同之处可以表示为："仅仅"在需要的时间和地点，"恰好"按需要的数量，"及时"生产需要的合格产品。也就是说，JIT 的批量规则为"不多不少不早不晚地满足需求"，同时，在质量、设备完好、人员等多方面保证条件的前提下（也就是避免返工、避免停工、应付缺勤），最大限度地降低或取消安全库存。

2. 供应链管理下的 JIT 订单驱动采购模式

采购是供应物流与社会物流的衔接点，它是依据市场需要、企业生产计划所要求的供应计划制订采购计划，并进行原材料外购的作业层，需要承担市场资源、供货商家、市场变化等信息的采集和反馈任务；同时，还要重视采购的决策。而采购决策内容除市场资源调查、市场变化信息的采集和反馈、供货商家选择等外，重要的是决定进货批量、进货时间，从而使企业在生产不受影响的同时，有效降低成本。基于供应链管理的现代采购观念认为：企业的核心是营销，在提供使客户满意的竞争性产品或服务的同时，要实现利润最大化。因此，对采购的质量、价格、收益和时间等因素的评价，必须根据它们与公司在市场细分、附加价值、提前期及对顾客需求的反应性等方面制定战略和相互影响来进行,其中重要的一点是建立有效地对用户要求做出反映的采购权利与责任制,一种能最大限度降低采购成本,并使商品采购实行"以需采购"的原则,制造订单产生于用户需求,然后由制造订单驱动采购订单,由采购订单驱动供应商这种采购供应链模式,使供应链系统准时响应用户需求,从而降低了库存成本,提高了物流速度和库存周转率。

在传统的采购模式下,需方同供方经过洽谈后,要下达采购订单,供方要把需方从采购订单转变为客户订单,安排生产。在这个过程中,需方要不断跟踪,甚至派出专员常驻供方监督生产。供方在产品生产后要进行质量检验,先储存在自己的成品库,然后发货到需方。需方在接到货物后,还要进行一次检验,然后入原材料或配套件库,等生产有需要时,再发料到生产部门。

在供应链管理的模式下,需方和供方是合作伙伴关系,供应商是经过资格认证的,质量和信用是可信的。采购作业通过电子商务,一次把需方的采购订单自动转换为供方的销售订单;质量标准经过双方协议,由供方完全负责保证,不需两次检验。由于信息畅通和集成,采用设在需方的供方管理仓库的 VMI 方式,把供方的产品库和需方的材料库合二为一,仅在需方生产需要时,才把供方的产品直接发货到需方的生产线,并进行支付结算,减少供需方各自分别入库的流程。新的流程与传统流程相比,减少了许多不增值的作业,如订单的下达和接受、转换、生产跟踪、质量检验、入库出库和库存积压。这里的采购业务流程重组已经不仅局限于一个企业的内部,而且延伸到企业外部的合作伙伴,体现供应链管理合作竞争的特点。依靠信息技术的支持,使经营模式发生了根本的变化。不言而喻,在这个模式下,信息沟通、经营成本、库存等都有明显的改善,提高了供应链的竞争力,这也是协同商务的一种体现。但由于订单驱动下的采购管理,需求是离散的,消耗是不稳定的,频繁按需求批量补给生产会造成采购成本增加,库存成本随库存量增加而增加,采购成本与订货量成反比,所以需要找到一个合理的经济订货批量,使总成本最小。

3. 供应链管理下的 JIT 订单采购驱动模式的优点

在供应链管理系统中,制造商与供应商之间建立了战略合作伙伴关系,单货源供货。通过信息共享缩短响应时间,实现了供应链的同步化动作。在供应链管理环境中,采购管理的目标是在需要的时间,将需要数量的合格物料送到需要的地点。准时化的采购使采购业务流程朝着零缺陷、零库存、零交货期的期望方向发展,增强了供应链的柔性和敏捷性。

在供应链管理下,订单驱动的 JIT 采购方式的优点如下:

(1) 供应商同采购方建立了战略合作伙伴关系,双方基于以前签订的长期协议进行订单的下达和跟踪,不需要进行再次询价报价的过程。

(2) 在同步供应链计划的协调下,制造计划、采购计划、供应计划能够同步进行,缩短了用户响应时间。

(3) 采购物资直接进入制造部门,减少了采购部门的库存占用和相关费用。

（4）进行了企业和供应商之间的外部协同，提高了供应商的应变能力。

供应链管理下的 JIT 采购方式和传统的采购方式的区别如下：

（1）采用较少的供应商。在供应链的管理环境中，采用较少的供应源。一方面，管理供应商比较方便，有利于降低采购成本；另一方面，有利于供需之间建立稳定的合作关系，质量比较稳定。

（2）对交货准时性的要求不同。交货的准时性是整个供应链能否快速满足用户需求的一个必要条件。对供应商来说，要使交货准时，可以从两个方面入手：一是要不断改进企业的生产条件，提高生产的可靠性和稳定性；二是要加强运输的控制。

（3）对于信息共享的需求不同。JIT 采购方式要求供应和需求双方信息高度共享，同时保证信息的准确性和实时性。

（4）制定采购批量的策略不同。可以说小批量采购是 JIT 采购的一个基本特征，相应增加了运输次数和成本，对于供应商来讲当然是很为难的事情。解决的方式是通过混合运输、供应商寄售等方式来实现。

JIT 采购对企业的采购管理提出了新的挑战，企业需要改变传统的"为库存采购"的管理模式，提高柔性和市场响应能力，增加和供应商的信息联系和相互之间的合作，建立新的合作模式。采购批量在采购决策中也是一个应该重视的问题，一般情况下采购的数量越大，在价格上得到的优惠越多，同时因采购次数减少，采购费用会相对降低，但一次进货数量过大容易造成积压，占压资金，且增加了利息支出和仓储管理费用。如果一次采购的数量过小在价格上得不到优惠，因采购次数的增多而加大采购费用的支出，并且要承担因供应不及时而造成停产待料的风险。如何控制进货批量和进货时间间隔，使企业生产不受影响且费用最省，是采购决策应解决的问题。

2.5.3　CPFR 模式下的采购

CPFR（collaborative planning forecasting and replenishment）是指协同计划预测与补货系统。该系统模式的形成始于沃尔玛所推动的 CFAR（collaborative forecast and replenishment），即协同预测与补货系统，CFAR 是利用 Internet 通过零售企业与生产企业的合作，共同做出商品预测，并在此基础上实行连续补货的系统。后来，在沃尔玛的不断推动之下，基于信息共享的 CFAR 系统又正在向 CPFR 发展，CPFR 是在 CFAR 共同预测和补货的基础上，进一步推动共同计划的制订，即不仅合作企业实行共同预测和补货，同时将原来属于各企业内部事务的计划工作（如生产计划、库存计划、配送计划、销售规划等）也由供应链各企业共同参与。

1995 年，由沃尔玛与其供应商 Warner-Lambert、管理信息系统供应商 SAP、供应链软件商 Manugistics、美国咨询公司 Benchmarking Partners 5 家公司联合成立了工作小组，进行 CPFR 的研究和探索。1998 年美国召开零售系统大会时又加以倡导，目前实验的零售企业有沃尔玛等全球知名零售企业,生产企业有 P&G、金佰利、HP 等多家著名企业,CPFR 是目前供应链管理在信息共享方面的最新发展。从 CPFR 实施后的绩效看,Warner-Lambert 公司零售商品满足率从 87％提高到 98％,新增销售收入 800 万美元。在 CPFR 取得初步成功后,组成了由零售商、制造商和方案提供商等 30 多个实体参加的 CPFR 委员会,与 VICS(Voluntary Inter-industry Commence Standards)协会一起致力于 CPFR 的研究、标准制定、软件开发和推广应用工作。美国商业部资料表明,1997 年美国零售商品供应链中的库存约 1 万亿美元,CPFR 理事会估计,通过全面成功实施 CPFR 可以减少这些库存的 15％～25％,即 1500 亿～2500 亿美元。由于 CPFR 巨大的潜在效益和市场前景,一些著名的企业软件商如 SAP、Manugistics 等正在开发 CPFR 软件系统和从事相关服务。具体讲,CPFR 的本质特点表现为以下几个方面。

1. 协同

从 CPFR 的基本思想看,供应链上下游企业只有确立起共同的目标,才能使双方的绩效都得到提升,取得综合性的效益。CPFR 这种新型的合作关系要求双方长期承诺公开沟通、信息分享,从而确立其协同性的经营战略,尽管这种战略的实施必须建立在信任和承诺的基础上,但是这是买卖双方取得长远发展和良好绩效的唯一途径。正是因为如此,所以协同的第一步就是保密协议的签署、纠纷机制的建立、供应链计分卡的确立以及共同激励目标的形成(例如不仅包括销量,也同时确立双方的盈利率)。应当注意的是,在确立这种协同性目标时,不仅要建立起双方的效益目标,更要确立协同的盈利驱动性目标,只有这样,才能使协同性能体现在流程控制和价值创造的基础之上。

2. 规划

1995 年沃尔玛与 Warner-Lambert 的 CFAR 为消费品行业推动双赢的供应链管理奠定了基础,此后当 VICS 定义项目公共标准时,认为需要在已有的结构上增加 P,即合作规划(品类、品牌、分类、关键品种等)以及合作财务(销量、订单满足率、定价、库存、安全库存、毛利等)。此外,为了实现共同的目标,还需要双方协同制订促销计划、库存政策变化计划、产品导入和中止计划以及仓储分类计划。

3. 预测

任何一个企业或双方都能做出预测,但是 CPFR 强调买卖双方必须做出最终的协同预测,像季节因素和趋势管理信息等无论是对服装或相关品类的供应方还是销售方都是十分重要的,基于这类信息的共同预测能大大减少整个价值链体系的低效率、死库存,促进更好的产品销售,节约使用整个供应链的资源。与此同时,最终实现协同促销计划是实现预测精度提高的关键。CPFR 所推动的协同预测还有一个特点是它不仅关注供应链上的供需双方共同做出最终预测,同时也强调双方都应参与预测反馈信息的处理和预测模型的制定和修正,特别是如何处理预测数据的波动等问题,只有把数据集成、预测和处理的所有方面都考虑清楚,才有可能真正实现共同的目标。

4. 补货

销售预测必须利用时间序列预测和需求规划系统转化为订单预测,并且供应方约束条件,如订单处理周期、前置时间、订单最小量、商品单元以及零售方长期形成的购买习惯等都需要供应链双方加以协商解决。根据 VICS 的 CPFR 指导原则,协同运输计划也被认为是补货的主要因素,此外,例外状况的出现也需要转化为存货的百分比、预测精度、安全库存水准、订单实现的比例、前置时间以及订单批准的比例,所有这些都需要在双方公认的计分卡基础上定期协同审核。潜在的分歧,如基本供应量、过度承诺等双方事先应及时加以解决。

2.6　供应组织

一般来讲,采购组织与供应组织两者存在密切的关系,作为采购组织本身也担负供应的职责,完全独立的采购组织几乎是不存在的,因为采购的目的就是要面向供应,实现供应过程的高效化和低成本。供应的前提是有"物"可供,采购是完成供应的基础和准备,供应是采购直接面临的结果,采购过程的有效性直接决定了供应成本的高低。

因此,在一定程度上,采购组织和供应组织是合二为一的,采购组织通常也具有供应的职能,它们共同成为物流过程的一个节点,连接供应链系统的各个主体。

根据供应采购活动的性质,可以将供应组织分为以下几种类型。

1. 独立的供应组织

独立的供应组织一般是经济系统中的生产者,主要是原材料的供应者,相比供应职能而言,采购职能可以忽略。

2. 采购与供应一体的供应组织

这是常见的一种供应组织,采购部门与供应部门在职能划分上是一体的,只是具体分工不同,如常见的物流中心或配送中心,既有采购的职能又具有供应的职能,而供应职能对企业的业务发展更为重要。这种模式是集中采购和分布供应的典范,对于提升采购效率、降低采购和配送成本具有很好的作用。

对组织的考核不但要考察采购的绩效,更多的还要考察供应的绩效。

3. 采购供应相分离的供应组织

在实现供应职能的组织设计中,还有一种常见模式就是采购职能和供应职能相分离的模式,采购部门只是完成采购过程,供应部门则相应承担物料管理和供应的职能,比如制造企业中的仓库管理,其往往与采购部门是分离的。对此类组织的考核相应也是分离的,但是两者之间存在物流和信息流的大量沟通,实践中两者也是彼此依赖的。

小结与讨论

采购与供应组织是实现采购与供应行为的主体,也是现代供应链管理的重要内容。本章阐述了采购与供应组织的一般概念、职能,介绍了采购组织的基本类型及其设计,针对目前常见的以供应链为基础的采购与供应模式,介绍基于供应链的几种主要采购模式,即VMI模式、JIT模式和CPFR模式,这几种采购模式是针对不同的供应链契约环境所产生的采购策略,是以成本节约、效率最优为基本导向的。

采购管理中,组织模式是静态的,人员是动态的。因此,采购人员是采购管理的关键因素,合理的采购模式的选择是实现有效采购管理的前提,而高素质的采购人员的配置是影响采购管理绩效的关键。

习题与思考题

1. 采购管理的目标有哪些?
2. 采购组织的职能有哪些?
3. 常见的采购组织的类型有哪些? 各有什么优缺点?
4. 如何设计合适的采购组织? 采购组织内人员的配备应该遵循哪些原则?
5. 采购组织设计中,最关键的因素是什么? 如何通过组织因素,实现高效的采购绩效?
6. 采购人员应该具备哪些基本素质?
7. 什么是VMI采购? 如何实现VMI模式?
8. JIT采购模式的优点和特点是什么?
9. CPFR的实质是什么? 它与VMI和JIT有什么区别和联系?
10. 如何理解供应组织和采购组织的关系?

第3章 采购策略

3.1 采购流程

3.1.1 传统采购流程

采购系统基本上可以被看成是一个交流过程。充分而有效的采购与供应管理过程的核心部分是去判断需要什么、和谁、以什么形式、在什么时间进行交流。

传统上,采购过程的关键步骤包括提出采购申请、选择、订货、跟单和过程控制等,如图 3-1 所示。

1. 提出采购申请

采购申请一般是由采购部门以外的其他部门提出的,任何采购都产生于企业中某个人的确切的需求。负责具体业务活动的人应该清楚地知道本部门独特的需求:需要什么、需要多少、何时需要。

采购部门的主要职责是代表组织中的其他部门进行采购。例如,如果库存量降到了再订货水平、开始了新的项目、需要替换设备或者生产计划详细列出了对零件及原料的需求,就需要采用某种方法通知采购部门进行采购,来满足这些需求。

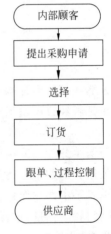

图 3-1 采购过程示意图

一般是通过填写请购单来向采购部门提出采购申请。请购单主要有以下 3 个目的:

(1) 申请采购所需的物品或服务;

(2) 授权支出,每张请购单都需要有获得采购授权的人员的签字;

(3) 为审计和参考提供记录。

图 3-2 是一张典型的通用请购单示例。

对原材料、零配件、商品和其他物资等所需物品,所需部门可根据预算、即将签发的生产通知单或市场供应等合理情况正确填写请购单,由本部门授权人审批。

请　购　单

申请部门＿＿＿＿＿＿＿＿　　编号＿＿＿＿＿＿

预算额＿＿＿＿＿＿＿＿＿　　日期＿＿＿＿＿＿

需要数量	单位	描述

需要日期＿＿＿＿＿＿＿＿＿＿＿＿＿＿＿＿＿

遇有问题时通知＿＿＿＿＿＿＿＿＿＿＿＿＿

特殊发送说明＿＿＿＿＿＿＿＿＿＿＿＿＿＿

申请方＿＿＿＿＿＿

说明：一式两份，原件送采购部门，申请者保留文件副本。

图 3-2　请购单示例

采购部门收到请购单后，最好给它加上日期戳，并传递给某个采购员。采购员需要核实请购单是否经过了适当授权，是否在其资金限额权限之内，还需要核实请购单中的物品描述情况。

请购单分为一般请购单和专用请购单，专用请购单又包括往返式请购单和采购清单。

往返式请购单是指采购人员在完成订货并把交易的细节填写完毕后，将请购单返回到原发单者手中并被保存起来，下次再使用。它们可以节省进行重复订货和经常性采购所需要的时间和工作量，主要用于库存补货和物料需求计划（MRP），特别是库存控制部门采用定期检查法时。

采购清单是使用一张清单来购买多种物品。采购清单既可以用于库存控制部门采取定期审查制度，也可以用于物料需求计划的生产计划系统。

2．选择

采购交易的下一步工作是进行选择。这个选择可分为两个阶段：选择品牌或规格；选择供应商。

采购从形式上可以分为重复购买和首次购买。

1）重复购买

重复购买就是从以前曾经购买过该物品或服务的某个供应商处再次购买，是最简单的采购形式。重复购买分为直接重购和修正重购。

直接重购是从某个供应商直接重复购买。如果最近刚刚从某个令人满意的供应商那里购买了某种东西，而现在又需要这些东西，就可以使用直接重购。不过，采购人员也可以与其他的供应商定期进行接触，了解市场的供应情况，即使目前的供应商令人满意。

当情况发生了变化，需要对目前采购情况进行重新考虑时，就可以使用修正重购。这些改变的情况可能包括：供应商可能想要改变价格，交货情况或者货物的质量不能令人满意，规格发生了改变，需要的数量增加了，或者新的供应商提出了更具有吸引力的报价。

对于采购者，需始终记住：随着管理的改变、新产品的开发以及新客户的建立，过去的历史记录并不能保证可以对供应商未来绩效进行正确的指导。

2）首次购买

首次购买是指以前不曾采购该物品或者没有从某个供应商采购过该物品。此时需要严格选择供应商，选择的方法主要有报价邀请或招标等。这些方法在其他章节有详细讨论，这里不再介绍。

3. 订货

在选定了供应商并就细节问题达成一致后，接下来的步骤就是订货。

订货包括签订合同与下订单。

合同是一种商业协定，是以法律为依据的。合同可能包括不止一份订单，比如总部的采购人员所签订的针对许多部门、工厂或分部需求的订货合同。长期合同通常包括了一年的采购需求，应该把续约日期错开，这样每个月都可以对一些合同进行分析和续约，而不是在某一个时间把合同集中起来续约。

订单是指要求对方做某事的指示，例如提供货物或者完成某工程。

为了明确组织能够接受什么，以防止不正当的商业行为，通常的做法是：规定除了一些特殊例外情况外，所有的采购都需要使用正式的订单，所有订单必须统一编号。把这些规定印刷在订单的背面，或者规定在通知单或发票中必须引用订单号。并需要对收货员进行指导，让他们不要接受没有正式订单号的货物。

订单一般由多份组成，其副本被分别送往供应商、财务部门、收货部门、采购部门以及进度科和请购者。有些采购组织把两份订单副本送交给供应商，其中第二份副本标有"确认"字样，供应商在确认单上签字并把它寄回给采购者，以表明他已经收到了订单并接受订单上规定的价格、条款和条件。

原则上讲，订单和合同是不一样的。很多情况下，采购订单同时包括订单细节和合同细节。订单在合同订立过程中从法律上来说属于要约，而只有供应商完全同意订单内容并作出承诺时，买卖双方之间才算达成了协议，这些在采购合同部分会详细介绍。

4. 跟单、过程控制

1）跟踪和催货

采购订单发给供应商之后,采购者需要对订单进行跟踪和催货。跟踪是对订单所做的例行追踪,以便确保供应商能够履行其货物发运的承诺。如果发生了问题,例如质量或发运方面的问题,采购方就需要对此尽早了解,以便采取相应的行动。

催货是对供应商施加压力,以使其履行最初做出的发运承诺。当然,随着伙伴供应商的采用不断增加,可能不需要跟踪和催货,但在物资匮乏的时候,催货确实有重要的意义。

2）货物的接收和检验

货物的接收和检验是指采购者根据规定的可以接受的质量水准对交付产品进行检验。对产品进货检验的结果由质量控制部门统计列表,而该结果应提供给采购部门,以便采取相应的措施。检验方法分为全部检验和抽样检验。

有的货物需要进行全部检验,有的可能不需要进行技术检验,如办公设备、名牌货物、标准螺钉以及不重要的价格低廉的物品。

目前,广泛应用的检验方法是抽样检验,尤其是货物大批交付时。从整批货物中提取出样品进行检测,如果缺陷率高于一定的比例,那么整批货物都会被拒收。随着对质量要求的提高,质量标准也越来越严格。比如,在英国,在 20 世纪 80 年代早期,5％的缺陷率是可以接受的,而现在普遍的缺陷率接受标准已经提升到 0.2％或 0.02％,有些公司还要求 0.005％的缺陷率才可以接受。

通过验收的产品存入仓库,不合格的产品可以采取下列措施进行处理:

(1) 退还给供应商进行修正或替换,费用由供应商承担;

(2) 由采购方自行修正,向供应商收取成本;

(3) 当被拒收产品尽管不完全符合规格但还能够使用时,可与供应商商议降价。

进货检验的一个主要缺点是:它使某些供应商产生了对采购方检验的依赖性。

3）结清发票,支付货款

发票上通常要有订单编号和每一项物品的单价。发票可能由采购部门或会计部门来核查。

为了保证支付的货物实际已收到,保证采购经过了授权,就需要对发票、货物接收单及采购订单进行核对。如果这 3 种表单的内容一致,就可以进行发票结算和支付。

4）维护记录

在完成工程、货物交付、进行验收并按时付款以后,采购部门需要对供应商的绩效进行评估,以便为将来进行如前所述的直接重购或修正重购提供参考。评估结果应该被输入和保存到供应商记录单或采购记录单中,以便在下次做出采购决策时使用。

3.1.2 电子化采购

目前,电子化采购主要用于间接物料或 MRO(maintenance, repair and operating,维修与作业消耗材料)项目的购买。间接采购项目是指组织将其用于商务运营而不包含在销售给消费者的最终产品中的项目。通常所说的 MRO 是指 ABC 分析中的 C 类项目,或者说占年消费额 20% 而占采购组织所处理的采购订单的 80%。

美国国家采购管理协会(NAPM)2001 年 4 月在电子商务方面的研究报告中,对制造业和非制造业组织使用因特网进行采购以及进行在线交易活动的情况进行了调查,结果表明,大多数的组织机构还处于因特网使用的初级阶段,当时,应用最为广泛的因特网采购方式包括:

(1) 购买间接物料(占 70.9%);

(2) 确定新的供应商(占 80.7%);

(3) 与供应商进行在线合作(占 42.8%)。

1. 电子采购的定义

电子采购(electronic procurement 或 e-Procurement)是一个基于 Web 体系和工作流管理的企业采购解决方案,可将传统上以人工为主的采购作业,运用因特网技术及工具达到自动化的效益。

英国采购与供应学会(CIPS)对电子采购的定义为:信息技术和通信技术的综合应用,它通过电子的方法提升采购和供应的管理过程,无论它们是外部的还是内部的。电子采购的各种工具和解决方案提供了一个可选范围,这将推动采购和供应管理的改进。

电子采购通常是指企业或政府通过一定采购平台(包括其自己或第三方的网络和应用环境)对其业务内的产品和服务进行业务处理。电子采购改变了传统上通过人工进行的采购处理方式,取而代之的是一套高效的、规范化的解决方案,使原来必须在实体世界里完成的工作现在可以诉诸网络。

电子采购是由采购方发起的一种采购行为,是一种不见面的网上交易,如网上招标、网上竞标、网上谈判等。人们把企业之间在网络上进行的这种招标、竞价、谈判等活动定义为 B2B 电子商务,事实上,这也只是电子采购的一个组成部分。电子采购比一般的电子商务和一般性的采购在本质上有了更多的概念延伸,它不仅仅完成采购行为,而且利用信息和网络技术对采购全程的各个环节进行管理,可有效地整合企业资源,帮助供求双方降低成本,提高企业的核心竞争力。可以说,企业采购电子化是企业运营信息化不可或缺的重要组成部分。

电子采购使企业不再采用人工办法购买和销售它们的产品,在这一全新的商业模式下,随着买主和卖主通过电子网络而连接,商业交易开始变得具有无缝性,其自身的优势是十分显著的。

2. 实施电子采购的技术支持

电子采购是计算机技术、多媒体技术、数据库技术、网络技术、安全技术、密码技术、管理技术等多种技术在电子商务中的应用,因此要实现电子采购必须依靠下列技术支持。

1) 数据库技术

数据库的作用在于存储和管理各种数据,支持决策,在电子商务和信息系统中占有重要的地位,是实现电子采购必不可少的技术条件。数据库技术随着业务流程的变化而不断改进,从最初的手工管理发展到现在的数据仓库。电子采购中存在供应商数据、采购物资数据、内部物资需求数据等,有效地组织好这些数据才能更好地支持采购决策的制定和实施。随着企业上网进行商务活动,Web 数据库产生了,它结合了 Web 具有的数据量大、类型多的特点和成熟的数据库管理系统,前端是界面友好的 Web 浏览器,后台是成熟的数据库技术。

2) EDI 技术

电子数据交换(electronic data interchange,EDI)是指具有一定结构特征的数据信息在计算机应用系统之间进行的自动交换和处理,这些数据信息称为电子单证。EDI 的目的就是以电子单证代替纸质文件,进行电子贸易,从而在很大程度上提高商务交易的效率并降低费用。在 EDI 中,计算机系统是生成和处理电子单证的实体,通信网络是传输电子单证的载体,标准化则将生成的电子单证按规定格式进行转换以适应计算机应用系统之间的传输、识别和处理。

3) 金融电子化技术

电子采购过程包括交易双方在网上进行货款支付和交易结算,金融电子化为企业之间进行网上交易提供保证。交易双方货款只有通过银行系统来结算,银行在企业间的交易中起着重要的作用,是电子采购、电子商务必不可少的组成部分。

4) 网络安全技术

企业网上采购,在进行合同签订、合同传递、货款支付等行为过程中,网上信息是否可靠、真实,是企业十分关心的问题。网络安全技术是实现电子商务系统的关键技术,其中包括防火墙技术、信息加密与解密技术、数字签名技术等。目前,一个安全的电子商务系统首先必须具有一个安全可靠的通信网络,以保证交易信息安全迅速地传递;其次,必须保证数据库服务器的绝对安全,防止网络黑客闯入窃取信息。网络安全 4 大要素是指传输保密性、数据完整性、信息不可否认性、证明交易原始性。

5) 计算机及网络技术

网上实现采购和企业内部与采购相关的信息传递、处理都离不开计算机。计算机硬件性能的增强,提高了信息处理速度和准确性;软件功能的完善不但大大方便了操作,也使其操作界面更加友善。

电子采购的网络基础包括局域网技术、广域网互联、接入技术和网络通信协议。

3. 电子采购系统

电子采购系统是使用万维网的应用工具,用于提高采购的效益和效率。电子采购系统的基本理念是,采购组织的员工通过基于网络的软件包,使用浏览器访问供应商提供的数字化的在线商品目录,选择项目并与指定的供应商直接进行采购订单的联系。

1)电子采购应用系统的形式

(1)买方模式。采购组织在软件提供商那里购买软件包,安装在自己的服务器上。采购方承担建立、维护和更新产品目录的工作。供应商在采购方的网站上登录自己的产品信息,以供采购方评估,并通过采购方进行进一步的信息沟通,完成采购业务的全过程。

(2)市场模式。采购组织可以利用第三方作为其电子采购系统。在同一行业内,为多个买方和卖方提供服务的第三方网站上能够购买和操作电子采购应用系统。

(3)卖方模式。通过创建供应商商品目录或提供对现有供应商的访问,作为对电子采购软件包的补充。供应商在互联网上发布其产品的在线目录,采购方则通过浏览来取得所需商品的信息以做出采购决策并下订单。在这个模式里,供应商必须要投入大量的人力、物力和财力,以建立、维护和更新产品目录。而对采购方来说既省钱又方便。

2)采用电子采购系统的主要优点

(1)提升采购质量。职员将直接同那些与其签订合同并且已建立了关系的供应商联系,而不是进行劣质的、单独的采购。

(2)缩短采购周期。采购方企业通过电子采购交易平台进行竞价采购,可以根据采购方企业的要求自由设定交易时间和交易方式,大大地缩短了采购周期。自采购方企业竞价采购项目正式开始至竞价结束,一般只需要 1~2 周,较传统招标采购节省 30%~60% 的采购时间。

(3)减少工作量。通信将更为快捷,减少手工和文书工作。

(4)降低采购和交易成本。采购方企业通过电子采购交易平台进行竞价采购,可以使竞争更完全、更充分,使采购方企业获得更为合理并且低廉的价格,从而大大节省了企业的采购开支。

(5)增加有效供应商。采购方企业通过电子采购交易平台的专业数据库的帮助,可以跳出地域、行业的限制,找到更多、更合适的供应商;可以进一步丰富采购方企业的供应商资源和情报,更进一步了解相关物资和产品的市场供求情况,并在此基础上根据供应商的资信,整合供应商资源。这些都使市场供求关系更加明了。

(6)信息共享。不同企业,包括各个供应商都可以共享信息,不但可以了解当时采购、竞标的详细信息,还可以查询以往交易活动的记录。这些记录包括中标、交货、履约等情况,帮助买方全面了解供应商,帮助卖方更清楚地把握市场需求及企业本身在交易活动中的成败得失,积累经验。这使供求双方之间的信息更加透明。

4. 实施电子采购的步骤

电子采购可以是一个独立的系统,企业可以没有 ERP(enterprise resource planning,企业资源计划)的基础,没有 SCM(supply chain management,供应链管理),甚至连最起码的 OA(office automation,办公自动化)都没有,但企业只要可以上网就行。另外,一些大型企业集团公司可以建立一个完整的采购平台,将整个采购业务流程纳入其中。当然,几家大的行业巨头也可以联合起来建一个更大的联合采购平台,为所有制造商和供应商提供门户功能、目录管理功能、交易功能、协作功能以及诸多的增值服务,以实现更大范围的利益共享。

企业实施电子采购的步骤一般可以从以下几方面考虑:

(1) 提供培训。很多企业只在系统开发完成之后才对使用者进行应用技术培训。但是国外企业和国内一些成功企业的做法表明,事先对所有使用者提供充分的培训是电子采购成功的一个关键因素。培训内容不仅包括技能方面的知识,更重要的是让员工了解将在什么地方进行制度革新,以便将一种积极的、支持性的态度灌输给员工。这将有助于减少未来项目进展中的阻力。

(2) 建立数据源。建立数据源的目的是为了在互联网上实现采购和供应管理功能而积累数据。其内容主要包括供应商目录、供应商的原料和产品信息、各种文档样本、与采购相关的其他网站、可检索的数据库、搜索工具。

(3) 成立正式的项目小组。项目小组需要由高层管理者直接领导,其成员应当包括项目实施的整个进程所涉及的各个部门的人员,包括信息技术、采购、仓储、生产、计划等部门,甚至包括互联网服务提供商、应用服务提供商、供应商等外部组织的成员。每个成员对方案选择、风险、成本、程序安装和监督程序运行的职责分配等进行充分交流和讨论,以取得共识。

(4) 广泛调研,收集意见。为做好电子采购系统,应广泛听取各方面的意见,包括有技术特长的人员、管理人员、软件供应商等。同时要借鉴其他企业行之有效的做法,在统一意见的基础上,制定和完善有关的技术方案。

(5) 建立企业内部管理信息系统,实现业务数据的计算机自动化管理。在企业的电子采购系统网站中,设置电子采购功能板块,使整个采购过程中管理层、相关部门、供应商及其他相关内外部人员始终保持动态的实时联系。

(6) 培训使用者。在积极推进电子采购系统应用的过程中,必须与员工进行交流,倾听他们的意见,向他们宣传电子采购的优势,让他们尽快接受新的电子采购系统。

(7) 网站发布。利用电子商务网站和企业内部网收集企业内部各个单位的采购申请,并对这些申请进行统计整理,形成采购招标计划,并在网上进行发布。

总之,利用网络技术,通过一个公共的交易信息平台,会使采购变得前所未有的快速、高效和公平。同时,更节省了大量的人力和采购所需的大量间接资金投入。企业可以把更多的精力放在产品的技术含量及品质上。

【案例】

美国通用电气公司的电子化采购

在 1982—1992 年,美国通用电气公司(GE)的原材料成本上升了 16%,而产品价格连年持平甚至下跌,因此 GE 竭力改善其采购系统。经过分析其采购过程发现:采购效率低下,涉及的交易过多,管理成本也很高,不能利用 GE 的采购量获得较好的价格;由于采购订单/收据/发票不匹配,125 万张发票的 1/4 以上还需重做。

1996 年,GE 开发出在线采购系统(tpn. geis. com),采取电子竞标进行无纸化采购,供应商可以进入该系统进行投标。供应商通过该系统获取说明书,确定契约的要求,然后在线提交他们的投标。

GE 估计,通过电子采购带来了如下好处:

(1) 从事采购的 60% 的员工被重新安置了工作,外包部每月至少有 6～8 天空余时间从事战略性工作而不是纸面工作/复印/装信封。

(2) 从事采购的劳动力下降了 30%。同时,原材料成本下降了 5%～20%,原因来自在线的更广泛的供应商。

(3) 过去常常需要 18～23 天来确认供应商,准备竞标需求,谈判价格,并与供应商签约。现在只需 9～11 天。

(4) 从开始到结束都是电子化交易,发票会自动同采购订单相一致。

(5) GE 遍布在世界的采购部可以共享其最佳供应商的信息。

3.2　采购物资分类

尽管人们越来越认识到同供应商建立合作伙伴关系的重要性,但是并非任何组织都希望同其所有供应商都发展伙伴关系,往往对于不同物品采用不同的采购策略,这时就需要对采购物品进行分类或战略定位(采购定位),对于供应不同物品的供应商采取不同的策略。采购定位分析方法主要有帕累托原理(Pareto's Principle 或 Pareto Analysis)和 Kraljic 采购定位模型。

3.2.1　帕累托原理

帕累托原理也叫做"80-20 规则",是由意大利经济学家维弗利度·帕累托(Vilfredo

Pareto，1848—1923)提出的，即"重要的少数与琐碎的多数原理"，大意是：在任何特定的群体中，重要的因子通常只占少数，而不重要的因子则占多数，因此，只要控制重要的少数，即能控制全局。

帕累托原理应用在采购方面，即运用"80-20 规则"对采购物料进行管理：一是数量或种类为 80％的采购物品(指原材料、零部件数)只占有 20％的价值，而剩下 20％的物品数量则占有 80％的价值；二是其中有 50％的物品数的价值总量在 2％以下，从而确定哪些物料是重要的，哪些相对不太重要。

更多时候，人们称采购活动中的帕累托法则为 ABC 分类法。ABC 分类法可以用表来表示(见表 3-1)，也可以用图来表示(见图 3-3)。

表 3-1　ABC 分类法

采购物品分类	总采购物品数量百分比/％	总采购物品金额百分比/％
A 类	大约 20	大约 80
B 类	大约 30	大约 15
C 类	大约 50	大约 5

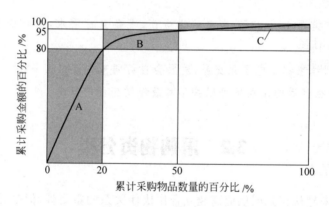

图 3-3　ABC 分类曲线图

采购人员应针对不同类物项采用不同的管理策略。

A 类：小批量持有、小批量订货，并且经常检查。

C 类：持有库存、大量需求集中于一个或几个供应商、采购卡、无库存采购协议、概括订单。

B 类：系统方法，只是检查次数少于 A 类。

3.2.2 Kraljic 采购定位模型

Kraljic 模型也被称为 Kraljic 矩阵,是以供应物品对利润和供应风险的两个重要方面为维度(准则),建立采购定位(分类)矩阵,对采购物品进行分类。其定位模型如图 3-4 所示。

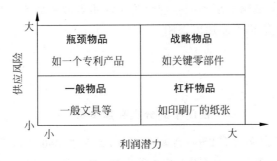

图 3-4 Kraljic 采购定位模型

在图 3-4 所示坐标系中,横轴为利润潜力,用来表示采购对可赢利性所做贡献的潜力或供应物品对利润的影响,主要衡量指标包括采购的数量、采购金额占总金额的比例、该物品对产品质量的影响程度等。纵轴为供应风险,它反映了采购物品获得的难易程度,或如果供应商没能准时供货时客户将遭受的损失程度,主要衡量指标包括供应市场的竞争格局、潜在的供应商数量、自制或外购的机会、替代的可能性等。

根据不同采购物品对利润潜力和供应风险的影响程度,也可以说根据采购物品在图 3-4 的坐标系中所处位置不同可以分为以下 4 类采购项目。

(1)战略项目。所谓战略项目,是指对买方的产品或流程至关重要的采购项目。这类采购项目的数量很大,通常只有一个可利用的供应源。这类产品在最终产品的成本中占有很大份额,并且不能在短期内加以改变,以避免重大损失,例如为汽车制造商生产的变速箱、化学工业用的汽轮机等。这类产品的采购方式最好采用基于合作伙伴的采购模式,在这种情况下也要根据采购与供应双方谁居于支配地位还是处于势均力敌的均衡状态。

(2)杠杆项目。所谓杠杆项目,是指可选供应商较多、能够为买方带来较高利润的采购项目。通常这类物品可以按标准的质量等级从不同的供应商那里购得。它们在最终产品的成本构成中占有相对较大的份额,价格的微小变化对最终产品的成本造成相对较强的影响。具体的例子有散装化学品、钢、铝、包装物、钢板、原材料和标准半成品等。这种情况下,采购方有选择供应商的自由。供应商数量众多,而且转换成本较低。

(3)瓶颈项目。所谓瓶颈项目,就是只存在某一个供应商、运输不便、财务影响较低的采购项目。这类物品在金额上只占相对有限的一部分,但是在供应上却极为脆弱。它们只从一个供应商那里获得,例如化学工业使用的催化剂、涂料工业使用的颜料和食品工业使用的天然香料和维生素。通常供应商在合同关系中处于支配地位,这会导致高昂的价格、较长的交货时间和劣质的服务。采购方应尽量寻找替代品或寻找替代的供应商。

(4) 一般项目。所谓一般项目或非关键项目,是指供给丰富、采购容易、财务影响较低的采购项目。从采购的观点看,这些产品很少造成技术或商业问题。这类产品的价值通常较低,并存在大量可供选择的供应商,例如清洁材料、办公用品、维护用品和紧固件等。这类产品的采购问题在于处理它们的费用通常高于其本身的价格。

根据产品分类,供应战略有所不同。应该将关注重点放在战略产品和杠杆产品上,而且与一般产品相关的工作应尽可能加以限制。

【案例】

西门子的分类采购策略

西门子在世界范围内大约有 2500 名采购人员,而且在 256 个采购部门中拥有 1500 名一线的采购人员。同时,西门子拥有 12 万家供应商,其中的 2 万家供应商被指定为第一选择,他们的数据被存储到西门子内部的电子信息系统中。为了确定采购活动的中心,西门子对这些供应商进行了科学的分类管理。

1. 分类依据

西门子依据以下两个方面对这些供应商进行了分类。

1) 供应风险

这是按照供应商提供部件的技术复杂性和实用性来衡量西门子对该供应商依赖程度的标准。它要求询问:如果这家供应商不能够达到性能标准,那对西门子意味着什么? 衡量一个特定供应商的供应风险标准的因素包括:

(1) 供应商有多大程度的非标准性;

(2) 如果更换供应商,需要花费哪些成本;

(3) 如果自行生产该部件,困难程度有多大;

(4) 该部件的供应源的缺乏程度有多大。

2) 获利能力影响

影响西门子与供应商关系底线的衡量标准是与该项目相关的采购支出。

2. 分类的采购策略

西门子将供应商的产品分为高科技含量的高价值产品、用量大的标准化产品、高技术含量的低价值产品和低价值的标准化产品,与相应供应商关系的性质和密切程度由这 4 种分类来决定。

1) 高科技含量的高价值产品

这类产品包括电力供应、中央处理器的冷却器、定制的用户门阵列。采购策略是技术合

作型,其特点如下:

(1) 与供应商保持紧密联系,包括技术支持和共同负担研发经费;

(2) 签订长期合同;

(3) 共同努力以实现标准化和技术诀窍的转让;

(4) 集中于制造过程和质量保证程序,如内部检验;

(5) 通过 EDI 与电子邮件实现通信和最优化的信息交流;

(6) 在处理获取基础材料的瓶颈方面给予可能的支持。

2) 用量大的标准化产品

这类产品包括印制电路板、集成电路存储器、稀有金属、镀锌的锡片。采购策略是储蓄潜能的最优化,其特点如下:

(1) 在全世界寻找供应源;

(2) 开发一套采购的国际信息系统;

(3) 在全世界寻求相应的合格供应商;

(4) 列入第二位的资源政策;

(5) 安排接受过国际化培训的最有经验且最称职的采购人员。

3) 高技术含量的低价值产品

这类产品包括需要加工的零件、继电器、变压器。采购策略是保证有效率,其特点如下:

(1) 需要进行定期质量审查,并提供专用的仓储设施;

(2) 需要保有库存并编制安全库存计划;

(3) 保持战略性存货(安全存货),以保障供应的安全性;

(4) 在供应商处寄售存货;

(5) 特别强调与供应商保持良好的关系。

4) 低价值的标准化产品

这类产品包括金属、化学制品、塑料制品、电容器。采购策略是有效地加工处理,其特点如下:

(1) 通过电子系统减少采购成本;

(2) 向那些接管部分日常物流工作(如仓储、编制必备需求量的计划、报告等工作)的经销商或供应商外购产品;

(3) 增加对数据处理和自动订单设置系统的运用;

(4) 采用准时制(JIT)模式,直接将采购原材料送到生产线,这样可以减少运送到仓库再转运到生产线的手续;

(5) 努力减少供应商和条款的数目。

对于低价值的标准化产品,西门子把首选供应商的地位授予了从 80 家经销商中选出的 3 家。这一安排规定了经销商将负责提供仓库、预测和保管存货,以及向西门子报告存货和用货量。

3.3 基本的供应战略

对于不同种类的采购物品,存在不同的采购战略,主要有 4 种战略,也称作供应商战略。

3.3.1 合作战略

战略物品和杠杆物品构成了产品周转总额的 80%,价格水平的微小变化立即会对最终产品的成本产生影响,因此必须对价格和成本的变化以及供应市场的发展进行密切关注。同时,战略物品的供应风险非常高。

战略物品的采购政策应以寻找合作伙伴或协作为目标,以便在有计划的合作的基础上共同参与。采购方和供应商一起,开发高效率的方案来实现成本的降低、质量的改善、工艺的改进和产品开发的改进。

合作战略的一个基本问题是对供应商进行充分的选择。采购者应对市场进行仔细研究,以寻找最好的供应商。对这些供应商的相关资料、财务稳定性、当前的研发潜力、生产能力、他们的质量系统和物流质量、研发及工程能力等都进行仔细研究。

供应商合作伙伴关系是建立在相互信任、相互帮助、信息透明、风险共担的基础上,其特点是共同解决问题、从源头上控制质量、信息共享、实现双赢。

3.3.2 竞标

对于杠杆物品,竞标或招标是很多公司的一种采购政策,竞标采购的目标是:希望以最低的价格进行采购,同时保持要求的质量水平和供应的连续性。通过招标可以在当前的供应格局中引入局外人加盟,以避免现有的供应商之间达成价格协议。

3.3.3 供应的连续性

瓶颈物品的采购政策应该集中于保证供应的连续性,必要时还可以增加额外的成本。与此同时,还应该进行以降低对这些供应商的依赖度为目标的活动。通过发展可供替代的物品和供应商可实现这一目标,但是这些活动的成本常常超过它们所带来的利润。

通过风险分析来确定长期和短期供应中最重要的瓶颈物品是十分重要的,并在风险分析的基础上建立应急计划,以此防范供应风险。

3.3.4　系统合同

一般物品需要的是以降低管理和物流复杂性为目标的采购战略。一般物品属于 80% 仅仅占全部采购金额的 20% 的物品。

此类物品的采购将出现太多的小额订单，解决小额订单问题有许多办法。通常，这些办法都涉及采购过程的简化和自动化或是合并采购，以便缩短采购周期（从发现需求到支付货款之间的这段时间）、削减管理费用、节省采购员的时间，以将其用于金额更高或更重要的采购事项。

1.　概括订单

概括订单（blanket order）一般包括许多物品，集中签订合同，是一个很好的、可用于小额订货的简单方法。适用于 MRO 物料以及在几个月内要大量使用并频繁采购的生产线上的需求。

2.　空白支票采购订单

空白支票附加采购订单系统是由凯瑟·阿鲁米尼（Kaiser Aluminum）发明的，所以也称作凯瑟支票系统，最初是用来简化发票处理和账单支付工作的。空白支票附加订单的形式，当货物发运之后，供应商在支票上填上应收的金额，然后进行兑现。这一系统内部有一个固有的预防措施：每张支票都有最大限额。这一做法的优点是：减少了小额采购的文书工作；由于采购订单和支票一起寄出，所以节省了邮资和信封；由于可以立即支付，采购方可以获得较大的现金折扣；它还使处理应付账款部门节省了时间和人力。

3.　公司采购卡

公司采购卡是指采购方公司发给其内部顾客（即使用者）的一种信用卡，这些卡能和电子商务兼容，有利于采购方收集采购数据。使用采购卡主要是针对那些小额物品、间接材料（非生产性的）、物资和服务等方面的交易，这样做可以减少管理成本和缩短采购周期。

由于把交易活动交给使用部门来处理，采购周期得以缩短，并且处理交易的成本也降低了。采购员（以及处理应付账款的人员）也可以从日常的小额采购交易中解脱出来，专注于大额采购和供应管理等问题。

使用采购卡的主要风险是失去对采购活动的控制。管理层希望能确保使用采购卡的是被授权的人员，而且使用此卡也是为了向公司推荐的供应商进行必需的采购。对此，发卡者可以采取如下措施：

(1) 在采购点判断它是否已经达到了每张卡所设的金额上限；

(2) 限制每天进行的交易数；

(3) 限制每笔交易的金额；

(4) 判断供应商是否经过了公司的认证。

采购卡在零售方面被广泛应用,但工业品供应商采用的还不多。

4. 供应商管理库存

供应商管理库存(vendor management inventory,VMI)就是供应商把货物存放在采购者的仓库中,采购者按照货物的使用情况,为供应商付款。供应商定期对仓库进行查看,根据使用情况补充库存,并且为已经使用的货物开具发票(通常为每月一次)。在商定的期间内仅仅使用一个合同。买主每月按合同为发票付款,并定期对库存水平和使用情况进行审核。仓储货物的所有权在使用之前属于供应商。

这种系统除了可以减少文书工作量以外,还具有其他优点,如减少了缺货现象和采购者的库存持有成本。对供应商的好处表现在拥有垄断市场、可以和采购公司的用户经常保持联系、减少文书工作量等。

3.4　项目采购

3.4.1　项目和项目采购管理

1. 项目的定义

项目一词已经越来越多地被应用于社会经济和文化生活的各个领域。关于项目的定义有很多种,美国项目管理学会(PMI)的 PMBOK 2000 版将项目定义为"是为完成某一独特产品或服务所做的一次性努力"。

项目具有一次性和独特性等特点。一次性是指项目有明确的开始时间和明确的结束时间,当项目目标已经实现,或因项目目标不能实现而终止时,就意味着项目的结束。项目的独特性是指要完成的某些工作是以前未曾做过的工作。

2. 项目采购管理

PMBOK 2000 对项目采购管理的定义是"为达到项目范围而从执行组织外部获取所需货物和(或)服务的过程"。

世界各地都会实施一些大型的项目,如建造海上石油设施和厂房设施等。有些组织对建筑物等基础设施的采购工作可能由财务部门负责,或者有专门负责基础设施建设的工程部门负责,但无论如何,这些也同样属于采购范畴。

典型的项目采购有大型机械设备的采购、工程项目的采购、IT 项目的采购和服务项目的采购等。大型基础设施建设通常通过招标方式来选择承包商。业主的采购部门帮助业主获得投标书、对标书进行分析、对供应商进行评比及进行合同谈判。与此同时,承包商的采购部门获得分包商和供应商的信息,这些信息对准备投标书很有用处。在获得合同之后,承包商需要大量订货,并签订大量分包合同,有时候,这需要得到业主或项目采购者的批准。

　　由于大型项目采购的专业性太强,有时需要聘请外面的专家作为专业顾问,参与到项目的评估、招标过程中。由于技术的复杂性和专业性,有时候采用两阶段的招标方式。世界银行在《世界银行贷款项目采购指南》中建议,在第一个阶段中,进行不含商务报价的技术性招标。在此基础上,编制出技术规范并将其用于第二个阶段,进行包含商务报价的招标。

3.4.2　项目采购管理过程

　　根据美国项目管理学会出版的 PMBOK 2000,项目采购的过程主要包括以下 6 个步骤。

1. 编制采购计划

　　编制采购计划的目的是确定何时采购何物,是确定从项目组织外部采购哪些产品和服务能最好地满足项目需求的过程。采购计划编制设计时需要考虑的事项包括是否采购、怎样采购、采购什么、采购多少及何时采购。

　　进行投资评估,确定初步的规格标准(可能不够详细),这些规格应说明所要求的性能标准、交货日期以及一些特殊要求,如安全和使用设备所在国家的法律要求。

2. 编制询价计划

　　(1) 列出可供选择的供应商或承包商名单;

　　(2) 获得供应源的相关资料;

　　(3) 获得使用供应商产品的现有用户名单,以备需要时参考;

　　(4) 获得可替代设备的价格,包括出厂价、运输和安装费用;

　　(5) 找出主要细节,即出厂日期、交货日期、安装要求和说明、操作说明或指南、设计达产产能等;

　　(6) 拟订期望项目生命周期,推荐备件及维护计划;

　　(7) 获取操作成本和性能标准;

　　(8) 找出供应商所能提供的售后服务;

　　(9) 拟订评价供应商或承包商的标准。

3. 询价

　　询价是从预期的卖主那里获取有关项目需求如何被满足的意见反馈(建议书或投标书)。采用的方式主要有寻求建议书或招标方式。关于招标方式在本书后文有专门论述,这里不再详述。

4. 供方选择

　　供方选择就是从所有提交建议书或投标的潜在卖主那里选定一家或几家作为该项目的实际卖主(供应商或承包商)。在供方选择过程中一般会伴随着合同谈判,最好让采购小组全体人员都参加谈判,并就有关合同的事宜在客户与供应商之间进行交流。

谈判中应包括的事项主要有以下几个方面。

1）商业方面最明显的是价格

（1）价格包括什么、不包括什么；

（2）是交货价还是安装价；

（3）价格如何计算；

（4）采用何种货币；

（5）付款方式、阶段性付款的时间和多少问题，不同的资本采购项目其付款方式是不同的；

（6）由于通货膨胀而引起价格调整问题，最好事先确定一个调整公式。

2）规格

就规格而言，大多数公司都倾向于功能规格而不是产品规格。例如，一个专门的机器能够在连续运行 y 小时内生产 x 个产品。在这种情况下合同中应明确规定，在设备达到所规定标准之前保留大部分款不付，直到设备达到所规定的生产标准才付清款。

3）担保

要清楚地理解担保条款和担保何时失效。谁负责担保也很重要。要明确对担保人的要求。

4）时间

如果不能按时交货或按时投产，可能会使采购企业遭受巨大损失。

5）其他问题

（1）准备备件；

（2）培训操作员工，清楚地了解供应商所提供的设施；

（3）仲裁问题；

（4）确定项目验收的时间。

5. 合同管理

合同管理是确保卖方履行合同要求的过程。对于具有多个产品和服务承包商的大型项目，合同管理的一个关键方面是管理各个承包商之间的组织界面。合同管理应该贯穿整个项目管理过程，其内容主要包括：

（1）项目计划的实施。用以授权承包商在适当时间进行工作。

（2）绩效报告。用以监控承包商的成本、进度计划和技术绩效。绩效报告向管理层提供关于卖方如何有效地实现合同目标的信息。

（3）质量控制。用以检查和确保分包商产品的充分性。

（4）变更控制。用以保证变更能够得到适当批准，并保证所有应该知情的人员获得变更通知。

6. 合同收尾

合同收尾类似于管理收尾，它涉及产品核实（所有工作是否正确、满意地完成）和管理收尾(更新记录以反映最终结果,并为将来使用而对这些信息归档)。

3.5 转售采购

转售采购就是指采购的目的不是为了自己使用或生产产品,而是为了出售而进行的采购活动。零售商、批发商或分销商出售他们采购的东西,因此,在考虑买什么的时候必须想好要卖什么。本节主要关注转售采购的一些显著特点。

3.5.1 批发和零售中货物的再销售

纯粹经商的商业企业就是购买完整的产品进行再销售(转售)的零售商、批发商或分销商。它们同制造型企业不同,后者从事的是将输入的物资材料转化为成品的业务活动。

批发商将货物销售给零售商、其他批发商或个别用户,但并不大量销售给最终消费者。批发商可能是一般商家或专业商家。

零售商则涉及向最终消费者销售产品,典型的零售商有专业商店、百货商店、超级市场、邮购、网上店铺等。

目前零售业有着越来越集中的趋势,在国外基本上是一小部分零售商承担了大多数零售销售。例如,法国零售业高度集中,5 家大企业市场占有率达 70%以上。

我们国家也是这个趋势,零售业竞争也越来越激烈。大型超市同传统上的小零售商相比,在各个方面都占尽优势,而且随着大型超市的兼并战,市场越来越集中在少数零售商手中。

3.5.2 零售业的采购与工业采购的区别

与工业采购相比,零售采购存在一些不同特点。

(1) 零售商采购的直接目标是销售

零售业的采购人员在决定是否购买某个商品之前,就必须作出判断,这个商品是否适合我们企业经营。合理采购决策的目标是增进销售额和利润。

(2) 采购产品类别可能更加广泛

大型零售商经营的产品一般会非常广泛,一家大型超市的产品类别可能超过 5 万个,并对所有商品的订单、价格、数量、供应商状况和销售信息进行即时跟踪和监控。

(3) 供应商选择标准有所差异

在供应商的选择标准上除了一般工业采购中的质量、价格、交付数量、交付时间和服务等因素需要考虑之外,应考虑的其他标准还有商品标准和促销标准。

商品标准包括商品是否适用于商店要求,商品是否符合商店的形象及其目标客户的要求。

促销标准包括供应商提供促销支持的种类和数量,除了供应商的国内或地方广告提供的支持外,还有供应商为零售商提供的补充广告或联合广告。也可以提供店内展示等其他吸引消费者的方式。

(4) 采购与销售职能的合作更为重要

在较大的零售组织中,采购商品的过程会比较复杂,采购工作一般由评选人员、采购人员和销售人员共同完成。评选人员负责选择合适的商品;采购人员决定是否销售这些商品;最后销售人员将决定商店的存货水平,以及在商店接收哪些商品。评选、采购和销售这三个活动经常会有重叠。

3.5.3　零售商品采购过程管理

所有零售商都需要在采购之前计划销售什么商品,也就是要作出销售规划。不同的组织对销售规划这个词有不同的使用。例如,在 A 公司,销售规划是指确定要销售什么商品,确定一个还是多个供应商,设定采购价格和销售价格。而在 B 公司,销售规划可能是指收集采购所需的信息。

零售商销售的商品就是需要采购的物品,需要制订采购计划,并对采购进行过程控制与管理。在零售业商品的销售和采购往往是分不开的,所以也被称为商品管理。

商品管理是指一个零售商从分析顾客的需求入手,对商品组合、定价方法、促销活动,以及资金使用、库存商品和其他经营性指标作出全面的分析和计划,通过高效的运营系统,保证在最佳的时间、将最合适的数量、按正确的价格向顾客提供商品,同时达到既定的经济效益指标。

零售商品采购过程管理与控制主要包括以下内容。

(1) 制订商品计划:目标市场定位;准备销售预测;进行商品预算;开发库存计划模型,以确定储存商品的种类、储存商品的数量以及储存的时间和地点。

选择销售和采购的物品要考虑下列因素:产品是否符合商店的形象;是否适合目标市场;潜在需求是什么;供应商是谁;产品是否容易获得。

在做库存计划时,需要考虑商品分类、品种及其广度和深度。窄而深的分类适合于专卖店,如尼康照相机店。宽而浅的分类适合于百货店。

(2) 商品采购流程:建立采购组织、确定货源、收集有关顾客需求信息、评估潜在供应商,选择供应商,谈判,合同签订,订货。

(3) 物流安排:外部运输安排,收货,营销,内部运输。

(4) 控制内容:库存周转率,财务控制。

3.6　商　品　采　购

我们这里讨论的商品是指初级商品,即原材料,这类商品具有世界性。原材料(如铜、棉花、铅、橡胶、大豆、石油等)通常是敏感商品,在购买商品时,采购企业面临的主要问题是价格经常在短时期内发生大幅波动。

3.6.1　商品价格波动性与稳定价格方案

1. 商品价格的波动原因

初级商品的价格与其他工业品相比,价格的波动性更大。如新土豆春天上市时价格很高,几个月后价格会大幅下降。在采购这类商品时,需要了解它们的波动性以及发生波动的原因。金属产品,如铜、金、银等的价格也呈现出经常性变动。如果是采购食品,就要了解农产品的价格变动方式。

商品价格的波动主要受供需状况的影响,供大于求,价格就会下降。很多例子可以说明,如农民种植冬枣、红果等。又如,石油危机、天灾、战争、政府政策都会严重影响市场供应。此外,消费趣味、技术、是否有替代品可供利用,都会对需求产生长期性影响。

2. 稳定价格方案

生产者和购买者双方都希望商品的价格稳定。

买卖双方在相当多的情况下,通过签订一个固定价格协议来稳定价格。但是,这种协议价格如果同国际价格相差太大,那么要顶住重新谈判的压力,几乎是不可能的。

典型的稳定价格方案是由某个管理机构加以管理。这种管理机构将通过缓冲库存来稳定价格,需要为其提供资金,作为基金储备。当价格趋于升高时,卖出库存;当价格趋于下降时,买入并储存起来。当基金储备已经耗尽,缓冲库存管理机构已没有资金可以购买时,这些操作便不能阻止价格下降。

长期的价格稳定方案要取得成功,还需要这种管理实体监测世界市场的需求情况并适当调整产量,以保持上市数量和市场需求的一致。

3.6.2　利用期货合同进行套期保值

某种商品,例如铜,既可以从生产商那里购买,也可以在商品市场上直接购买。

期货就是一种合约———一种将来必须履行的合约,而不是具体的货物。合约的内容是统一的、标准化的,唯有合约的价格,会因各种市场因素的变化而发生大小不同的波动。

所有期货市场都为投机提供了机会。当然,投机是一种风险极大的活动。一般情况下,商品的生产者和购买者并不参与投机活动。但是投机有助于保持市场的流动性,确保套期保值者谋求规避的风险有人来承担。

1. 期货交易的功能

(1) 能使客户、经销商和代理商以具有竞争力的市场价格方便地获得供应物资。例如,在伦敦金属交易所(London Metal Exchange,LME),6 种非铁金属在此交易,它们是高级原铝、A 级铜、高级锌、原镍、标准铅和标准锡,交易合同在未来 3 个月内任何一个交易日内都可以交货,但银(7 个月)除外。

(2) 消除由于供需变化而引起的价格波动。

2. 期货交易的目的和条件

期货交易的目的是减少由于供求变化而引起价格波动的不确定性,这种不确定性的减少对生产商和采购者都有益处。生产商可以以一个确定的价格进行销售,而采购者可以根据事先确定的价格进行采购并确定材料的成本。

进行期货交易应具备以下条件:

(1) 商品必须能够经合理期限的存储而不变质;

(2) 商品必须能够被分级,可以在合同中对其进行准确描述;

(3) 生产者和消费者必须对期货概念表示认同;

(4) 商品必须能够在原生状态或半原生状态下进行交易;

(5) 必须有一个商品的自由市场,有许多买家和卖家,这样就不可能使几个商人控制市场,从而保持完全的竞争。

3. 套期保值

由于难以预测价格变动,无论是采购者还是供应商都发现自己面临着遭受损失的严重风险(以及获得意外利润的可能)。火灾等不可抗力可以通过购买保险来避免损失,但价格变化却不能保险,因为价格变化影响所有交易的人。

但是,价格的变化总会使一些人遭受损失,而使另外一些人获益。可以通过套期保值来规避风险。

套期保值是指通过利用期货合同进行补偿性交易来平衡某种贸易地位。

一份套期保值合同包括在两个不同市场上同时的采购和销售合同,这样做可以利用在一个市场上的收益抵消在另一个市场上等量的损失。通常的做法是同时在现货市场和期货市场购买和出售相同数量的同种商品。

例 3-1　假定 3 月 1 日,一家铜缆制造商卖出一定数量的铜缆,其中含铜量为 100 t。该制造商同意,购买铜缆的客户支付的价格,将以铜缆交付给客户时铜的现行市值为依据。实际制造这批铜缆需要 3 个月,因此该制造商 3 月 1 日就必须买 100 t 铜,以便开始生产。他们以 1500 英镑/t 购买这些铜,这是 3 月 1 日伦敦金属交易市场的现行价格。同时,他们卖出 6 月 1 日交付 100 t 铜的承诺(一份 3 个月的期货合同),他们并不拥有这些铜,也不必拥有,6 月 1 日按期拥有就足够了。

图 3-5 说明了如果铜价上升到 1800 英镑/t 时发生的情况。

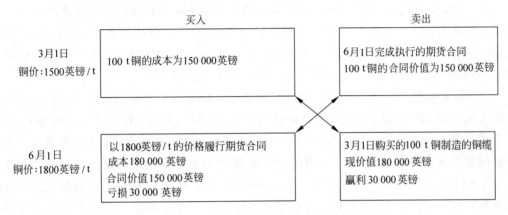

图 3-5　一种简单的买方套期保值法

3.7　服 务 采 购

3.7.1　服务采购的概念

服务采购是指除货物或工程以外的任何采购,包括专业服务、技术服务、维修、培训和劳务等。如何有效地进行服务采购对企业来说非常重要。传统上采购人员一直把精力放在有关产品、原材料、零部件和 MRO 物料的采购,在本书中,也是以这些实物采购的有关内容为主。但是应该说服务采购对于组织来说有着越来越重要的趋势。

服务的主要组成部分是某项任务,而不是提供某项有形的商品或原材料。服务是某种价值行为的表现,与销售商品的情形不一样,不会形成顾客对任何任务的所有权。

不同的公司对服务的需求有很大的差异。下面列出的仅仅是一些通常所需服务的示例:广告、装饰、审计、旅行、餐饮、计算机编程、清洁、设计、咨询、物流、维修、培训、保安、研究、医疗、保险、法律咨询、搬运、邮件服务、公用事业(电、气、水)、银行业务。

3.7.2　采购部门从事服务采购的情况

获取服务是采购工作的一个重要部分,美国高级采购研究中心(CAPS)在 1995 年的一项研究表明:

(1) 采购费用中超过一半(54%)的金额被用于服务采购,但是在制造业,物资采购的费用(61%)要大于服务采购(39%)。

(2) 在服务采购中,公用事业占总采购额的 4.8%(其中采购部门经手的费用占 26%),保险占总采购额的 4.4%(其中采购部门经手的费用占 6%),促销占总采购额的 3.9%(其中采购部门经手的费用占 48%),医疗占总支出的 3.3%(其中采购部门经手的费用占5%),差旅费占总支出的 3.1%(其中采购部门经手的费用占 12%)。

(3) 服务采购的费用至关重要,但是采购部门在服务采购方面的业务只占服务采购总额的 1/3,采购部门在服务采购中发挥的作用还远远不够。美国之所以产生这种情况,其原因主要有以下 3 个方面:①用户的专业知识比某些采购人员更加广泛;②服务供应商和用户之间涉及更多的是私人关系,而物资采购方面,供应商和采购部门之间更多的是商业关系;③在过去,许多服务只能在政府限定的环境中获得。在这种情况下,所有服务供应商所提供的服务种类和价格基本相同。公用事业、保险、医疗、航空服务、运输就属于这类受限制的服务项目。但是从 20 世纪 80 年代开始,这种情况从根本上有所变化。很多受限制的服务领域出现竞争,服务费用和质量可以通过协商确定。由于采购部门了解采购过程,它在服务采购过程中和采购决策等方面也扮演着越来越重要的角色。

3.7.3　服务采购的特点

很多因素使服务不同于有形商品,并且造成了与采购服务有关的特殊困难。与有形实物采购相比,服务采购有以下特点:

(1) 无法实施存储。在本质上,服务是不能存储的,这就意味着必须在需要的时候恰到好处地提供服务。大多数服务需要认真地计划和安排,以确保在正确的时间、正确的地点提供服务,如果做不到,会引起很严重的后果,如学校或大学的课时表设计。

(2) 可检查性差。有形的材料是可以通过多种方法测试和检查的,以确保它们符合协商好的规格。服务通常很难测试服务质量。例如汽车维修之类的服务,当时很难确定服务的好坏。服务最重要的特征是在购买前无法看到结果。

(3) 自制还是购买决策问题更加明显。在采购有形货物时可能要做这个决策。然而,虽然这个问题偶尔出现在有形货物上,但是通常没有能真正代替购买。在服务方面,自制还是购买这个问题更加普遍。是雇用员工来从事这项工作,还是与外部组织签订合同让他们来从事这项工作。

（4）合同安排困难。在购买货物时,通常能够很容易地确定合同何时开始生效,何时结束,并且通常根据采购者的规格为提供的货物付款。但是,服务采购就不是那么明显,服务标准很难确定,服务合同内容容易引起歧义,造成履约困难。例如,建筑师受委托设计一个办公楼,按事先约定的规格设计完成,但由于不符合客户的审美观,客户要求重新设计。

（5）供应方式独特。许多服务只有在服务供应商的雇员在场时才能获得,如计算机维修、设备安装。

（6）采购具有复杂性。一般来说,服务采购和货物采购都是交织在一起的。图 3-6 包括 8 个不同但又很典型的组织需求的列表。从图中可以看出,货物项目在顶端,服务在底端。然而,按照顾客的规格提供零部件并不完全是货物供应,还包括了运输、检查、所有权转移等服务内容;同样,咨询显然是服务,但是同样会涉及一些物质材料,如递交图纸(图样)、计划或其他文档。

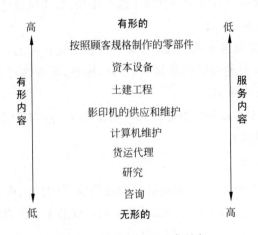

图 3-6　典型的组织需求列表

（7）不能再销售。与货物不同,服务通常不能再销售。

（8）具有变异性。由于服务是人提供的,而每个人都具有独特性。标准化、一致性和可重复性是对货物提出的具有挑战性的要求。在提供服务方面,完全的一致性几乎不可能。

3.7.4　服务的采购过程

1. 确定采购需求

采购人员通常要问一些有关采购的基本问题,典型的问题包括服务的必要性、服务中的关键因素、价格、服务质量、服务方式、服务质量的保证等。

2. 供应方案分析

供应方案分析阶段包括服务来源选择、定价、自制还是外购的决策。

1) 服务来源选择

对于服务来源，由于服务提供商或供应商的规模往往都比较小，因此在选择服务单位时，要考虑供应商的服务特点。例如，在选择咨询顾问时应考虑：声誉、经验、综合技能、规模、所需费用、有效性、个人素质和背景等因素。

一般由服务提供者提交建议书，通过建议书的优劣来选择中意的服务供应商。对于服务，价格不是最重要的，只是基于费用的选择可能会造成服务的低劣。

2) 定价

服务的价格可以是固定的，也可以是浮动的，这由工作的性质或工作的时间决定。另外，价格也可以通过竞争决定，如通过招标方式选择。

谈判是确定价格的另一种较为普遍的方法，特别是在只有独家供应商的情况下。某些行业，可能以总体费用的一个百分比为基础来获得报酬，如建筑设计师。

3) 自制还是外购决策

自制还是外购一直是服务采购中比较重要的问题。现在的国际趋势是把原来公司内部提供的服务外包出去，典型的例子就是保安、餐饮、维修，还有法律咨询、工程问题、软件开发、培训等其他专业化服务项目。

如果内部工作的成本高而外购服务的成本低，同时不存在其他问题时，那么应该选择外购服务，以期获得更好的效益。

3. 采购协议签订

采购协议通常被称为服务合同，是由客户和提供服务的供应商双方共同签订的。服务水平协议(Service Level Agreements，SLA)是采购协议的重要内容，一般规定服务的金额、方法、组织及过程。

合同书可长可短，可以是规范化的，也可以是特定的文件。许多专业的服务供应商总是试图采用某些专业团体制定的规范合同。通常，这种团体有相应的制度来规范酬金的构成和特殊项目的合同，采购者也很愿意接受这样的合同条件。但是，由于服务的特殊性，往往每个组织都希望对特殊服务内容规定一些特殊条款。例如，在建筑项目合同协议中的技术说明书中一般都有通用条款和专用(特殊)条款。

付款方式也是合同的重要内容。付款方式主要有预付款、分期付款(常用于时间较长的服务合同)和定期付款(常用于建筑项目)。

4. 服务合同管理

服务合同的管理包括合同的执行、服务质量控制和供应商评价、付款方式等。

1）合同的执行

对供应商执行情况的监督责任应归属于服务使用部门，以确保用户的意见得到及时解决。

2）服务质量控制和供应商评价

服务的无法存储性特点决定了服务的提供是即时的，必须在提供服务的同时进行质量控制。不过即使质量控制可以同步进行，也很难使服务进程中断，所以，与产品采购相比，服务的质量风险相对高一些。一旦质量不合格，几乎不可能以全额退款的形式返还服务。

可以通过以下几种方式来减少质量风险：

（1）与过去合作过的供应商继续合作；

（2）断绝与信誉有问题的供应商之间的继续合作；

（3）预先和与自己有相似需求的其他组织共同对供应商进行审查；

（4）经常和某些供应商及其用户保持联系以保证需求及时得到满足。

对供应商的服务进行后评价是非常重要的，可以为后续类似服务需求提供决策支持。服务后评价可以结合设定和回答问题的方式进行，例如，是否对问题的解决感到满意？将来是否还会聘请该供应商来处理类似问题？

3）付款方式

服务采购的付款方式和实物采购的付款方式有所不同。某些服务项目需要预付款项，如与某些著名代理商的合作；某些服务是在提供时付款，如招待服务；而另外一些项目则需要延期付款。对于合同金额大且执行时间较长的合同，一般为分期付款或定期付款，如建设咨询或建筑承包工程的支付往往是按月进行定期支付，国内项目也有按实施阶段来支付工程款的。

小结与讨论

本章首先介绍了传统采购模式下的采购流程。尽管不同企业的采购流程可能有所不同，但基本上都遵循该采购流程的主要作业内容。随着计算机技术和网络技术的发展和不断普及，电子商务在企业运营中发挥着越来越重要的作用，电子采购就是在此背景下产生并越来越为企业所认识，这里主要介绍了有关电子化采购的一般问题。在物料采购过程中一个重要问题就是需要确定公司的采购策略，不同种类的采购物品会有不同的特点，需要针对不同类别的物料采购制定不同的采购策略，本章主要介绍了采购物料分类的两种重要方法：帕累托原理和 Kraljic 采购定位模型。帕累托原理主要是按照采购项目的价值将采购物品分为 A、B、C 3 类，类别不同，其采购策略和处置方法也不同。Kraljic 采购定位模型是从二维角度来对采购物品进行分类的，即采购物品的价值和供应风险，进而针对不同类型的物料采取不同的采购策略。

　　不同类型的采购项目其供应途径不同,同样,不同产业也存在不同的采购策略,本章在此理念之下,分别针对项目采购、转售采购、初级商品采购和服务采购的采购模式及其特点进行了分析和探讨。

习题与思考题

1. 传统采购流程所包括的主要步骤有哪些?电子采购可能会给采购方带来哪些好处?
2. ABC 分类法和 Kraljic 采购定位模型的基本原理和主要用途是什么?
3. 小额订单的主要处理方法有哪些?各有什么优缺点?
4. 零售商品采购过程管理与控制主要包括哪些内容?
5. 举例说明利用期货合同进行套期保值的基本原理。
6. 服务采购和有形实物采购相比,有哪些独特性?

第 4 章　自制与外包决策

随着经济全球化和信息技术的发展,企业间的竞争日趋激烈,巨大的利润压力迫使企业进行诸如资源整合、公司重组、流程再造、业务外包等方面的管理创新,力求增强其整体竞争能力。在过去的二十几年中,业务外包的风潮已迅速席卷全球,使得当代商业机构的运行模式发生了根本性的变革,并已成为经济成功的核心动力之一。在严峻的经济和市场形势下,各公司为了维持和巩固核心竞争力,除了将与核心业务有关的产品、技术、信息和市场占有等保留在企业内部之外,非核心但却很重要领域内的业务或管理工作就应该外包给相对本企业更加擅长的专业公司去做,以解放本企业的资源从而更好地专注于核心业务的发展。成功的外包策略能给企业带来持久的、难以模仿的竞争优势和业绩改善,这也正是外包(outsourcing)概念提出并发展的最主要原因。

4.1　外包的基础理论

外包概念于 20 世纪 80 年代中期提出,它源于这样一种观点,即企业应该从总成本的角度考察企业的经营效果,而不是片面的追求诸如人事、行政、生产、后勤等事务的优化。外包是在确保企业核心能力不被模仿的前提下将企业不能或不擅长的非核心业务交给成本更低、效率更高的专业企业去做,目的是整合优势资源,以最低总成本实现企业的各项功能。现在,不论是制造业还是服务业,大量且不断增长的商业职能正在由业务外包的形式实现。业务外包的作用已不仅仅是削减成本,它同样降低了人员配置,降低了投资风险,增强了企业的灵活性和应变能力。

本节从外包的概念和理论来源入手,介绍有关业务外包的基础知识。

4.1.1　外包的概念和理论发展

1. 外包的定义

1990 年,美国学者普拉哈拉德(C. K. Prahalad)和英国学者哈默(G. Hamel)在《哈佛商业评论》上发表了一篇题为《企业的核心竞争力》(*The Core Competence of the Corporation*)的文章,第一次提出了外包的概念,全称为"外部资源的利用"(outside resource using)。所谓外包是指企业在内部资源有限的情况下,为了能够更好地适应市场竞争,只保留其最具竞争优势的资源,而把其他非核心竞争力资源借助于外部优秀的专业化资源来予以整合,以达到降低成本、提高绩效、提升企业核心竞争力并增强企业对环境适应能力的一种管理模式。美国外包协会给外包下的定义是:外包是指通过合约把公司的非核心业务、无增值收入的生产活动包给外部的"专家"。

2. 外包的理论发展

外包最初源于社会分工的概念,它作为一种经济现象由来已久。工业革命后,机器工业化大生产在创造许多大型企业的同时,在每一个大型企业的周围也诞生了一群依赖核心企业而生存的中小企业,核心企业的外包业务使这些中小企业找到了存在的价值。

20世纪20年代,外包还处于萌芽阶段,再加之信息技术落后,外包的对象主要是当地或国内的承包商,外包的区域性强,国际化程度不高。企业选择外包的目的也很单一,只是为了降低自身的成本。

20世纪80年代后期,全球经济也逐渐走向成熟,市场竞争加剧,企业利润增加难度加大,传统营销、资金运作等扩张战略受阻,经济增长的速度进一步减慢。巨大的成本压力,日益艰难的竞争环境迫使企业在传统的管理手段之外,寻找进一步提高生产率的新途径。同时,信息技术的发达在一定程度上减少了企业间的交易成本,企业也可以在更宽广的地域范围内选择外包的合作伙伴。外包便是在此背景下应运而生的管理手段。彼得·德鲁克是较早观察到这种趋势的人,他在《巨变时代的管理》中写到:"企业、医院、学校、政府、工会等各种大小组织都正在越来越多地把它们原有的文书事务、机器维护和后勤等工作分离出去……在所有的发达国家,这一趋势正在急剧发展。"

20世纪90年代初,哈默和普拉哈拉德提出了核心能力的理念。这一思想认为企业若要在竞争中获胜,必须围绕发展和巩固企业的核心能力,实现资源的优化配置这一中心来运作。随着供应链管理思想的深入发展,以供应链为单位的竞争环境逐渐形成,链上企业核心竞争能力的培养和保持就更为关键。在这样的市场环境下,企业成功与否的标准已不再是纵向一体化的程度高低,而是由企业集聚和使用的知识为产品或服务增值的程度来衡量。这正是所谓的"不求所有,但求所用"的资源观在企业管理中的应用。企业在集中资源于自身核心业务的同时,通过利用其他企业的资源来弥补自身的不足,从而打造更有竞争力的供应链条。

目前,外包已经在各个行业的多个领域被广泛应用,外包的对象也不仅限于制造型企业的零部件生产和加工。人力资源、物流、财务管理以及信息技术等都进入了企业外包职能的范围之内,有些公司甚至将新产品研发也交由外部优秀的设计单位来做。思科系统(Cisco Systems)公司就是制造业务外包的成功实例。思科原是一个不起眼的小型网络设备公司,除了将计算机网络设备的产品开发和市场营销等核心业务保留在企业内部并加大资源投入外,全部的制造型业务都外包给了专业的制造商。这样,思科凭借其出色的供应链管理战略,在没有大规模投资于与制造相关的厂房、设施以及人力资源等的情况下,仅用了十几年的时间就发展成为年营业额高达 200 多亿元的网络设备供应商。在信息技术领域,Kadak、BP 和 Continental Bank 分别将各自的信息技术外包给了 IBM、EDS 和 ISSC。在财务管理领域,五大会计师事务所承担了全球一大批企业的会计工作。2008 年全国重点企业物流统计调查报告显示:物流企业、物流业务发展迅速,企业物流业务量增加明显,业务收入增长较快。综合型物流企业业务收入增长最快,仓储型、运输型物流企业业务收入增长平稳。这些都说明物流业务外包(logistics business outsourcing)正在高速发展。

3. 外包的优势

外包最初出现的目的只是为了降低企业的运作成本。而在当今的竞争环境下,外包是集成优势资源,发挥和形成核心竞争力,全面提升市场反应速度,降低整体运作成本,缩短产品交付期,改善产品质量、性能和服务的优秀的企业运营模式。此外,外包在提升企业价值和加快进入新市场进程方面的优势也越来越为业界关注。概括起来,外包的优势主要包括企业核心竞争力的打造和巩固、成本的降低、新产品开发速度的加快、价值链的提升、风险规避以及提升企业知名度等,下面具体介绍。

1) 集中优势资源,打造企业核心竞争力

核心竞争力(core competence),又称核心能力,指的是能使企业与众不同并立于不败之地的特点。麦肯锡咨询公司认为:核心竞争力是指某一组织内部一系列互补的技能和知识的结合,它具有使一项或多项业务达到竞争领域一流水平、具有明显优势的能力。张维迎教授界定核心竞争力的特性为:"偷不去、买不来、拆不开、带不走和流不掉"。

企业的资源主要包括原材料、技术和信息、资金、人力资源等要素,资源的有限性往往是制约企业发展的主要瓶颈。只要企业准确定位自己的核心能力,就具备了以自有资源撬动外部资源为我所用的筹码。通过外包合同把一些非核心业务交给外部的供应商完成,企业间就可以取长补短,集中精力和资源进行核心能力体系的构建和完善。随着核心竞争力理念的发展,国内外很多企业都认识到外包的重要性。他们在专心塑造自身核心能力的同时,大力利用外包策略寻求所需的资源和能力,突破原有的资源瓶颈,以获得更快的增长速度和更好的发展前景。

2) 节约成本,获得外部企业的专业化服务

外部业务供应商常常掌握着所承包业务的关键生产技术和知识,他们拥有比发包企业效率更高、价格更低、质量更优的生产能力。他们或者是该领域的专家,或者掌握着受专利保护的技术,又或者因为生产量庞大而获得了规模经济效益。如果企业自主进行一项经营管理活动,例如研发新产品、生产制造某种零部件或开辟一条新的营销网络等,当自主经营的成本大于公开市场或其他企业开展这项活动的成本时,企业就应该将这项活动外包出去。与此同时,企业还将避免相应的管理成本等支出。企业还可以通过外向资源配置避免在设备、技术和研究开发上的巨额固定投资。从某种角度上来说,外包将固定成本变成了可变成

本,节省了资本性支出。

3) 加快新产品进入市场的速度

当今市场条件下,消费者的需求日趋多变,迎合消费者需求特点的新产品越早推入市场,生产者就越容易占领市场,得到的市场份额就越大,利润率就越高。这就要求企业准确及时地洞察消费者的需求,并在最短的时间将其转化为产品投放市场,这种快速反应的能力已逐渐成为企业能否生存发展的关键。如果企业产生新产品的理念后,再根据产品的具体生产要求着手组织场地、设备、人员,并开发全新的生产工艺,从初试到中试再到投产往往需要很长的时间。一旦竞争对手早一步将类似产品开发成功并占领了市场,那就给企业造成十分惨重的损失。如果企业通过外包的方式将新产品生产中的工艺和模具开发以及零部件加工、成品组装等业务外包给专业的供应商去完成,那么整个过程所需时间就会大大缩短。同时,企业本身不需投巨资于生产设备,降低了开发成本,提高了资金利用率,降低了投资风险。由于供应商拥有相对发包企业的诸多生产优势,新产品所需零部件质量也往往比较高,为产品开发成功提供了保障。

我国台湾地区的宏基电脑就是利用外包提高市场进入和市场反应速度的典型代表。他们利用流程再造技术,将在台湾地区生产的系统转变为在台湾地区生产主板、外包装和监视器等关键零部件,其他部件则外包给市场上的供应商来生产,然后在市场地组装销售。这种模式一经推出,库存时间从 100 天缩短到 50 天,资金周转率提高了一倍,新产品提前上市一个月,产品也更能迅速满足消费者的个性需求。

4) 支持企业价值提升

迈克尔·波特在《竞争优势》一书中指出,企业是一个综合设计、生产、销售、进货、交货以及对产品起辅助作用的各种活动的集合体。他把企业内外价值增加的活动分为基本活动和支持性活动,基本活动涉及企业生产、销售、进料后勤、发货后勤、售后服务。支持性活动涉及人事、财务、计划、研究与开发、采购等,基本活动和支持性活动构成了企业的价值链。企业要保持的竞争优势,实际上就是企业在价值链某些特定战略环节上的优势。如果企业内部某项活动不是供应链环节最好的,且又不是企业的核心竞争优势,那么可以把它外包给外部最专业的企业,从而实现资源的最优配置。

5) 分担风险,提高组织对市场的反应速度

通常情况下,由于内外部环境的不确定性使得企业在决策时无法完全准确地预测各种风险,这就需要企业尽可能地减少或分散风险。如果供应链上的每个环节都由企业自己经营,或者说企业的纵向一体化水平很高的话,则意味着企业将在许多方面承担风险。外包策略可以将不确定性比较高的环节交由其他企业运作,降低风险。同时,外包合同可以将企业与所在供应链上的供应商、经销商甚至最终用户结合成风险协作体,从对市场需求的敏感、快速响应需求的能力到先进的供应和营销模式,供应链像一个企业一样高效率运作。在这种模式下,信息反馈效率高、速度快,一方面部分市场波动被系统所吸收,降低了因信息传递

而产生的风险;另一方面,组织内机构更加精干,对市场的反应速度加快,降低了被竞争对手抢占先机的风险。

6) 利用世界一流的供应商品牌提升企业声誉

世界一流供应商拥有雄厚的资金实力、精湛的生产工艺、低廉的生产成本、强大的专业科研能力和创新精神。通过业务外包与这类供应商建立合作关系,企业可以借以利用优秀的外部资源,大大节省自己独立摸索学习以及投资运作的巨额成本。另外,企业还可以利用一流供应商卓越的品牌声望来提升自身的声誉。在向客户展示自己的合作伙伴的清单时,那些大牌供应商的名字无疑会大大增强企业的订单赢得能力和讨价还价砝码。建筑或矿业设备生产商通常会让顾客指定动力设备品牌,并将此视为出售自己设备的特别优惠。轮胎和发动机生产商的品牌知名度也常成为汽车制造商广告宣传的卖点之一。

4.1.2　业务外包的方式

明确核心竞争力和核心资源是企业充分有效地利用外包获得额外利润的前提条件。在企业确立了自身的核心竞争力后,就可以将非核心业务外包给其他专业化的企业。外包主要有以下几种方式。

1. 临时服务和临时工

企业在掌控主要产品生产过程的同时,会将诸如物业管理、职工食堂、保洁、邮件管理等辅助性、临时性的服务项目外包出去。相比较合同期长的稳定职工,企业有时更倾向于雇用临时工。这些辅助服务对企业的发展没有直接的影响,企业也不会担心临时工离开会带走企业的核心技术。

2. 子网

为了增强企业的竞争优势,很多企业将纵向一体化的企业组织分解为可以独立核算的子公司,母公司仅以参股的形式对子公司拥有一定的控制权。从理论上来说,这些独立的部门性公司几乎完全脱离了母公司,整个子公司网络变得更加具有柔性、效率和创新性。因为减少了纵向一体化环境下官僚作风的影响,它们能更快地对迅速变化的市场环境做出反应。1980 年,IBM 公司为了在与苹果公司的竞争中获胜,将公司的 7 个部门分解了出去,创立了 7 个独立的公司。由于这些子网公司更小,更有柔性,更有效地适应不稳定的高科技市场,这使得 IBM 进发了前所未有的创造性,最终获得成功。

3. 除核心竞争力之外的完全业务外包

业务外包的另一种方式是分包(subcontract)合同。在通信行业,新产品的寿命周期一般都不会超过一年,MCI 公司就是靠分包而不是靠自己开发新产品在竞争中立于不败之地的。MCI 公司的分包合同每年都在变换,他们有专门的小组负责寻找能为其服务增值的企业,从而使 MCI 公司能为客户提供最先进的服务。他们的通信软件包都是由其他企业所完成的,而他所要做的,也就是他们企业的核心竞争力所在,就是将所有的通信软件包集成在一起,为客户提供优质服务。

4. 合作的利益关系

企业之间的合作,尤其是与自己的竞争者合作,可以使得两个或者多个企业将资源投入到共同的任务当中,诸如新产品新技术的研发,这样做不仅可以分散企业单独开发的风险,也使企业获得比单个企业更高的创造性和柔性。尤其在高科技领域,要想获得竞争优势,尽可能地与其他企业建立在技术知识上的合作关系至关重要。为了提高在微处理器领域的竞争能力,打击英特尔公司,在开发能与英特尔和摩托罗拉的芯片相兼容的新型计算机芯片时,摩托罗拉就曾与苹果、IBM 等竞争者合作。而 Altera 公司与英特尔公司签订的外包合同也是竞争者间合作的成功范例。Altera 公司是一个生产高密 CMOS 逻辑设备的企业,它在开发一个新产品时缺乏一种硅片,而其竞争者英特尔公司恰好能生产该种硅片,两家竞争者公司达成协议:英特尔公司为 Altera 公司生产这种硅片,而 Altera 公司授权英特尔公司生产和出售 Altera 的这一新产品。这次合作使得两家企业都获得了单独运作所不能获得的竞争优势,Altera 使用了英特尔的生产能力,而英特尔获得了 Altera 所开发新产品的相关利益。

4.1.3　业务外包中存在的风险

业务外包在给企业带来好处的同时也面临着诸多风险。如果外包市场是完全可靠和有效的,那么企业可以将除核心业务以外的所有活动外包出去以节约成本,降低经营风险,使自己的经营更加灵活,而且还能与资源供应商产生一种协同效应,用有限的资源撬动更多的资源,实现资源的杠杆效应。但是,大多数情况下的外包市场是不完全的。由于这种外包市场的不完美,外包在创造出许多新的战略机会的同时,也在技术、价格、质量、时间、谈判力量等方面带来了潜在的风险。如果潜在的风险成为现实,就会给企业带来致命的打击。因此,企业在自制与外包决策的过程中,必须对外包的可能效用和潜在风险有充分的认识。

从外包的定义可以看出,外包业务成功的关键在于正确认识企业自身"最具竞争优势的资源"并严格保留,而将"其他非核心竞争力资源借助于外部优秀的专业化资源来予以整合"。这两点简洁精练地诠释了业务外包活动的两个要点:一是企业要对自身的核心竞争力所在有准确的认识;二是选择"优秀"的外包服务商并实行有效的监督和控制。如果企业在外包过程中没能把握好这两个要点,外包就潜在多重风险。下面介绍几个外包过程中最主要的风险表现。

1. 外包可能导致核心信息流失

与企业核心竞争力相关的信息，比如关于企业核心技术、新产品设计、消费者信息或者管理方式等有价值的信息都有可能在外包的过程中泄露给外包商。尤其当采购企业对自身核心竞争优势认识不足或对核心信息缺乏保密意识时，这种风险成为现实的可能性就很大。惠普公司将激光打印机中的发动机外包给佳能公司就是外包过程中核心信息保护的一个成功例子。软件部分是惠普区别于竞争对手的核心之处。在与佳能签署合作协议前，惠普公司仔细地排除了佳能公司接触软件的机会。在这次合作中，佳能公司没能掌握惠普公司在软件方面的核心技术，惠普公司的市场份额也没有因为合作受丝毫影响。此外，现实中也不乏采购企业核心"引狼入室"的例子。采购企业所选择的外包服务商可能同时服务于多个同类竞争性企业，它的利益与采购企业的利益存在不一致，应避免让外包商接触企业的核心业务计划和经营战略。如果供应商承担竞争性企业相似的外包业务职能，企业的核心资源就可能被应用于支持自己的竞争对手。这些问题带给企业的打击将是致命的，必须在外包决策前严格审核。

2. 对供应商的依赖降低采购企业的谈判力量

英国伯明翰大学商业战略和采购研究中心的克里斯·朗斯代尔（Chris Lonsdale）通过观察进行业务外包的企业所经历的问题发现，供应商经常利用其外包业务所获得的主导地位对采购企业施加压力。如果外包活动涉及大额资金投入，且转换供应商不可实现抑或成本高昂时，企业常常会被自己的供应商所束缚。发包商没有其他选择而只能依赖供应商的状况会被供应商通过合同条款的再协商或者下一周期坚持不同条款的方式利用。这种事后契约的依赖性会引起当事双方权力关系产生变化，形势会最终发展为某一供应商占主导地位。在某冶金企业供应部门进行调研的过程中，我们就遇到了类似的问题。该企业设备润滑油招标时，某一润滑油生产商以价格上的绝对优势获得了这个订单。但是，在接下来合作的几年中，它不断以各种理由要求调高价格，而冶金企业都不得不接受。出现这一问题的关键在于冶金企业的设备规模庞大，而且更换润滑油品牌必须全线停产以清理设备才能实现。面对如此高昂的费用，采购部门只能一次次地对润滑油提供商妥协。

鉴于可能出现的上述问题，在采供双方签订业务外包合同时，必须事先拟定好一份正式的服务水平协议的合同，合同要包含外包企业所能估计到的每个变化和要求，从而尽量避免事后契约。协议中还应该明确规定在发生变化的情况下，定价机制和规则应如何适应这些变化和要求。

3. 外包可能会增加协调难度

相对企业内部的集权控制来讲，业务或者产品外包活动是一种契约交易，它的管理和协调难度可能会增加，也就是整条供应链或者供应网络的协调问题相比一个纵向一体化的企业来说可能会更复杂。供应链某一环节的企业资金周转失败，可能导致链上所有上游企业的资金链出现问题,而由此带来的交货延迟可能给下游企业带来高昂的缺货成本甚至倒闭。外包合约中的某一企业出于本身利益最大化的目的隐藏或虚假传递信息也会使得另一方处于被动。

4. 外包可能削弱企业的新产品研发能力

外包战略所造成的最重要的潜在风险是有关公司在产品生产和业务执行过程中的学习机会和培养该业务竞争能力的机会。很多对外包持批评态度的企业家认为,目前许多企业的业务外包所获得的竞争优势很可能是短期的,从长期来看他们丧失了获得关键技能和构建未来关于该业务核心竞争力的机会。尤其是那些仅仅因为低成本而将部分业务外包给外部供应商的企业或许在当前能保住产品竞争优势,但却丧失了新一代产品的研发能力。

5. 外包合同的多重分包引起的控制失效

多重分包就是将外包合同再次拆分外包。如果采购企业仅仅审核和管理分包商,而对供应商的分包活动不予关注,这种方式就可能造成不良的后果。分包商之所以将所承包的业务再次分包给其他的企业,大多因为他们没有必要的技能或者生产能力来履行这一工作,如信息技术服务等。在业务外包的过程中,采购企业应该仔细审核外部供应商的实际生产能力、技术水平、财务水平和整体运作能力,并就其是否要分包给第三方进行磋商,并将相关的第三方选择和管理条款写进分包合同中,以便日后合作过程中的控制和协调。

4.2　自制与外包影响因素

成功的外包策略可以帮助企业降低成本、提高业务水平、改善产品质量、提高利润率和生产率,但是不恰当的外包却会给企业带来成本增加、供应商控制失效、重要信息资源流失甚至核心竞争力受到威胁等风险。在企业的生产和运营过程中,零部件、子业务或者服务如果自制或者自有能有哪些优势,如果外包给专业化的企业以利用他们的专业化技术又能给外包职能带来多大的效率提高?这些都是企业高层管理者面对自制与外包决策时必须回答的问题。在自制与外包决策过程中,企业需要考虑的相关因素有哪些?这是本节要介绍的主要内容。

4.2.1　识别企业的核心竞争力

分析一项业务是自制还是外包,首先需要确定该业务是否能给企业带来竞争优势。只要是企业竞争优势的来源业务,即使自制成本较高,公司也绝对不能将其外包出去。另外,企业竞争优势是一个动态的概念,企业不能只在"现在"这个时点上对核心业务和非核心业务进行判断,还必须对将来可能的新兴市场有所预期。佳能公司进行大量的业务外包,但它却在以和竞争者相比更高的成本和更低的效率在生产自己的半导体装置,并且不打算将这一业务外包。从当前竞争优势的角度来看,佳能的做法可能是不明智的。但它坚信未来市场机会存在于光子技术和电子技术的结合处,而保留半导体制造业务也就保留了在电子技术领域继续学习的机会。

　　业务与企业竞争优势的相关性分析对于自制与外包决策是至关重要的。一旦确定业务与企业竞争优势密切相关,那就只能企业自有。只有非竞争优势来源业务才可能被考虑外包,从而继续下面的分析。

　　考虑哪些产品需要自制,哪些业务需要外包实质上就是决定培养、开发利用并提升企业核心竞争力的过程。需要自制或内部操作的业务或服务是那些与核心竞争力紧密相关而且能够互相促进的部分,与此相对,那些对核心竞争力影响甚微的业务则可以考虑剥离出去。这种基础战略指导着企业的自制与外包决策分析并帮助企业最终形成自己的运营特点和竞争优势。自制与外包决策的出发点就是识别企业现有竞争优势和期望核心竞争力形成并发展的必要条件。另一方面,核心竞争力又形成一道厚厚的壁垒,防止供应商绕过买主公司实施后向整合,从而解除了业务外包战略的后顾之忧。因此,在开始业务外包分析之前进行核心竞争力分析是非常必要的。

　　核心竞争力不是企业生产的具体产品,也不是诸如生产、销售、人力资源、财务等功能,而是跨部门的以知识而非资产所有权和知识产权本身为基础的技能集群。决定企业核心竞争力的最终裁判只能是企业的客户。客户购买本企业的产品而不是竞争者的产品的理由也就是企业核心竞争力的所在。核心竞争力还是难以模仿的,它不像某种生产工艺或者某个产品那样易于被竞争对手效仿。核心竞争力的数量还应该是有限制的,企业在资源有限的情况下兼顾太多核心能力的培养会大大分散注意力,这种主次不分的战略模式很容易被集中于某几项关键能力的企业赶超。

　　衡量核心竞争力最重要的标准就是竞争优势。只有能够给企业带来长远竞争优势的技能集群才是真正的核心竞争力。美国哈佛商学院教授迈克尔·波特(Michael E. Porter)在著作《竞争优势》中说:竞争优势来源于企业在设计、生产、营销、交货等过程及辅助过程中所进行的许多相互分离的活动。企业创造价值的过程可以分解为一系列互不相同而又有关联的增值活动,从而构成价值体系,每一项经营管理活动都是这个动态体系中的一个价值链。

　　价值链作为判定竞争优势并发现一些方法以创造和维持竞争优势的一项基本工具,它提供了一种系统的方法来将企业活动分解为战略性相关的许多活动。企业正是通过比其竞争对手更廉价或更出色地开展这些重要的战略活动来赢得竞争优势的。根据价值链理论,不同的企业参与的价值活动中,并不是每个环节都创造价值,实际上只有某些特定的价值活动才真正创造价值,这些真正增值的经营活动,就是价值链上的“战略环节”。这种战略环节既可以是生产环节、营销环节或研发环节,也可以是某些辅助增值环节。企业要保持的竞争优势,实际上就是企业在价值链某些特定的战略环节上的优势。运用价值链的分析方法来确定核心竞争力,要求企业密切关注组织的资源状态。企业需特别重视培养在价值链的关键环节上获得重要的核心竞争力,以形成和巩固企业在行业内的竞争优势。

一旦企业确定了自己竞争优势,那些不产生核心竞争力的业务就可以考虑外包或者采购,而把主要精力和资源集中于核心竞争力的培育、保持和发展上,同时还能集成多家优秀而专业的外部服务供应商为企业所用。耐克(Nike)公司是世界上最大最有名的运动鞋经营跨国企业,但它却不生产运动鞋,而是把生产制造业务外包给韩国、中国等国家中加工制造成本低的企业。因为生产制造并不是其核心优势所在,它只要紧紧抓住设计、营销这两个核心环节就能保持企业核心竞争能力。铃木汽车在 20 世纪 80 年代进入美国市场也只管生产制造,而把销售外包给通用公司,因为它的核心竞争力就是精细化生产。再有,意大利皮尔·卡丹公司的核心竞争力在于研发和设计,它在全球销售的产品九成以上是外包给发展中国家生产的,而它仅仅依靠品牌和设计标准的输出就获得巨额的利润。

4.2.2 成本

除了业务的战略地位之外,成本无疑是自制与外包决策者首先要分析的因素。利用供应商的良好绩效和低成本体系来降低采购企业自身的成本,同时还避免了固定资产投资,将相应的固定成本变为可变成本,这些都是企业零部件生产或业务由自制转为外包的驱动因素。简单地说,自制与外包决策的成本分析就是将一项业务自己承担的全部成本与外部采购的成本进行比较并采纳低成本的运营方式。

企业的自制成本即企业自制某种产品或业务,或者企业自行承担某项业务的全部成本,它主要包括:

(1) 原材料的采购成本(包括原材料的采购价格、运费、验收费用以及相关管理费用在内);

(2) 劳动力成本;

(3) 库存以及搬运成本;

(4) 工厂行政管理的相关成本;

(5) 管理费用;

(6) 资本成本等。

企业的外包成本主要包括供应商索取的价格和企业使用市场的成本(交易成本),它主要包括:

(1) 供应商提供产品或服务的价格;

(2) 产品或服务的采购成本(包括供应商开发、协调以及考评等与采供合作关系维护有关的各项成本);

(3) 运输成本(供应商承包价格包含运费的除外);

(4) 收货和验收成本;

（5）企业运行中因供应商所提供产品或服务的质量、时间、稳定性等方面而带来的成本等。

无论是自制成本还是外包成本，都应用长期的观点来衡量，包括所有直接和间接的相关成本。由于很多成本子因素的难以预计性，一般讨论时用到的是整个周期成本估计的平均值。如果企业拥有设备生产能力的部分闲置，若只根据当前的自制成本与外购价格进行比较很容易得出自制的结论，因为激活了未用到的生产能力，有关设备这部分的固定成本不会因为业务增加而增加，企业只需计算该业务的可变成本。但是，一旦劳动力成本持续走高的速度远快于其他生产成本，那么用户在自制方面所具有的成本优势就会消失无踪，甚至会成为劣势。因此，必须对自制和外包的各项成本子因素的将来走势有一个准确的估计，任何短期成本度量方法都可能误导企业的自制与外包决策。

在自制和外包成本的量化过程中，与自制相关的行政和管理成本以及与外包相关的供应商开发和关系维护成本的估计无疑是最困难的。它们指的是采取自制或者外包策略支出的边际成本。如果企业现有的人力资源和行政管理能力可以应付目前业务量的同时能够承担新项目时，自制项目的相关管理边际成本应该反映总的管理费用。如果增加的项目仅仅是激活现有人力资源和管理工作的剩余能力，那自制品的相关管理费用就只包括可变部分。大多数情况下，生产能力通常游移于部分负荷运营和满负荷运营这两种情况之间，这时对一个新项目的自制与外包决策分析在很大程度上依赖于对相对成本的考虑。

4.2.3　质量

企业外购零部件或者外包服务项目的前提是企业坚信能从供应商那里得到产品或者服务与自制部分具有相同甚至更高的质量。如果外部供应商拥有更先进的工艺或技术，且能以更高的效率、更大的规模组织生产，那么，采购企业就能在获得高质量产品的同时降低该产品或业务的成本，这种情况下外包明显优于自制。

但这种理想情况也不是总能出现。一家注重品质和信誉的国际性农用机械设备制造商打算从处于发展中国家的外部供应商处采购零部件，候选供应商的报价非常诱人，但是质量水平差强人意。如果自制，采购企业可能面临较高的生产成本，这可能是由于工厂所在国家或地区高昂的劳动力成本造成的。为了充分利用发展中国家供应厂商的劳动力成本优势，该农用机械设备制造商培养了大量的供应商品质工程师和供应商开发工程师，他们协同工作为企业的供应商提供质量改善方面的帮助。只要外包服务提供商有积极合作并接受质量和流程改造的态度，农机生产商就会把零部件生产业务外包给他们。当然，这种培养和扶助供应商的过程也是需要成本的，企业必须确认这些费用能够在外包获得的成本优势中得以弥补。

如果零部件质量要求非常严格，而外部供应商又不具备完善的工艺支持这一质量标准，同时紧密的合作和协调又难以在短期或者较低的成本上解决这一问题时，企业就必须自制。

比如一个水电系统制造商在生产自己的一套系统时,将一些阀门的生产任务分包出去。这种阀门生产所涉及的加工业务困难重重,质量要求极其苛刻。在阀门供应商首次交付的四批货物中,系统制造商以没有达到质量要求为由拒收了 4/5 的产品。在接下来的几个月中,系统制造商与阀门供应商紧密合作尝试解决质量和技术上的问题。但是随着时间的推移,情况并没有太大改善。最终,水电系统制造商决定自己制造阀门。尽管阀门的生产仍旧存在困难,但系统制造商能够通过开发必要技术来生产合格的阀门以大大降低拒货概率。

4.2.4　时间

消费者多样化、个性化的需求特点决定了市场的瞬息万变。很多产业的产品生命周期不断缩短,尤其在计算机、服装、手机、汽车等产业更是如此。企业之间的竞争都是基于时间的。哪个企业的产品的更新速度更快,就更能迎合消费者的最新需求,谁就能抢占先机。这表现在获得很高的市场份额,并形成先发优势以遏制竞争者在研中的同类产品进入市场。这就要求公司尤其是高技术企业要通过减少必要的新产品开发时间和生产时间来赢得竞争。对顾客需求的产品生命周期的压缩能力成为企业赢得竞争优势的关键战略。如果外部供应商有能力对企业的这一战略提供帮助,那么将研究和开发业务、制造业务或者产品配送业务实施外包都会对产品进入市场的时间产生重要的影响。

4.2.5　技术

技术生命周期是考虑自制与外包决策的又一重要因素,它是顾客需求和技术进步共同作用的结果。供应管理专业人员应该认识到潜在物质资料和流程中的技术生命周期,并对技术变化有清楚的预期。技术的不断变化表明技术的不成熟以及生命周期的短暂。运用这类技术生产的部件因为风险太大而不宜于在企业内部制造,而且对相应的基础设施进行大规模的投资也并不明智,将这类运用更新速度较快技术的业务外包出去可以将风险转嫁给供应商。成熟技术的生命周期比较稳定且长久。采购企业可以以更低的风险投资生产那些技术成熟的部件和业务。另一方面,如果技术处于不断发展的阶段,产品的样式规格也总是随之波动,这时外包有时并不是可行的选择。比如在高技术产业中,企业为了在产业中取得竞争优势,可能会选择内部集成和执行产品开发任务。

如果外包业务所包含的技术流程比较成熟,执行相对容易,那么企业可能就有大量的供应商可供选择,业务外包所必需的规范说明比较明确,外包过程相对较为简单。但若技术流程操作难度较大,并且拥有这种技术流程的供应商数量有限,也就是说流程技术相对不成熟,比如增大合金的强度这一工艺流程就是不成熟的。对于不成熟的流程技术,采购企业就需要和供应商签订更为完备的合同,同时在实施阶段严格控制并持续地改进供应商的工作,促使供应商不断和同行切磋以提高技术水平。

4.2.6　供应商的能力

自制与外包决策归根到底是企业在自己组织业务和外购产品和服务之间的权衡。在此过程中,能否找到合适的供应商,供应商的能力能否支持采购企业的外包计划将是非常关键的因素。供应商的生产能力、技术水平、质量稳定性、新产品开发能力以及商业信誉等共同组成了他执行外包业务的能力。当然,外包业务的类型不同,衡量供应商能力的标准和方法也不相同。比如,质量稳定性可以用每一百万成品的废品率作为衡量标准。而如果业务是客户服务,反应敏捷程度、等待时间可能都是重要的测度标准。

企业在自制还有外包决策之前必须对可选供应商的能力进行综合评估,这是非常关键的。即使外包服务提供商是行业内的精英企业,它也不一定就能胜任企业的特殊产品或服务要求。没找到完全符合要求的供应商或者双方对服务细节沟通不够而盲目外包,给采购企业带来损失将是无法估量的,甚至是致命的。哥得伯格公司(Goldberg Co. Inc.)是一家家具分销商,它的核心优势定位为营销能力。1998年,公司的市场份额快速增长,而运输费用占销售额的比例却不断增大。公司对后勤的管理越来越困难,尤其在司机队伍管理方面更是一塌糊涂,公司迫切希望将家具运输和其他后勤活动等非核心业务外包出去以求得运输成本的节约和更好的发展。哥得伯格公司最终选择了著名的朋思克物流公司(Penske Logistics Inc.)。物流业务的外包不但没能实现预期功能,反而使哥得伯格公司在双方合作不到一年的时间内就倒闭了。原来,哥得伯格公司出售很多款式的预制房屋,房子是事先构造好的,各部件运输到客户指定位置组装起来即可。这就要求运输司机不仅要运送这些家具,还要懂得如何组装。此外,由于支付方式很多,司机还要负责搜集和处理很多收据及信用卡之类的事务。朋思克物流公司招聘的司机显然不能胜任这两项工作,一是不懂家具运输和组装特性,二是不会收集处理数据。结果,物流公司的服务让哥得伯格公司的顾客满意度急速下降,在抱怨声中公司迅速走向了衰亡。这次外包失败的根本原因是哥得伯格公司选择的物流服务商根本不能提供它所需要的物流服务。虽然朋思克公司在业内很有名,但声誉可能只是来源于传统物流领域,而家具公司物流业务的特殊要求对他们来说也是全新的挑战。他们并不具备相应的管理经验,由于没有严格选拔司机并进行有效的指导和严密的跟踪,才导致了这次外包业务的彻底失败。

4.2.7　其他因素

除了以上几个主要因素外,还有几个因素有时也会影响企业的自制与外包决策。

1. 批量因素

如果企业需要的只是小批量的特殊零部件,比如新产品开发或者新的原材料的试验阶段,企业通常不会自制而是选择从外部购买。供应商同时为多个采购企业提供类似产品,所以生产量大也比较经济。供应商当然愿意生产需求量大、利润高的产品。如果采购企业要求的小规模部件非常特殊,价格对供应商来说也没有吸引力,那么企业也只能选择自制。随着部件更趋于普遍和标准,外购的倾向也会逐步增强。

2. 平衡需求波动的因素

对于需求随季节等因素波动比较大的企业,他们拥有的设备和劳动力资源可能都不足以应对高峰时期的需求量。当需求处于低谷时,企业只需内部生产而不外购;当需求比较旺盛时,企业内部生产设备满负荷运转的同时还需从外部购买部分产品以弥补生产能力与需求之间的差额。这也使企业避免了频繁裁员与增员的问题。如果企业自制品的生产进度并不总能满足企业对该产品的需求,那么企业可能会和外部供应商合作,以满足企业不连续的采购需求。

3. 库存和存货因素

如果企业采取自制策略,那么供应部门就要采购相应的原材料、零部件以及生产工具等以支持自制项目的运行。而如果企业直接采购该产品,那么供应部门接触的供应商数量就会减少,相应的收货、检验、储存、存货管理、会计部门的工作量都会减少。如果采用供应商管理库存(VMI),企业的存货管理成本和存货投资都将大大降低。

4. 管理控制因素

有时候企业从外部采购的目的仅仅是为了扩充管理控制资料,尤其是当供应商的质量水平和成本都优于本企业时。他们将外部供应商的质量和成本控制水平作为标杆,以审核内部生产的效率,并激励企业对生产过程进行持续的改进。

5. 为保密而自制

如果企业不能确保核心知识和技能之类的无形资产安全,那么外包可能就是很危险的。一旦供应商获得相关秘密,就可能绕过采购企业而直接侵蚀市场,实现前向整合;或者供应商可能会把偷学的知识用于支持竞争对手的采购活动,甚至直接将相关资料转让给采购企业的竞争对手。为了防止这类问题,有些企业不得不选择自制。

自制与外包决策是一项非常复杂的工作,任何一个企业在做出决定之前都需要全面的审度各方面的因素以及风险。各个因素对不同企业的重要性也不相同,企业应根据自身特点综合评估,以做出最恰当的决策。

4.3　自制与外包决策方法

自制与外包分析关乎企业兴衰成败,企业在做出决策之前必须从战略高度审视自己在市场竞争中的位置,准确识别竞争优势和核心竞争力所在。这也正是影响企业自制与外包决策的首要战略因素。给企业带来竞争优势的业务只能保留在企业内部,而对于非核心竞争力业务,企业可以选择外包出去。自制还是外包战略确定之后,随着业务的推进,企业就要在战术层次上分析某些业务适于自制还是外部采购。

企业进行业务外包不外乎两种原因,一种是战术性的,企业希望通过业务外包在短期内达到希望的效果,比如成本节约;另一种则是战略性的,企业外包业务是为了转换资源,集中力量于那些真正把它们和竞争对手区别开来的核心竞争力上,而不仅仅是为了诸如成本节约、偶尔的应急采购等原因。

4.3.1　自制与外包决策中的盈亏平衡分析

在企业的自制与外包决策中,成本因素的受重视程度仅次于业务对企业核心竞争力的影响。在实际的产品外包还是自制的决策中,成本的量化分析无疑是最关键的。本节介绍的盈亏平衡分析方法就是量化自制与外包决策中的成本项的一种方法。

盈亏平衡分析也叫量本利分析法或保本分析,它最初是通过分析生产成本、销售利润和产品数量这三者的关系来掌握盈亏变化的规律,指导企业选择能够以最小的成本生产最多产品并可使企业获得最大利润的经营方案。

如果企业自行生产某种产品,总生产成本 C 由两部分构成,一是固定成本 F,二是变动成本 VQ。C 是产量 Q 的函数。如果企业生产该产品无需购买机器设备而只是利用了原有生产设备的剩余生产能力,那么关于该部分生产设备的固定成本就不该计入自制产品的固定成本中,因为不论企业决定自制还是外购,该设备的相应成本都会发生。其他固定成本的分析也是如此。如果企业制造该产品的相应设备人员都要重新配置,那么相应的费用都要计入该产品生产的固定成本之中。

固定成本是指与产品销售(或制造)数量大小无直接关系的那部分费用,其中包括企业管理费和车间经费中的办公费、差旅费、劳动保护费、各项福利费及工作人员的固定工资等。固定资产折旧属于哪一类,视计提折旧的方法而定。我国多数企业按使用年限法平均计提折旧,其折旧费属于固定成本。固定成本在一定的范围内不受产量的变动影响,超过了一定范围,例如产量增加到需要添置设备和增加工作人员,则固定成本就要增加。

变动成本是指由产品销售(或制造)数量多少决定费用支出大小的那部分成本,它随着产品需求量的增大而增大,其中包括直接用于产品制造的原材料、燃料等辅助材料和动力、计件工资、包装运输费等。

总成本函数就是 $C=F+VQ$,为线性函数,如图 4-1 所示。当需求量 Q 为零时,企业也会发生固定成本 F。当需求量逐渐增加,则每增加一个单位需求量要增加一个单位变动成本 V,此时变动成本为 VQ,总成本等于固定成本加上变动成本。

当企业外购该产品时,企业不会发生固定成本,只会发生与采购数量、采购价格以及采购频率等有关的成本。在买方市场下,企业采购该产品的成本 $C_1 = PQ$。其中,P 是产品价格;Q 是采购企业的需求数量。

比较自制与外购的成本是最简单的决策方法,如图 4-2 所示。当需求量小于 Q_0 时,无疑外包是比较经济的;而当需求量大于 Q_0 之后,自制又是比较有成本优势的。当需求量等于 Q_0 时,自制与外包的成本相等,此时需要结合其他因素综合考虑。当然,即使是在自制或者外包具有明显成本优势的范围内,仅仅依靠成本高低做出的决策都被认为是草率的。成本分析是一项很重要的指标,但必须同时与其他的影响因素同时考虑才能达到较好的效果,做出明智的选择。

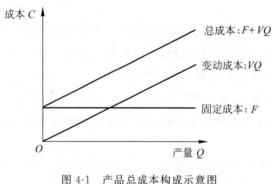

图 4-1　产品总成本构成示意图

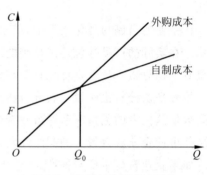

图 4-2　自制与外购成本对比

4.3.2　自制与外包决策分析矩阵

"自制/外包"决策分析矩阵是用来评价企业的产品生产是否外包的一个比较系统的体系,是用一个 2×2 矩阵将决策空间分解为 4 个象限的方法。它最早是由 Charles H. Fine 和 Daniel E. Whitney 在 1996 年发表的 *Is the make-buy decision process a core competence?* 文章中提出的,而后又经过了很多修正和发展。"自制/外包"决策分析矩阵主要从以下 4 个方面来考虑产品外包。

(1) 知识技能:主要分析外包企业对外包产品生产的控制,但并不包括具体的生产过程、流程等。根据对知识技能的掌握程度,企业外包可分为基于生产能力的外包和基于知识技能的外包。

(2) 产品:外包分析主要关注产品结构,关注其产品是集成化生产还是模块化生产。

(3) 产业增长速度:研究产品所在整体产业的升级速度。

(4) 供应商数量:企业外包时可供选择的供应商数量。

整个决策分析分为两个阶段:

第一阶段主要从知识技能和产品两个方面进行评判,如表 4-1 所示。

表 4-1 基于技术与产品的分析矩阵

类　别	基于知识技能的外包	基于生产能力的外包
外包部分是模块化生产	**潜在的外包陷阱** 外包企业可能被合作伙伴替代,他们拥有的知识和技能与外包企业相当或更多,外包企业能获得的元件他们也能获得	**最佳的外包机会** 外包企业了解外包部分,可以将其运用到该企业的生产或产品中去,且供应源比较多。外包部分并不包含竞争优势,从外部购买该部分可以节省精力以处理包含竞争优势的部分
外包部分是集成化生产	**最糟的外包形势** 外包企业对要外购部分以及如何集成化并不了解,外包的结果很可能是失败,因为你将花费很多的精力重新分析或者返工	**基本的外包环境** 外包企业了解整个外包部分的项目,所以即使其他企业涉足该领域,外包企业仍能保持竞争优势

从表 4-1 可以看出,如果企业准备外包的产品结构集成化程度高,而企业本身的相关知识和技术又不足以整合外部供应商,如果执意外包,那么企业将要付出高昂的费用对合作伙伴和合作状态进行监控,甚至重新分析外包带来的收益和损失。在这种情况下,企业的外包就面临着非常大的风险,相对的外包形势是最糟糕的。与此对应的则是右上角区域,这是企业实施外包所能遇到的最优机会。从外部来看,模块化的产品结构使得企业能够拥有相当大的选择,而从内部来看,对核心技术的掌控使得企业可以有效整合外部供应商资源。介于上述两种情况之间的是处于左上角和右下角区域的外包环境。当处于左上角区域,企业外包其产品时,由于供应商掌握着核心技术,而整个产品生产相当模块化,当供应商又可以容易地获得其他生产要素时,供应商很有可能向前整合供应链以排挤并取代企业的市场地位和份额。当企业外包的情况处于右下角区域时,企业将获得比较有利的外包环境,即使外包后的供应商有能力挑战企业,企业也能整合市场其他资源以保持竞争优势。

第二阶段是在第一阶段的矩阵分析基础上,增加对产业发展速度和供应商数量的考虑。经过第一阶段的粗略估计,企业可以大致判定自身的外包形势,接着应用“自制/外包”矩阵进一步帮助企业决策分析,如表 4-2 所示。

面临外包决策的企业,无论是处于“最佳的外包机会”还是“糟糕的外包形势”,都需要再考虑产业增长速度和供应商数量的影响,从而趋利避害、扬长避短。例如,在表 4-1 的 4 种情况下,已知表 4-1 左上角情况下企业面对的是个“外包陷阱”。但是,当结合表 4-2 综合考虑后就会发现:如果产业升级速度较慢而供应商数量又较多时,可以认为企业进行外包生产的战略风险较小;相反,如果产业升级速度较快而供应商数量又少,企业外包将会失去对产品的控制,真正落入陷阱。表 4-1 中的另外 3 种情况也可以如是分析。

表 4-2　"自制/外包"决策分析矩阵

		基于生产技术的外包				基于生产能力的外包		
模块化生产			产业速度				产业速度	
			快	慢			快	慢
	供应商数量	多			供应商数量	多		
		少				少		
集成化生产			产业速度				产业速度	
			快	慢			快	慢
	供应商数量	多			供应商数量	多		
		少				少		

4.3.3　基于 MICK-4FI 资源运营模式的自制与外包决策方法

　　企业经营活动所需的资源可以分为 4 类：物质类资源 M、信息类资源 I、资金类资源 C 和知识类资源 K。企业的生产活动就是集成上述 4 种资源，并将其转化为有价值的产品和服务的过程。MICK-4FI 就是指上述 4 种资源流的集成(material，information，capital and knowledge 4 flows integration)。

　　基于 MICK-4FI 资源运营模式的自制与外包决策框架由矩阵Ⅰ和矩阵Ⅱ组成，矩阵Ⅰ将市场需求转化为企业需要的资源，矩阵Ⅱ针对企业所需资源选择适合的供应商。两个矩阵之间由市场和战略需求到企业资源需求再到资源来源的主线连接。相应地，工具操作流程也分为两个阶段：第一阶段将市场需求利用主矩阵Ⅰ分解为 MICK 资源；第二阶段利用主矩阵Ⅱ按分解的 MICK 资源进行供应商选择，以解决企业联盟问题，详见图 4-3。

　　第一阶段，企业要识别制造过程所需的具体 MICK 资源和必须自有的核心资源。如果企业依靠供应商提供这些核心资源，企业集成资源的风险势必增加。通过第一阶段的分析企业可以直观地发现企业在利用各种资源方面与其他企业的差距，找到尚待

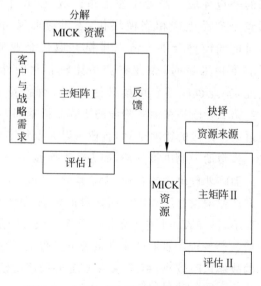

图 4-3　自制与外包决策工具的总体框架

改进的领域,企业还可以从最终的反馈信息中了解自身在满足产品功能要求方面与其他企业之间的差距。这些差距可以帮助企业识别自身的特有优势,并关注对特有优势的保持和增强。

第二阶段,企业要识别与评价供应商。识别与评价主要通过对比供应商与自身提供资源的效率实现。效率评价内容包括提供资源种类、对资源的控制能力、资源议价能力、资源供给的稳定性、资源供给的成本等,最后依据最终对供应商的效率评价值来选择 MICK 资源来源。

下面结合一个小例子来解释上述自制与外包的决策流程。

假设企业需要制造符合市场需求的某种产品,企业首先要决策是否应由外部市场获得资源,如果打算外包,应选择哪个资源供应商。

第一阶段,首先将客户提供产品或服务分解为 MICK 资源,并加以细分;其次在矩阵 I 左侧将为客户提供产品或服务所需的功能要求和战略要求一一列示,并各自赋予权数;再次对分解了的 MICK 资源,按照矩阵 I 右侧列明的评价指标,结合矩阵 I 左侧的各项要求,利用德尔斐法打分;最后将打分结果在矩阵 I 下方汇总,根据评分标准确定哪些资源企业应当自有,如表 4-3 所示。本例对每个功能要求和战略要求指标利用德尔斐法进行打分时,按照三级评分法进行:强为 9 分、中为 6 分、弱为 3 分。

表 4-3 企业 MICK 资源分析表

		权重		M			I			C			K		
				M_1	M_2	M_3	I_1	I_2	I_3	C_1	C_2	C_3	K_1	K_2	K_3
功能 要求 FR	FR_1	0.6	0.4										9		
	FR_2	0.3											1		
	FR_3	0.1											3		
	功能评分												2.4		
战略 要求 SR	SR_1	0.4	0.6										9		
	SR_2	0.2											9		
	SR_3	0.2											3		
	SR_4	0.2											9		
	战略评分												4.68		
	评分			8.3	5.7	2.9	4.7	3.1	4.9	4.3	7.8	5.6	7.08	4.6	8.3
	由自身提供的资源			√							√		√		√

首先,分析制造最终产品过程中所需的具体 MICK 资源,将其列在主矩阵 I 上方。企业要依据实际情况分解 MICK 资源,此例中假设要实现市场需求需要的各种资源为 $M_1 \sim$

M_3、$I_1 \sim I_3$、$C_1 \sim C_3$、$K_1 \sim K_3$ 数种。

其次,依据已经理解的需求信息,将市场需求的主要功能要求 FR(function require)列在主矩阵 I 左侧,左侧矩阵中的 $FR_1 \sim FR_3$ 表示产品 3 种功能,并通过专家打分法确定市场对各项功能的重要性程度赋予权重,权重和为 1,将其填入权重一栏中的左列。此例中假设有 3 种功能,分别赋予权重为 0.6、0.3 和 0.1。

再次,决策者还必须考虑到企业战略对资源自制与外购的影响,因此还需在主矩阵 I 的左侧矩阵中列出影响资源来源决策的主要战略要求 SR(strategy require)。这些战略因素包括资源对形成核心竞争力的影响程度、资源特有性程度、资源增值能力和资源标准化程度等评价指标。左侧矩阵中的 $SR_1 \sim SR_4$ 表示对产品影响的 4 种战略因素。企业依据产品制造过程中各因素对 MICK 资源影响程度,对各个影响资源的因素赋予权重,权重和为 1。此例中假设有 4 种战略功能,分别赋予权重为 0.4、0.2、0.2 和 0.2。

根据资源对功能和战略的影响程度不同,也要对 FR 和 SR 分别赋予权重,权重和为 1。此例中假设 FR 和 SR 分别被赋予权重为 0.4 和 0.6。需要注意的是,企业设定的这些权重的有效性仅仅与某一具体制造过程或特定时间密切相关。各个资源对实现各项功能的影响可利用事先确定的评价标准衡量。如表 4-3 中矩阵 I 右端列示的评价标准,可将资源和各功能要求 FR 以及战略要求 SR 的关系分为强、中、弱 3 等,分别用强为 9 分、中为 3 分、弱为 1 分的三级评分法来评价资源与功能的强、中、弱相关关系。

例如,假设 K_1 与 FR_1 的功能存在强相关关系,则在主矩阵 I 的相应位置根据德尔斐法打分,即可以相应位置的分值表示具体资源与功能之间的相关关系。在根据评价标准依次在矩阵的各单元中,为 MICK 资源与功能要求 FR 相关关系打分后,同样还需对资源与战略要求 SR 间的影响程度打分。

矩阵 I 中各单元打分完毕后,首先计算各个资源与功能要求 FR 之间的关系值,即每种资源对各项功能要求的影响累积值。以 K_1 资源为例,K_1 资源对实现 $FR_1 \sim FR_3$ 的关联度度量值合计为 $2.4 = (0.6 \times 9 + 0.3 \times 1 + 0.1 \times 3) \times 0.4$。其次计算资源与战略要求的关系值,如 K_1 资源对实现战略要求 $SR_1 \sim SR_4$ 的影响程度度量合计值为 $4.68 = (0.4 \times 9 + 0.2 \times 9 + 0.2 \times 3 + 0.2 \times 9) \times 0.6$。

最后,将 MICK 资源与功能要求 FR 关系的评价值和 MICK 资源与战略要求 SR 关系的评价值加总。如将体现在 K_1 资源上的对各个影响因素的评价值进行累加,K_1 资源的评价值为 7 分($7 = 2.32 + 4.68$),将数值作为判断资源是否必须自有的衡量标准,列示在表 4-3 下方的相应栏中。

企业在根据专家意见确定评价标准后,就能依据上一步得出的累加数值,评价何种资源为必须自有的。例如企业认为评价值在 7 分以上的资源必须自有,为明确起见在资源最下一栏标记√。

综上,根据资源来源决策的第一阶段的分析结果得出的结论如下:在选择资源方面,企业 A 必须自有 M_1、C_2、K_1、K_3 资源,其他资源可以选择从外部集成也可以选择企业自有,具体确定的方法在第二阶段进行分析。在企业对资源的利用方面,总体来说,企业 A 在利用知识 K 和资金 C 方面做的比竞争对手强,但在物质 M 与信息 I 资源运营效率不如竞争对手高。企业应着手提高物质 M 与信息 I 资源的利用效率或进行外包。

第二阶段,首先在矩阵Ⅱ左侧列明已被分解的 MICK 资源,在矩阵Ⅱ上方列明有合作可能的供应商及企业自身;其次评价供应商提供资源与企业自身提供的水平高低,并根据评价指标对供应商和企业自身的资源运营效率打分;最后根据分值选择资源供应商。见表 4-4。评价指标主要有资源可控性、议价能力、成本和稳定性。打分时按三级评分法将每个指标评分都分为 3 级,即强为 9 分、中为 6 分、弱为 3 分。

表 4-4　供应商评价数据表

资源	供应商	供应商 1	供应商 2	…	供应商 n	公司自身
M	M_1					∞
	M_2	30	24		6	16
	M_3					32
I	I_1					14
	I_2					19
	I_3					8
C	C_1					36
	C_2					∞
	C_3					24
K	K_1					∞
	K_2					12
	K_3					∞

第一阶段将备选供应商和企业都列在矩阵Ⅱ上方,将已经分解的 MICK 资源列在矩阵Ⅱ左侧。由于第一阶段已经确定企业哪些资源为企业必须自有,因此在评价供应商对这些资源的提供效率之前,应在本企业一列下对应必须自有资源的单元内标记 ∞,表示这一资源不必考虑,由供应商提供。

评价标准时应综合考虑以下因素:

(1) 评价控制能力。对资源的控制能力即供应商对资源的驾驭能力,如果企业对某种资源的控制能力不如供应商,应考虑从外部集成该种资源,运用供应商对资源控制的结果为制造过程服务。控制能力评分标准为:强控制能力为 9 分、一般控制能力为 3 分、弱控制能力为 1 分。

（2）评价议价能力。对资源的议价能力可以反映出企业或供应商在整条供应链上的位置。如果企业对某种资源拥有强大的议价能力，则企业有可能相应地降低因获得该种资源的使用权成本。如果供应商拥有对某种资源强大的议价能力，则企业很有可能会相应地增加该种资源的获取成本。对资源的议价能力评分标准为：强议价能力为 9 分、一般议价能力为 3 分、弱议价能力为 1 分。

（3）评价成本。供应商提供资源所需的成本高低也会影响资源的来源决策。高成本会相应地降低资源收益率。如果企业自身提供资源的成本比较高，则应该考虑从成本较低的供应商处获得该资源的使用权，反之，则考虑自有该资源。成本评价评分标准为：低成本为 9 分、中等成本为 3 分、高成本为 1 分。

（4）评价稳定性。稳定性是指供应商不会因为自身的因素对所提供资源的使用权产生影响。如果供应商能保证所提供资源的稳定性，企业对资源使用权的拥有就不会因为供应商行为而受到影响，相反如果供应商提供资源的稳定性低，则有可能增加企业集成资源的风险。稳定性评分标准为：强稳定性为 9 分、一般稳定性为 3 分、弱稳定性为 1 分。

根据以上评分标准，在具体的 MICK 资源与供应商对应的单元内打分，其中不再考虑评价已经确定由企业自有的资源。例如评价供应商 S_1 提供 M_2 资源的效率时，强控制能力评分为 9 分，强议价能力评分为 9 分，低成本评分为 9 分，一般稳定性评分为 3 分，合计评价值为 $9+9+9+3=30$ 分。

依据已计算的提供资源效率值，可以判断出何种资源应为企业自有资源，何种资源应当从外部集成，并根据第二阶段结果选择合适的供应商。例如在对资源 M_2 的控制效率上，企业评价仅为 16 分，低于供应商 1 和供应商 2，所以应考虑外包此种资源。

将供应商对资源的提供水平记录在矩阵 II 的单元中，并对比其得分，以此作为供应商选择标准。例如供应商 S_1 提供 M_2 资源的效率评价值为 30 分，而企业自身提供 M_2 资源的效率评价值为 16 分（16 分＝弱控制能力 1 分＋强议价能力 9 分＋中等成本 3 分＋一般稳定性 3 分），远远低于供应商 S_1。因此对于 M_2 资源企业可以考虑从外部集成，但不一定要选择供应商 S_1，应考虑选择所有提供 M_2 资源中效率最高的供应商。在某些情况下，资源供应商提供几乎相同效率的资源，那就需要另设一些辅助评价以对供应商的选择策略进行进一步分析，以确定最佳的资源获取来源决策方案。

小结与讨论

本章首先对外包进行了概括性的介绍，包括外包的概念、兴起的原因以及理论发展的过程。业务或者产品外包给企业带来优势的同时也必然带来一定的风险，相关的风险分析也在 4.1 节进行了阐述。在 4.1 节的基础上，4.2 节重点介绍了企业在制定自制或外包决策时所参考的准则，或者说影响企业自制与外包的各种因素。在决定企业的经营业务是由自已完成还是外包给合作伙伴完成,取决于若干因素,包括成本、质量、时间、技术、企业发展战略以及知识产权等方面的因素。

4.3 节的内容包括:自制与外包决策制定的流程、业务外包的方式及外包形式、业务外包的决策方法等。自制与外包的决策应尽可能采用科学的结构化方法,实践中可以采用的方法包括量本利分析技术、2×2 矩阵分析技术以及基于 MICK-4FI 资源运营模式的两阶段映射分析技术。

自制与外包决策是企业运营决策的重要内容之一。随着企业经营环境的变化和企业资源观的变化,自制和外包的决策成为企业配置资源方式选择的重要决策。自制与外包决策,具有深刻的经济理论基础,包括分工理论和企业理论。理论和实践都早已证明,非核心业务的外包可以给企业带来成本效率(包括生产成本和资源配置成本)的比较利益。长期的实践和理论总结,我们可以见到多种不同形式的外包。但是,外包业务也会给企业带来一定的风险。

习题与思考题

1. 简述外包的概念。
2. 外包的优势有哪些?
3. 业务外包的方式有哪几种?
4. 外包中存在哪些风险?
5. 影响自制与外包决策的因素有哪些?
6. 采用量本利分析自制与外包主要是基于什么因素分析?
7. 当成本结构与价格因素不变时,需求量是如何影响自制与外包决策的?
8. 基于技术与产品的自制与外包决策分析矩阵主要考虑哪 4 个因素?
9. 试述基于 MICK-4FI 资源运营模式的两阶段映射分析框架。
10. 基于 MICK-4FI 资源运营模式的两阶段映射分析的两个阶段分别做哪两项转换(映射)?
11. 试着设计新的自制与外包决策分析模型。

第 5 章　供应商选择与评价

随着供应链思想的发展和越来越普遍的业务外包活动,采购与供应部门在企业中的地位日益突出。优秀的供应商管理水平已经成为企业的一项竞争优势。供应商的选择和评价工作作为企业管理和控制供应商资源的起点,其重要性更是可见一斑。对于现在很多企业而言,尤其是强调核心竞争力的大型制造企业,需要采购的物资品种繁多,相应地,供应商的数量庞大且层次不一。如果供应商选择的结果不理想,那就可能会给采购企业的生产和日常经营活动带来不可估量的损失,如生产计划的中断或变更、存货成本的增加、采购物资交付的延迟、残次品或退换货的频频发生、产成品的出厂成本的提高等。如果采购企业建立了科学有效且适合自身供应商特点的评价与选择体系,那它就可以及时掌握供应商的生产情况和产品价格信息,获取合理的采购价格和条件,优质的配送和售后服务,并确保采购物资的质量以及及时交付,甚至可以把供应商整合到产品的生产和设计过程中去,为与供应商建立长期稳定的合作伙伴和战略联盟关系奠定坚实的基础。

5.1　供应商信息搜集

在对供应商进行选择和评价之前,采购方首先要做的最基本工作就是充分收集供应商的相关信息。然后,相关人员再利用这些信息,组建企业的供应商选择范围,同时要坚持利用科学的方法,对选择范围内的供应商进行选择和评价工作,以期筛选出优秀且适合本企业的供应商来合作,以保证稳定、高质量的供应资源。

5.1.1　信息来源

根据供应商信息搜集的方式不同,采购方所得资料可以分为两类:第一手资料和第二手资料。这里的第一手资料是指采购与供应部门主动收集的原始资料;而第二手资料是采购方为了其他目的收集起来的信息。

第一手资料是采购部门为了了解供应商的相关情况而主动收集的,具有针对性强、准确等优点,但相对获取成本较高。第二手资料则包括一些已经出版或发表的文章、期刊、内部资料等信息,收集起来虽然相对容易,但是针对性不强、时效性也差。通常,第二手资料获得相对比较容易,可以作为供应部门分析研究的起点,如果该部分资料尚不能满足需求或者不够充分,再转而寻求昂贵的第一手资料。

一般情况下,供应商的主要信息来源于网络、商品目录、行业杂志、企业名录、销售商、贸易博览会、电话联系、各类广告以及采购部门自己的记录等。

1. 通过网络寻找供应商

通过上网查询,采购方可以了解市场行情及供应商的情况。在信息时代和全球化市场来临的时候,对供应商信息的发现过程得到了前所未有的解放。网络平台为现代的采购部门带来了一条便捷的途径。通过搜索引擎搜索供应商,或者在电子商务平台上发布需求信息,都可以获得充分的供应商资源。

现在,越来越多的供应商都开设网站,提供产品和服务的详细信息。网络提供的信息费用很低甚至是免费的,而且信息量很大,对采购方和供应商来说都是低成本高效率的。要注意的是,这些信息都需要采购方仔细筛选和辨别,因为上网获得的信息毕竟是有关供应商的二手信息,有些信息准确度不高,甚至是虚假消息。采购部门应注意区别,且应及时地把上网得到的资料进行归类,便于以后使用。

2. 商品目录

一般的供应商在从事经营活动时都会有各自商品目录,不仅可以具体介绍自己供应的各类产品,也便于提供给采购方,采购方可以直观地通过商品目录找到能提供所需产品的供应商。

一份完整的商品目录包括商品的性能、价格、技术参数、联系方式、售后服务等。这些资料都是采购人员所需要的,尽管上面介绍的性能、价格、技术参数等不一定与实际提供的完全相符,但至少为采购人员提供了众多的供应商的信息,使他们有选择的余地。

采购方可以通过市场调查获得这些商品目录,当然采购人员也要注意平时的积累,搜集尽量多的商品目录作为后备。通常情况下,供应商在把商品目录交给采购人员的同时,也把名片等一起递上,采购人员要把名片与商品目录放到一起,再事后归类。最后,采购人员应将所收集的商品目录建立索引,索引要专业、明确、易懂,方便下一次采购时参考。

3. 行业杂志

行业杂志是另一个潜在供应商的重要信息源。每个行业都有该行业有价值的行业杂志,其中会包含该行业的技术进展和市场信息,而且基本每一类行业协会都会定时发布本行业内各类企业的相关情况,特别是最近一段时间业绩比较好,或者技术、管理方面有新发展的企业。行业内企业也会借助专业媒体发布和宣传本企业的产品和服务信息。因此,行业杂志往往是采购人员了解行业和供应商情况的很好途径。行业杂志也有缺点,即时效性不强且不能全面地介绍产业内的所有供应商。采购人员可以参考这类杂志,并与其他供应商信息来源相互补充、佐证和修正。

如果这类杂志比较多,采购人员还需要广泛涉猎与自己行业以及所采购物资相关的读物,同时也不能过于依赖文字表述来确定供应商,需要进一步的科学选择。

4. 企业名录

企业名录也叫商业注册簿,类似企业黄页,但是内容却丰富得多。它会列出一些供应商的地址、分支机构数、从属关系、产品等,有时还会列出这些供应商的财务状况及其在本行业中所处的地位。一般企业聚集地区的管理部门会定时编制管理辖区内的商业注册簿。注册簿的分类索引主要是按商品名称分类,查找速度快,也比较直接,很多企业都以这种方式为主来联系供应商。

但商业介绍也有缺点,即由于版面的限制,很多商家只列出了简单的联系方式,至于产品性能、价格、技术参数、售后服务并没有具体写明。这就需要采购人员与他们进行联系,并及时总结。另外,商业介绍在准确性与有用性方面差别很大,采购方使用时必须格外小心。

5. 销售商

销售商是采购方能够接触到的重要信息源之一。他们具备相关的特殊专业化知识,能为采购方提供合适供应源、产品型号、商业信息等方面的信息。通过与许多公司合作,销售商可以获知更多的产品和服务资料,这对采购方是很有价值的。采购者应当在不影响其他工作的前提下,尽可能地注意销售代表。

6. 贸易博览会

地方性和全国性的贸易博览会是采购人员发现潜在供应商的另一种方式。他们可以发现各式新产品和经改良的老产品,增加自己的专业知识和鉴别能力,同时能收到组织者提供的名单和介绍,不失为很好的信息来源。

7. 其他方法

除了以上的几种方法外,供应商的信息来源渠道还有电话咨询、向供应商咨询、同行咨询等。比如可以通过当地的 114 查号台和企业黄页来查询供应商的情况,还可在市场调查时向供应商询问。此外,国际上流行的企业采购指南、产品发布会、产品展销会、政府组织的各类商品订货会、各种厂商联谊会或同业工会、政府相关统计调查报告或刊物等都可以作为采购方获得供应商的相关信息的备选途径。

以上就是获取供应商信息的几种方式。当然,如果能通过较好的途径发布采购信息便可免去这么多麻烦的途径。但在特定的条件下,尤其是采购信息不方便公开发布以及所采购的产品市场上并不多见时,如何获取供应商信息还是十分重要的。另外,获取了供应商信息后,采购部门还应该及时建立供应商的分类档案,便于查用。

5.1.2　调查内容

收集供应商信息的过程是比较长的,需要采购人员平时注意通过各种途径积累信息,以便于有突发的新原料需求时能快速找到合适的供应商,保证企业的生产。收集供应商的相关信息是供应商选择的第一步,合作供应商不能依据获得的书面甚至只是间接信息来确定,选择过程需要进一步对供应商进行深入调查。通过分析企业的需要,对供应商进行调查的相关内容应该包括以下几个方面。

1. 供应商的基本情况

(1) 企业的经营环境,主要包括企业所在国家或地区的政治、经济和法律环境的稳定性、进出口是否有限制、倾向的可兑换性、近几年的通货膨胀情况、基础设施情况、有无地理限制等内容。

(2) 企业的员工情况,主要有员工的受教育程度、出勤率、流失率、工作时间、平均工资水平、生产工人与员工总数的比例等。

(3) 企业近几年的财务状况,包括各种会计报表、银行报表、企业经营报告,执行这类调查需要有充分的供应商管理经历或者是专业的财务人员。对此项信息的初步调查,可以避免采购方进一步研究的耗费。财务状况和信誉等级的检查能够清楚地揭示出供应商是否有能力令人满意地履行义务。对保证供应的连续性和产品质量的可靠性,供应商财务状况的稳定性是非常关键的。

(4) 企业在同行业中的信誉及地位,主要包括同行对企业产品质量、交货可靠性、交货周期及灵活性、客户服务及支持、成本控制能力等各个方面的评价。

(5) 企业近几年的销售情况,包括销售量及趋势、人均销售量、本公司产品的市场份额。

(6) 企业现有的紧密的、伙伴型的合作关系,包括与本公司的竞争对手、其他客户或供应商之间的关系。

(7) 企业的地理位置,主要包括与本公司的距离和通关海关的难易程度。

2. 供应商的设计、工程和工艺情况

(1) 相关机构的设立与相应职责。

(2) 工程技术人员的能力,主要包括工程技术人员的受教育情况、工作经验、在本公司产品开发方面的水平、在公司产品生产方面的工艺水平、工程人员的流失情况等。

(3) 开发与设计情况,主要包括技术是自行开发还是从外引进、有无与国际知名技术开发机构的合作、现有产品或者试制样品的技术评价、开发设计的实验情况、与顾客共同开发的情况、与供应商共同开发的情况、产品开发的周期及工艺开发程序、对采购商资料的保密等。

3. 供应商的生产能力

主要包括生产机构、生产工艺过程及生产人员情况。

(1) 生产机构的设置情况及职能。

(2) 生产工艺过程情况,主要有生产设备是否先进、生产能力是否充分利用、工艺布置、设备/工艺的可靠性、生产工艺的改进情况、设备利用率、工艺的灵活性、作业指导的情况、生产能力等。

（3）生产人员的情况，主要有职工参与生产管理的程度、生产现场管理情况、生产报表及信息的控制情况、外协加工控制情况、生产现场环境与清洁情况、厂房的空间距离以及生产作业的人力是否充足等。

4. 供应商企业的管理制度

主要包括生产流程是否顺畅合理、产出效率如何、物料控制是否计算机化、生产计划是否经常改变、采购作业是否对成本计算提供良好的基础。

5. 质量控制能力

企业保证质量的能力是需要调查的重要方面，还要调查高层管理者对质量控制的认识。质量控制能力主要包括质量管理的方针、政策是否争取、质量制度是否得到落实、对安全事故的反应处理是否有预案、年度质量检验是否使用科学的统计技术、有无政府机构的评鉴等级等。

除此之外，采购方还应针对所采购物资的具体特性和要求，将调查的范围、内容、深度等适当拓宽，以适应其采购策略的需要。

5.1.3　信息搜集方式

供应商信息的搜集可以采用的方法很多，常见的有问卷调查法、面谈、实地考察等方式。

1. 问卷调查法

问卷调查是管理咨询中一个获取信息的常用方法。调查问卷从短小的表格到详细的说明，可以有不同的规格和多种样式。它们可以用来收集供应商的主观性数据，由于这种方式功能齐全，所以应用广泛。问卷法的关键在于如何设计问卷，使其能够恰当、高效地满足信息获取的目标。一般来讲，问卷内容既要简洁，又要覆盖关键信息，还要避免被调查者对敏感问题的猜疑。

2. 实地考察

相对于问卷调查，企业对供应商进行实地调查是比较直观的方式，需要收集和观察的信息除了上述介绍的各方面的内容外，下面列出了比较具体的几个重要方面：

（1）设施和关键设备的使用年限；

（2）研究和开发的设备；

（3）主要员工的士气和经验；

（4）技术流程与控制；

（5）客户订货的主要流程；

（6）电子订货和开发票的信息系统和兼容性；

（7）全面质量管理原则的贯彻；

（8）进度安排和优先排序系统的自动化程序；

（9）工厂作业管理优异的证据；

（10）大客户名单；

（11）财务能力和稳定性；

（12）工会历史和合同到期日；

（13）保持原材料库存的行为；

（14）设施规模；

（15）让供应商早期参与的能力；

（16）处理电子交易的技术；

（17）订单处理、流程和进度的关键人员责任；

（18）环保程序和设施；

（19）ISO 9000 认证或其他认证；

（20）监督和检查人员的能力；

（21）预警维护程序；

（22）检测设备的口径测定和检查；

（23）影响进度的主要系统，如 ERP、MRP、DRP；

（24）工程和设计能力；

（25）持续改进成本和流程方案；

（26）健康和安全保证；

（27）频繁配送小规模订单的能力；

（28）采购技能和实践；

（29）长期合作关系的意愿。

5.2　供应商选择与评价指标

供应商选择是实施采购的前提，在供应商选择过程中，供应商评价也是关键的一个环节。供应商的选择和评价方法主要集中在概念型、经验型和决策支持方法这 3 个方面。其中，经验型的研究主要是针对评选的指标或准则，而决策支持方法的研究主要是针对评选的方法。

供应商选择与评价问题一直是学术界和业界研究的热点问题。不少专家学者通过企业调查或切身实践，都提出了各自较为合理的评选指标体系。其中，对供应商的选择问题研究最早、影响最大的是迪克森（Dickson），他通过分析 170 份对采购代理人和采购经理的调查结果，得到了对供应商进行评价的 23 项指标，并对指标的重要性进行了分类。迪克森认为，质量是影响供应商选择的一个"极其重要"的因素；交货、历史绩效等 7 个因素则"相当重要"；"一般重要"包括顾客投诉处理程序、沟通系统等 14 个因素；最后一个因素，"相互之间协商"则归入"稍微重要"之列。在迪克森的研究中,能够发现在选择供应商时重要性最高的前3个指标分别为质量、交货期和历史绩效。之后,Stamm 和 Golhar、Ellram、Roa 和 Kiser 分别发文指出他们认为重要的供应商选择指标是 13、18 和 60 个。

根据华中理工大学管理学院 CIMS-SCM 课题组 1997 年的一次调查统计数据显示:我国企业对供应商的选择,98.5%的企业考虑了产品质量的准则,92.4%的企业考虑了价格的准则,69.7%的企业考虑了交货提前期的准则;批量大小及品种多样性也是企业考虑的准则之一。因此,供应商的选择是一个多准则评价问题,是在对各个准则定量和定性分析的基础上对供应商给出综合量化指标,以选择最合适的供应商。通过多个行业的调查分析,对供应商的评价多集中在质量、交货期、批量柔性、交货期与价格的权衡、价格与批量的权衡、多样性等指标因素。对于供应商来说,要想在所有的内在特性方面获得最佳是相当困难的,或者说是不可能的,一个高质量产品的供应商就不可能有最低的产品价格。因此,在实际的选择过程中必须综合考虑供应商的主要影响因素。

1. 质量

质量是供应商选择的首要参考目标,它也是采供双方合作达成的基本条件。质量指标对于一个企业的重要性,这里不再赘述,它等同于企业的生命。质量指标主要是指供应商所供给的各类物资,包括原材料、初级产品或消费品组成部分的质量。通常情况下,采购方在与某家供应商合作之前,必然会考察该供应商所生产产品的质量。考察活动可能有样品质量检验、实际生产和质量监控流程的参观以及供应商质量控制体系的考评等。

与生产工艺能达到的最高质量水平相比,供应商能够持续保持的质量水平更有意义。当然,如果样品或少量交付的样品质量就很低劣的话,那这个供应商就更不能考虑了。一般来说,采购物资的质量并非越高越好,关键在于满足企业所要求的质量水平,如果质量水平过高,需要采购方支付相应的超质量成本,那么高质量可能会成为企业的负担,与企业的产品定位及竞争策略产生冲突。而在考察供应商的产品质量要求方面,采购方关键要看供应企业是否有一套有效执行的产品质量检验制度,即控制质量的能力。在对供应商的质量管理要求上,考察的因素包括质量管理方针、政策、质量管理制度的执行及落实情况、有无质量管理制度手册、有无质量保证的作业方案和年度质量检验的目标和改善的目标、有无权威评价机构的评鉴等级、是否通过了 ISO 9000 质量体系认证。

2. 价格

在满足质量要求的供应商间选择的时候,采购方首先考虑的因素是各个供应商的报价。尤其是采用招标方式采购的标准件,价格更是决定哪几个供应商被选择的最关键指标。价格因素主要是指供应商所供给的原材料、初级产品或消费品组成部分的价格,供应商的产品价格决定了采购方或说下游企业的产成品的价格以及整条供应链的投入产出比,对生产商和销售商的利润率有相应程度的影响。在采购谈判中,价格经常是采供双方争执和博弈最激励的一个环节。

相关调查研究表明,20 世纪 90 年代,我国企业在选择供应商时,主要的标准是产品质量,其次是价格。虽然近几年来,非质量和价格因素越来越多地被供应商选择的研究人员所关注,但是这两个因素的重要性仍可见一斑。

3. 交货能力

供应链管理的思想摒弃了传统企业与企业竞争的狭隘竞争理念,转为供应链与供应链之间的竞争。对于企业来说,供应链上的其他企业以及市场都是外在系统,它的变化或波动都会引起企业或供应链的变化或波动,市场的不稳定性会导致供应链各级库存的波动。而交货提前期的存在又必然造成供应链各级库存变化的滞后性和库存的逐级放大效应。交货提前期越小,库存量的波动越小,企业对市场的反应速度也越快,对市场反应的灵敏度也越高。由此可见,交货提前期是一个重要的概念。

交货能力的概念比交货提前期更为丰富。它包括交货提前期、交货准时性、对采购方变更交货数量和交货时间的反应水平等这些与准时按需交付满足采购方需求物资的所有能力。

交货准时性是指按照采购方所要求的时间和地方,供应商将指定产品准时送到指定地点。如果供应商的交货准时性较低,必定会影响生产商的生产计划和销售商的销售计划及时机。沃尔玛为其供应商设定了交货时间窗,每个供应商必须在规定时间范围内(通常精确到分钟)交付沃尔玛超市所订购的商品,超过时间交付将会被拒绝接收。这一交付条件就考验了供应商的交货准时水平。

4. 服务水平

服务水平因素指的是在采购合同执行过程中,供应商对采购商在物资或设备的使用、残次品的调换、设备使用方法培训、相应故障的排除等方面的帮助,即供应商为采购企业提供质量保证和相应售后服务的所有活动。如果销售过程中的相关服务跟不上,产生的相关问题会给采购企业带来诸多麻烦,轻者增加企业的物料成本和生产成本,重者影响生产的连续性和新设备的上马进度,给企业带来重大经济损失。因此,现在很多采购企业都很重视客户服务水平这一因素,它已成为供应商选择过程中的另一重要因素。

5. 供应商的地理位置

对于不同的物资,供应商的地理位置这一因素的重要性也不相同。如果物资的配送成本尤其是运输成本占采购方采购成本的比例越大,那么供应商相对采购商的地理位置就越重要;如果所采购的物资或设备需要采供双方频繁密切的配合,尤其是在供应商参与新产品开发的过程中,地理位置无疑也会给直接沟通的难易程度以及相应差旅成本造成直接重要的影响。另外,供应商所在的地理位置有时候也决定了它获得某种原材料的稳定程度和价格水平,这可能直接影响采购商采购物资的进货成本,进而左右采购方对供应商的抉择。最后,供应商的地理位置不同,各类自然灾害,如旱灾、涝灾、地震、台风等发生的风险也各不相同,如果采购物资易于受这些灾害影响,那么供应商的地理位置就决定了它发生停产、减产甚至倒闭等风险的可能性,这些都应该考虑在供货伙伴尤其是长期合作伙伴的选择过程中。

6. 供应商的信誉

供应商信誉是供应商与本采购企业或其他买家合作过程中积累起来的声望。它可以看作是供应企业无形资产的组成部分,优秀供应商为了维护其良好声誉,按约保质保量的履行合同的愿望要远远高于那些声名狼藉的供应企业。

7. 供应商的财务状况

采购企业的供应部门有时还会把供应商的财务状况纳入考核的指标体系之中,原因在于制造企业供应部门担心本企业财务部门及时支付货款的比例不足。如果制造企业的货款支付制度是财务中心根据销售部门或其他资金进项的时间安排支付应付账款,而不是按照应付账款到达财务部门的时间去筹措相应资金,那么供应部员工在选择供应伙伴时就不得不把对方的财务状况考虑在内。如果供应企业是其他条件优越而财务链条管理的比较紧张的小型供应企业,而采购企业的份额又占供应商销售额较大比例时,采购企业财务部门拖欠货款可能给供应企业造成巨大风险,严重时甚至直接导致其停工停产以及双方的法律纠纷。而这种情况对于资金雄厚的大型供应企业来说问题就不会这么严重。表 5-1 所示为考察企业企业财务状况的常用指标。

表 5-1　企业主要财务指标

指　标	具　体　指　标	解　释
流动比率	流动比率＝流动资产/流动负债	＞1
	速动比率＝(现金＋应收款项)/流动负债	≤0.8
运营比率	存货周转率＝销货成本/平均存货	比较行业平均水平
	固定资产周转率＝销售额/平均固定资产	比较行业平均水平
	总资产周转率＝销售额/平均总资产	比较行业平均水平
	应收账款周转天数＝(应收款项×365)/销售额	比较行业平均水平
获利能力比率	销售净利润率＝税后利润/销售额	比较行业平均水平
	资产回报率＝税后利润/总资产	比较行业平均水平
	权益回报率＝税后利润/权益	越高越好
负债比率	负债权益比率＝流动负债/权益	比较行业平均水平
	流动负债权益比率＝流动负债/权益	≤1
	利润偿付能力比率＝(税前利润＋利息)/利息	＞3,越高越好

当然,上述指标的讨论还是基于传统的采供双方的供需管理模式。随着供应链管理、供应商关系管理、战略联盟等思想不断深入人心,供应商评选指标也渐渐由上述以价格和质量

等为主的体系向有利于采供双方长期互利合作关系的方向转变。较之传统的指标体系和评选过程,新型供应链模式下的供应商评选指标体系更利于采供双方在动态、合作、竞争的环境中成为实现信息共享、风险共担的合作伙伴关系,实现对多变市场需求的快速反应。这时,供货柔性、供应商的技术创新能力、合作的态度、信息共享水平以及对市场的反应能力等都将成为采购方评价并选择供应链合作者的重要因素。

5.3　供应商的认证

5.3.1　国际认证标准

国际标准化组织(International Organization for Standardization,ISO)是世界上最大的国际标准化组织。它成立于 1947 年 2 月 23 日,现有 117 个成员,包括 117 个国家和地区。ISO 现已制定出国际标准共 10 300 多个,主要涉及各行各业各种产品(包括服务产品、知识产品等)的技术规范。

1. ISO 9000 标准

2000 版的 ISO 9000 族标准包括 4 个核心标准和 1 个其他标准(9000、9001、9002、9003、9004)。其中 ISO 9000——质量体系标准:要求企业如何对产品质量进行有效控制;ISO 9001——技术体系标准:要求企业如何对生产产品间技术应用进行有效控制;ISO 9004——环境体系标准:要求企业如何对生产产品对环境包括人的影响进行有效控制。

标准最基本的八项质量管理原则是:

(1) 以顾客为关注焦点。组织依存于其顾客,因此组织应理解顾客当前和未来的要求,满足顾客的要求,并争取超越顾客的期望。

(2) 领导原则。领导者即最高管理者将本组织的宗旨、方向和内部环境统一起来,并创造使员工能够充分参与实现组织目标的环境。

(3) 全员参与。各级人员是组织之本,只有他们的充分参与,才能使他们的才干为组织带来最大的效益。

(4) 过程方法。将相关的资源和活动作为过程进行管理,可以更高效地得到期望的结果。

(5) 管理的系统方法。针对设定的目标,识别、理解并管理一个由相互关联的过程所组成的体系,有助于提高组织的有效性和效率。

(6) 持续改进。持续改进是组织的一个永恒的目标。

(7) 基于事实的决策方法。对数据和信息的逻辑分析或直觉判断是有效决策的基础。

(8) 互利的供方关系。通过互利的供方关系,增强组织和供方创造价值的能力。

2. ISO 14000

现在,各种类型的组织都越来越重视通过依照环境方针和目标来控制其活动及产品和服务对环境的影响,以实现并证实良好的环境绩效。这是由于有关的立法更趋严格,促进环境保护的经济政策和其他措施都在相继制定并实施,各方对环境问题和可持续发展的关注也在普遍提高。

许多组织已经推行了环境的评审或审核,以评价自身的环境绩效。但是,仅靠这种评审或审核本身,可能还不足以为一个组织提供保证,使之确信自己的环境绩效不仅现在满足,并将持续满足法律和方针要求。要使评审或审核行之有效,须在一个纳入组织整体的结构化的管理体系内予以实施。ISO 14000 标准就是这样一套环境管理标准。环境管理标准旨在为组织规定有效的环境管理体系要素,这些要素可与其他管理要求相结合,帮助组织实现其环境目标与经济目标。如同其他标准一样,这些标准不是用来制造非关税贸易壁垒,也不增加或改变组织的法律责任。

ISO 14000 标准规定了对环境管理体系的要求,使组织能根据法律法规要求和重要环境因素信息来制定和实施方针与目标。本标准拟适用于任何类型与规模的组织,并适用于各种地理、文化和社会条件。体系的成功实施有赖于组织中各个层次与职能的承诺,特别是最高层管理者的承诺。这样一个体系可供组织制定其环境方针,建立实现所承诺的方针的目标和过程,采取必要的措施来改进环境绩效,并证实体系符合本标准的要求。本标准的总目的是支持环境保护和污染预防,协调它们与社会和经济需求的关系。应当指出的是,其中许多要求是可以同时或重复涉及的。

ISO 14000 标准规定了对组织的环境管理体系的要求,能够用于对组织的环境管理体系进行认证(或注册)和(或)自我声明。环境管理涉及多方面内容,其中有些还具有战略与竞争意义。一个组织可以通过对 ISO 14000 标准的成功实施,使相关方确信组织已建立了适当的环境管理体系。其他一些标准,特别是 ISO/TC207 制定的关于环境管理的各种技术文件,提供了环境管理支持技术的指南。

ISO 14000 标准基于策划—实施—检查—改进(PDCA)的运行模式。PDCA 包含 4 个过程:策划是建立所需的目标和过程,以实现组织的环境方针所期望的结果;实施是对过程予以实施;检查是根据环境方针、目标、指标以及法律法规和其他要求,对过程进行监测和测量,并报告其结果;改进是采取措施,以持续改进环境管理体系的绩效。

3. ISO 9000 与 ISO 14000 比较

ISO 9000 质量体系认证标准与 ISO 14000 环境管理体系标准对组织(公司、企业)的许多要求是通用的,两套标准可以结合在一起使用。

世界各国的许多企业或公司都通过了 ISO 9000 族系列标准的认证,这些企业或公司可以把在通过 ISO 9000 体系认证时所获得的经验运用到环境管理认证中去。

新版的 ISO 9000 族标准更加体现了两套标准结合使用的原则,使 ISO 9000 族标准与 ISO 14000 系列标准联系更为紧密。

ISO 9000 体系与 ISO 14000 体系有相似之处,ISO 9000 体系的一些方面经过部分修改就可与 ISO 14000 体系共用。但是,ISO 14000 体系与 ISO 9000 体系又有本质的不同。主要表现在识别环境因素,评价重要环境因素,制订环境目标、指标、方案和运行程序对重要环境因素进行控制,识别并获取适用本企业的环境法律法规并定期评价遵守情况。这些是 ISO 9000 体系没有的,也是每一个企业都不可能通用的。

5.3.2　供应商认证体系的建立

1. 供应商认证体系建立的意义

供应商认证是稳定供应商关系、提升供应商能力、规范采购业务、降低采购风险和总成本的一种手段。不仅是对现有供应商的考核,也是对潜在供应商的选择。

供应商认证的意义有很多,从公司来讲,供应商认证有助于缩短产品开发周期,提高产品质量,规范采购业务,降低采购风险,简化采购商务流程,塑造公司形象,更有利于公司走向国际化等。但是,最主要的是,其意义还在于供应链管理被认为是企业第三利润的来源,而供应商认证正处于供应链管理的源头,必然会为企业带来利润。下面是几个利润的来源。

1) 交易风险成本

(1) 规避因供应商主体资格不合法和与供应商交易无法律效力而带来的交易风险,如虚假增值税发票给公司带来的损失;

(2) 降低质量风险;

(3) 降低供货能力方面的风险,减少因供应商供不上货而造成停产所带来的损失。

2) 产品开发成本

认证合格的供应商,可以早期参与企业产品开发,这样可以充分利用供应商的技术优势,降低产品开发费用及产品制造成本。

3) 质量成本

(1) 质量风险成本;

(2) 减少企业来料检验费,主要是降低 IQC(incoming quality control,来料质量控制)检验频率,甚至免检。

4) 价格成本

(1) 优化供应商,寻找行业中最优秀的供应商,由于规模经济效益的影响,在同等质量的条件下,价格能较低;

(2) 要求供应商提供成本分析表,发现供应商产品成本中存在的问题,帮助供应商一起解决,减少不合理成本;

(3) 稳定供应商的合作关系,供应商通过"学习曲线"可以降低产品成本。

5）商务运作成本

（1）优化供应商，减少供应商的数量，从而减少供应商的管理成本；

（2）建立稳定的供应关系，减少交易磨合成本；

（3）简化流程，减少因为不必要流程带来的人力资源、管理等成本。

6）售后服务成本

（1）通过认证的供应商，在售后服务方面会有更好的保障；

（2）减少索赔的发生，因此也会降低因索赔带来的成本。

因此供应商认证降低的产品成本，将更好地提高企业的经济效益。在当前经济形势下，增加销售来扩大利润，由于边际收益递减的规律影响，可能付出的代价会很大，而通过供应商认证来降低采购成本，目前我们还很少这么做，因而如果采取这种措施，就会事半功倍。因为，由采购的利润杠杆效应可知，通过供应商认证为企业节省的每1元采购成本都会转化为1元钱的利润，而在其他条件不变的情况下，若公司的利润率为5％，那么要依靠增加销售来获取同样的利润，则需要多销售20元的产品。

2. 建立认证体系的原则

认证体系的原则应分析企业自身的特点而制定。供应商综合评价的指标体系是企业对供应商进行综合评价的依据和标准，不同的行业、企业、产品需求和环境下的供应商评价应是不一样的。认证体系的原则还应根据采购项目而确定。采购项目就是要采购什么东西，不同的项目可以建立不同的认证评估体系。采购项目可以分为物料采购类、生产设备类、检测设备类、后勤设备类、动力设备类和服务类等。

针对不同的供应商类型应建立不同的认证评估管理办法。

（1）伙伴型供应商：供应商具有很强的产品开发能力，与之的采购业务对本公司非常重要，采购的产品处于寡头垄断市场。

（2）优先型供应商：采购业务对供应商非常重要，对本公司却不是十分重要。

（3）重点商业型供应商：采购业务对供应商来说无关紧要，对于本公司来说却非常重要。

（4）商业型供应商：采购业务对本公司和供应商都不重要，供应商可以很方便地选择更换。

认证评估内容要全面，不能只集中在评估要素的某一方面，如产品质量、价格、交货准时性和批量等，应形成一个全面的评估指标体系，以便对供应商做出全面、具体、客观的评价。评估的方面可以包括供应商的业绩、设备管理、人力资源开发、质量控制、成本控制、技术开发、用户满意度和交货协议等。

认证评估应该公开、公正、公平和科学。目前许多企业在供应商评估工作中存在个人权利太大，一人说了算的现象，主观成分过多，同时还存在一些个人的影响因素，容易产生消极的后果，有时往往根据对供应商的印象来确定。建立规范的评估体系可以有效解决这个问题。

3. 认证过程中应注意的问题——认证评估中的关键要素

质量是其他标准的最基本前提。企业要求自己的产品质量要满足客户的需求,就要保证其供应商提供的元器件能满足企业的品质要求。价格因素相当重要,但只有在质量得到保证的前提下,谈价格才有意义。

如果一个企业的供应商基本能做到 100% 的产品合格率,那么,价格就成了评估的主要因素。企业可以要求新的供应商提供一个成本分析表,内容包括生产某一元器件由哪些原材料组成、费用是如何构成的、里面的价格空间还有多少,如果认为有不合理的因素在里面,就会要求供应商进行调整。

5.3.3　供应商认证过程

供应商的认证过程主要可以分为 3 个阶段:寻找潜在供应商、认证合适供应商、选择及决定签约供应商。不同的阶段或者是针对不同的订单,企业可能需要重新设置对供应商的要求,这时就要开始寻找潜在供应商。

寻求新供应商的资料或者信息是第一步,方式有很多种,例如网络平台、电话本(黄页)、参加各种展览会、通过别人介绍等。一般来说,通过各种方法可以找到多家供应商,可根据企业要求进行初步筛选,留下 3~5 家进一步接触。

要认证剩下的企业找出合适的供应商,也需要通过以下几个步骤。

1. 初步联系

一般来说,第一次尽可能用电话联系,应向供应商的相关人员清楚地表达与他们联系的目的、自己的需求并初步了解该供应商的产品。如果不是特别的情况,不要第一次联系就请供应商报价,如果对一个供应商的基本情况根本不了解,得到他的报价单又有什么用呢?

接下来,采购人员可以要求距离较近的供应商来企业面谈,同时请供应商带上企业简介、相关的样品以增加会谈效果。面谈时不仅要尽可能多地从供应商那里得到信息,同时也要将企业对供应商的基本要求及对欲购原材料的要求尽可能向供应商表达清楚。距离远的供应商,合适的做法是让供应商快递资料和样品。

无论供应商是远是近,均需要求供应商填写一份供应商调查问卷,主要用于在初步联系阶段了解供应商的一些基本情况,也就在对供应商进行认证之前让供应商先进行自我评价,然后再组织有关人员进行认证。

2. 成立供应商认证小组

收回供应商自我认证的资料后,企业应着手成立供应商认证小组。供应商认证小组应包括不同部门成员,主要有质量管理、工程、生产以及采购等部门。认证小组成立后应针对认证的内容,确认对供应商认证采取的形式和认证的评分体系。一般情况下,供应商认证的评分体系包括领导班子和风格、信息系统及分析、战略计划、人力资源、过程控制、商务运作、客户满意度、供应管理、销售管理、时间管理以及环境管理等子系统。

3. 实地考察

越来越多企业的供应商开发工作是由一个包括工程、品质人员在内的开发团队去完成，这样做就不会得到片面的结论。

对供应商的现场调查中，要了解供应商的管理机构设置情况，各个部门之间的分工及汇报流程；考察供应商质量控制与管理体系、生产工艺、顾客服务、环境体系等内容。在现场考察的同时应根据预先设置的评分体系，进行各子系统的评价，并给出相应的分值。

4. 各部门汇总评分

进行现场考察后，各个部门应通过现场观察情况，并结合供应商的相关文件、先前的市场调查情况、与供应商的客户和供应商的会谈情况，进行小组讨论和综合评分，得出供应商最终认证的总成绩。各部门进行汇总评分后，组织现场调查的部门应写出考察报告，呈报上级领导，并且将考察的资料进行备案并入档。

5. 报价

在初步掌握供应商的一些情况后，采购人员就可以要求供应商报价了，因为供应商对他的潜在客户也有了一定的了解。先发一份询价单给所有要报价的供应商，以便让供应商得到该物料的一些基本情况，并要求以相同的报价条件（币别、价格术语、交货地和付款条件等）来报价。

6. 样品认证

如果供应商的产品不能满足使用要求，其他方面再好也没有用。要求供应商提供适当数量的样品供检验是开发新供应商全过程中的一个重要环节。供应商在提供样品时，应根据产品类别提交下列全部或部分资料：材质证明、安全证明、检验报告（包括外观、尺寸、功能等项目）和符合证明书。

一些大企业中，专门设有样品评估小组来评审样品。采购人员应及时把样品在检测、装配过程中发现的问题反馈给供应商，以要求供应商进行改善。有时需要把供应商的工程技术人员和采购方的工程技术人员安排在一起，以便沟通更直接、更有效。

7. 批量生产

样品的质量毕竟不能完全等于日常生产的产品质量，不能草草就下了订单。采购方应向供应商索要或订购适当数量的物料来进行批量生产，只有较大数量的样品通过评估，样品评估这个环节才算真正结束。

一般通过以上几步，供应商就可以接纳为合格的供应商了。企业会认证多个合格供应商，以便根据不同的需要再从中选择获得这个项目的一个或多个供应商，然后把认证情况反馈给这些供应商，让供应商明确自己的不足之处，以便进行改进与提高。

对供应商认证后，还要进行跟踪。供应商的认证不仅仅是审查和评估的过程，而且也是一个反馈与跟踪的过程,要随时监测供应商的执行情况,采购企业要不断督促供应商进行改进。总之,供应商的认证是一个长期、动态的过程,是通过评估来确认和培养供应商的过程。

5.4　供应商选择步骤和评价方法

在获得合格供应商的信息之后,采购人员接下来要做的就是独立地评价每一个供应商,依据供应商类型、重要程度以及采购价格不同等来确定要选择哪几个供应商。

在有些情况下,评价并非是必须的。对许多简单、低价值产品的采购,只要对提前获得的满意信息进行检查就足够了;而对复杂、高价值或者核心物资的采购,由于事关重大,采购人员进行额外的评价工作就是必要的。

5.4.1　选择步骤

供应商选择是供应管理中的一个重要决策,目前在市场上,同一产品的供应商数目越多,供应商的选择就越复杂,这就需要有一个规范的程序来操作。一个好的供应商是指拥有持续制造高质量产品的加工技术、拥有足够的生产能力以及能够在获得利润的同时提供有竞争力的产品。不同的企业在选择供应商时,所采用的选择步骤千差万别,但基本的步骤应包含下列几个方面,如图 5-1 所示。

1. 分析市场竞争环境

若要建立基于信任、合作、开放性交流的供应链长期合作关系,采购方首先必须分析市场竞争环境。这样做的目的在于找到针对某些产品的市场来开发供应链合作关系。企业必须知道现在的产品需要是什么、产品的类型和特征是什么,以此来确认客户的需求,确认是否有建立基于供应链的合作关系的必要。如果已建立供应链合作关系,采购方则需要根据需求的变化确认供应链合作关系变化的必要性,同时了解现有供应商的现状,分析、总结企业存在的问题。

2. 建立供应商选择的目标

企业必须确定供应商评价程序如何实施,而且必须建立实质性的目标。供应商评价和选择不仅仅是一个简单的过程,它本身也是企业自身的一次业务流程重构过程。如果实施得好,就可以带来一系列的利益。

一般而言企业供应商评价的目标包括:

(1) 获得符合企业总体质量和数量要求的产品和服务;

(2) 确保供应商能够提供最优质的服务、产品及最及时的供应;

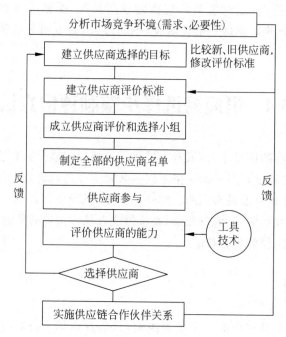

图 5-1　供应商选择过程

（3）力争以最低的成本获得最优的产品和服务；

（4）淘汰不合格的供应商，开发有潜力的供应商，不断推陈出新；

（5）维护和发展良好的、长期稳定的供应商合作伙伴关系。

3. 建立供应商评价标准

供应商评价指标体系是企业对供应商进行综合评价的依据和标准，是反映企业本身和环境所构成的复杂系统的不同属性的指标，是按隶属关系、层次结构有序组成的集合。不同行业、企业，不同产品需求和环境下的供应商评价应是一样的，不外乎都涉及几个可能影响供应链合作关系的方面。

4. 成立供应商评价和选择小组

供应商的选择，绝不是采购员个人的事，而是一个集体的决策，企业必须建立一个由各部门有关人员参加的小组以控制和实施供应商评价，进行讨论决定。

供应商的选择涉及企业的生产、技术、计划、财务、物流、市场等部门。对于技术要求高、重要的采购项目来说特别需要设立跨职能部门的供应商选择工作小组。选择小组的组员应包括研究开发部、技术支持部、采购部、物流管理部、市场部和计划部，组员必须有团队合作精神，具有一定的专业技能。评价小组必须同时得到制造商企业和供应商企业最高领导层的支持。

5．制定全部的供应商名单

通过供应商信息数据库以及采购人员、销售人员或行业杂志、网站等媒介渠道，了解市场上能提供所需物品的供应商。

6．供应商参与

一旦企业决定实施供应商评选，评选小组必须与初步选定的供应商取得联系，确认他们是否愿意与企业建立供应链合作关系，是否有获得更高业绩水平的愿望。所以，企业应尽可能早地让供应商参与到评选的设计过程中。然而，企业的力量和资源毕竟是有限的，只能与少数关键的供应商保持紧密的合作关系，所以参与的供应商应该是经过精选确定的。

7．评价供应商的能力

为了保证评估的可靠，评价供应商的一个主要工作是调查、收集有关供应商的生产运作等各个方面的信息。在收集供应商信息的基础上，就可以利用一定的工具和技术方法进行供应商的评价。

对供应商的评价共包含两个程序：一是对供应商进行初步筛选；二是对供应商实地考察。在对供应商进行初步筛选时，首要的任务是要使用统一标准的供应商情况登记表，来管理供应商提供的信息。这些信息应包括供应商的注册地、注册资金、主要股东结构、生产场地、设备、人员、主要产品、主要客户以及生产能力等。通过分析这些信息，可以评估其工艺能力、供应的稳定性、资源的可靠性及其综合竞争能力。在这些供应商中，剔除明显不适合进一步合作的供应商后，就能得出一个供应商考察名录。接着，要安排对供应商的实地考察，这一步骤至关重要。必要时在审核团队方面，可以邀请质量部门和工艺工程师一起参与，他们不仅会带来专业的知识与经验，共同审核的经历也会有助于公司内部的沟通和协调。

8．选择供应商

在综合考虑多方面的重要因素之后，就可以给每个供应商打出综合评分，选择出合格的供应商。

9．实施供应链合作伙伴关系

在实施供应链合作伙伴关系的过程中，市场需求将不断变化。企业可以根据实际情况的需要及时修改供应商评选标准，或重新开始对供应商评选。在重新选择供应商的时候，应给予新旧供应商以足够的时间来适应变化。

5.4.2　评价方法

供应商评价与选择是企业将投入转换为产出过程的起点，是企业采购管理的重要内容，也是建立供应链合作、联盟甚至战略伙伴关系的基础。选择供应商的方法有许多种，具体的使用要根据供应商的数量、对供应商的了解程度、采购物品的特点、采购的规模以及采购的时间性要求等具体确定。目前国内外常用的供应商选择的方法通常有以下几种,适用于不同的情况。

1. 经验评价法

经验评价法是根据征询和调查的资料并结合采购人员的经验对合作伙伴进行分析、评价的一种方法。通过调查、征询意见、综合分析和评价来选择供应商,是一种主观性较强的方法,主要是倾听和采纳有经验的采购人员的意见,或者直接由采购人员凭经验做出判断。

经验评价法根据其评价过程和分析工具的结构化程度分为非结构化方法和结构化方法。

1) 非结构化方法

包括头脑风暴法(brain storming)和德尔斐法(Delphi method)。

(1) 头脑风暴法

头脑风暴法是由美国创造学家奥斯本(Alex Faickney Osborn,1888—1966)于1939年首次提出并于1953年正式发表的一种激发参与者思维的群体决策方法。头脑风暴法又可分为直接头脑风暴法(通常简称为头脑风暴法)和质疑头脑风暴法(也称反头脑风暴法)。前者是在专家群体决策时尽可能激发群体中每一位个体的创造性,产生尽可能多的设想的方法;后者则是对前者提出的设想和方案逐一质疑,分析其现实可行性的方法。

采用头脑风暴法组织群体决策来选择供应商时,要集中有关专业人员(包括采购专家和内部客户的专家)召开专题会议,主持者以明确的方式向所有参与者阐明供应商选择的原则,说明会议的规则,尽力创造融洽轻松的会议气氛。主持者一般不发表意见,以免影响会议的自由气氛。由专家们"自由"充分地发表意见,推荐优秀的供应商并给出依据,或对备选供应商进行充分地评价。最终,可通过少数服从多数的原则确定最优供应商。

(2) 德尔斐法

德尔斐法是在20世纪40年代由赫尔姆(Olaf Helmer)和达尔克(Norman Dalkey)首创,经过戈登(T. J. Gordon)和兰德公司(RAND corporation)进一步发展而成的一种利用群体智慧预测未来的方法。德尔斐是古希腊的一座城市,相传城中的阿波罗圣殿能预卜未来,德尔斐法便由此命名。德尔斐法依据设定好的程序,采用向专家发出问卷、专家匿名发表意见的方式(即专家之间不得互相讨论,不发生横向联系,只能与调查人员发生关系),通过多轮次调查专家对问卷所提问题的看法,经过反复征询、归纳、修改,最后汇总成专家基本一致的看法,作为预测的结果。

德尔斐法用于决策具有如下特征:①充分利用专家的智慧;②由于采用匿名或背靠背的方式,能使每一位专家独立地做出自己的判断,不会受到面对面讨论问题时权威的影响;③经过问卷—归纳—再问卷的多次循环,最终结论会收敛到理想的决策结果。

正是由于德尔斐法具有以上这些特点,使它广泛用于诸多决策过程中。这种方法的优点主要是简便易行,具有一定科学性和实用性,可以避免会议讨论时产生的害怕权威随声附和,或固执己见,或因顾虑情面不愿与他人意见冲突等弊病;同时也可以使大家发表的意见较快收敛,参加者也易接受结论,具有一定程度综合意见的客观性。

头脑风暴法和德尔斐法的详细应用步骤,可参见有关文献。

2）结构化方法

将供应商选择评价的维度(或指标)明确下来,并定义出不同的级别,之后再由相关专家基于其经验来评价的方法,就是结构化的经验评价法。

结构化经验评价法的具体操作方法是:首先,列举出评价供应商的各项指标;然后,按供应商的优劣档次,分别对各供应商进行评分;最后,将各项得分相加,选得分高者为最佳供应商。

例如,某采购单位列出了对供应商评选的 10 个项目:①产品质量;②技术服务能力;③交货速度;④能否对用户的需求做出快速反应;⑤供应商的信誉;⑥产品价格;⑦延期付款期限;⑧销售人员的才能和品德;⑨人际关系;⑩产品说明书及使用手册的优劣。每个评分标准分为 5 个档次并赋予不同的分值,即极差(1 分)、差(2 分)、较好(3 分)、良好(4 分)、优秀(5 分),满分 50 分。然后在表上为供应商评分,根据最后的评分情况,在各个供应商之间进行比较。最后确定供应单位,并据此要求选定的供应商对存在的不足之处进行改进。表 5-2 所示为对某供应商进行评分的情况,表中的各项平均得分为 4.0 分,总分为 5＋5＋3＋4＋4＋4＋5＋5＋4＋3＝42 分。供应商得分为 42 分,为满分 50 分(理想供应商)的 84%。

表 5-2　某采购单位对供应商的评分情况

供应商评价表

供应商名称:×公司

序　号	项　　　目	极差 1分	差 2分	较好 3分	良好 4分	优秀 5分
1	产品质量					√
2	技术服务能力					√
3	交货速度			√		
4	能否对用户的需求做出快速反应				√	
5	供应商的信誉				√	
6	产品价格				√	
7	延期付款期限					√
8	销售人员的才能和品德					√
9	人际关系				√	
10	产品说明书及使用手册的优劣			√		
合计得分		42 分(百分制 84 分)				

2. 综合评分法

评分法是现行企业应用比较普遍的一种供应商评价选择方法,它比直观判断法更加科学,易于理解,操作起来也较为方便。企业的一般物资大多采用这种方法选择供应商。此外,该方法也易于程序化,虽然在打分过程中不可避免地带有主观色彩,但用打分的方法量化评价效果还是比较好的。其不足之处在于无法体现不同评选指标的不同重要性,这与现实情况并不符合,所以这一方法也渐渐被综合权重评分法或层次分析法等方法所代替。

综合评分法的操作流程是:

(1) 针对要采购的资源和内部客户要求列出评价指标和相应的权重;

(2) 列出所有的备选供应商;

(3) 由相关人员对各供应商的各项指标打分;

(4) 对各供应商的所有指标得分加权求和得到综合评分;

(5) 按综合评分将供应商排序,选择得分最高,也就是综合评价结果最好的供应商。

综合评分法的过程如表 5-3 所示。

表 5-3　供应商选择综合评价表

评价指标	K_1	K_2	...	K_n	总　分	排序
指标权重	w_1	w_2	...	w_n		
供应商　S_1	α_{11}	α_{12}	...	α_{1n}	$\sum\limits_{j=1}^{n} \alpha_{1j} w_j$	
S_2	α_{21}	α_{22}	...	α_{2n}	$\sum\limits_{j=1}^{n} \alpha_{2j} w_j$	
$\vdots$	$\vdots$	$\vdots$	$\vdots$	$\vdots$	$\vdots$	
S_m	α_{m1}	α_{m2}	...	α_{mn}	$\sum\limits_{j=1}^{n} \alpha_{mj} w_j$	

表 5-3 中,S_i 表示第 i 个供应商;K_j 为选择供应商的第 j 个评价指标;w_j 为第 j 个评价指标的权重;α_{ij} 是第 i 个供应商的第 j 个指标的得分。在这里,要求评价打分都用百(十或五)分制;权重应规一化,即权重满足 $0<w_j<1(j=1,2,\cdots,n)$;$\sum\limits_{j=1}^{n} w_j = 1$。

3. 招标法

招标采购也是一种使用越来越广泛的采购方法,已经受到业界的普遍关注。所谓招标采购,就是通过招标方式寻找最好的供应商的采购方法,它是政府及企业采购中的基本方式之一。招标采购最大的特征就是其公开性,凡是符合资源规定的供应商都有权参加投标。

招投标业务通常集中在建设工程、生产设备或资本品采购以及政府采购中。在政府采购过程中,强调公开、公平和公正的原则,招标采购方式具有不可替代的优势。在企业经营活动中,生产性原材料的采购或各类业务外包,也可以用招标来确定一个阶段的最佳供应商。

因为招标采购程序复杂,涉及面广,也会产生一定的人、财、物的耗费,所以,并不是所有的物资采购都适合招标的方法。并且,招标确定的供应商在合作过程中一般会产生短期行为,因此,招标采购也会有一些缺点。

采购企业采用招标法选择供应商的流程是这样的。首先,由采购单位提出招标条件;然后,符合条件的各投标单位进行竞标;最后,采购单位决标,并与提出最有利条件的供应商签订协议。招标方法可以是公开招标,也可以是选择性招标,也叫邀请招标。公开招标也叫竞争性招标,指由招标人在国家指定的报刊、信息网络或其他媒体上发布招标公告,邀请不特定的企业单位参加投标竞争,招标人从中选择中标单位的招标方式。按照竞争程度,公开招标又可分为国际竞争性招标和国内竞争性招标。而选择性招标也称邀请招标或有限竞争性招标,指由招标单位选择一定数目的企业,一般选择 3～10 家供应商参加较为适宜,向其发出投标邀请书,邀请他们参加投标竞争。由于被邀请的投标者有限,招标方可以节约招标费用,缩短招标有效期,提高每个中标者的中标机会。

具体的招标流程和评标方法参见《中华人民和共和国招标投标法》。

招标方法竞争性强,企业能在更广泛的范围内选择适当的供应商,以获得供应条件有利的、便宜而实用的物资。但招标法往往手续繁杂,所需时间长,订购机动性差,有时双方未能充分协商而造成货不对路或不能按时到货。目前,采用招标采购的企业多将该方法与谈判结合使用,以规避招标采购的诸多不足。

4. 协商选择法

在可选择的供应商较多、企业难以抉择时,可以采用协商选择的方法选择供应商,即由企业先选出供应条件较好的几个供应商,同他们分别进行协商,以确定适宜的合作伙伴。和招标法比较,协商选择方法因双方能充分协商,在商品质量、交货日期和售后服务等方面较有保证;但由于选择范围有限,不一定能得到最便宜、供应条件最有利的供应商。当采购时间紧迫、投标单位少、供应商竞争不激烈、订购物资规格和技术条件比较复杂时,协商选择方法比招标方法更合适。

5. 采购成本比较法

对于采购商品质量与交付时间均满足要求的供应商,通常是进行采购成本比较,即分析不同价格和采购中各项费用的支出,以选择成本较低的供应商。采购成本通常包括价格、订购费用、运输费用等。采购成本比较法是通过分析比较各供应商的采购成本,选择采购成本较低的合作伙伴的一种方法。

6. ABC 成本法

ABC 成本法(activity-based costing)又称作业成本分析法,是库珀(Robin Cooper)和卡

普兰(Robert. S. Kaplan)在借鉴前人研究成果的基础上,于1988年提出的成本控制方法。该方法实际上是以作业量为基础计算产品和服务成本的方法。

ABC成本法的成本计算过程如图 5-2 所示。图 5-2 显示了作业成本计算中各概念之间的关系。资源按资源动因分配到作业或作业中心,作业成本按作业动因分配到产品。分配到作业的资源构成该作业的成本要素(图中的黑点),多个成本要素构成作业成本池(中间的小方框),多个作业构成作业中心(中间的椭圆)。作业动因包括资源动因和成本动因,是分别将资源和作业成本分配到产品或服务中的依据。

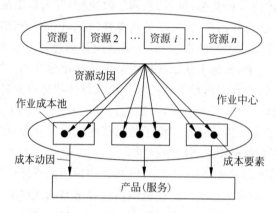

图 5-2 ABC 成本法计算示意图

ABC 成本法产生和得到广泛应用的背景如下:

(1) 直接成本在产品成本中的比例大幅下降,而间接费用在产品成本中的比例大幅上升;

(2) 形成间接费用的成本动因多样化;

(3) 上述两个因素使按单一成本动因分配间接费用的传统成本法极大扭曲了成本信息,扭曲的成本信息必将引起决策的失误,从而使损失增大;

(4) 随着计算机技术、网络技术和信息技术的发展,实施 ABC 的成本大大减少,使 ABC 的实施成为可能。

正是基于上述原因,ABC 成本法在 20 世纪 80 年代中后期被提出后,在理论和实践中都引起极大关注。

设:p_i 是第 i 个供应商的单位销售价格,p_{min} 是价格最低的供应商的单位销售价格,q 是拟采购的数量,c_j 表示除价格以外的采购成本和由供应商缺陷引起的额外作业 j 的作业成本动因率,D_{ij} 表示由供应商 i 引发的额外作业 j 的成本动因数量,S_i 为第 i 个供应商所引起的总成本。ABC 成本法用于供应商选择的计算的数学模型如下:

$$S_i = (p_i - p_{min})q + \sum_j (c_j \times D_{ij}) \tag{5-1}$$

用上式计算供应商总成本的步骤如下：

(1) 初步选定要参加评价的供应商，确定购买数量和各供应商提供的净销售价格。

(2) 确定客户企业针对各供应商的基本作业，并计算其成本动因率、成本动因数量。

(3) 用式(5-1)计算供应商总成本，成本最低者为最优供应商。该成本模型主要用于企业因为采购活动而产生的直接和间接成本的大小。企业将选择 S_i 最小的供应商为合作伙伴。可以看出，供应商的价格因素是 S_i 的第一项，其他因素，如质量、及时交付和服务等包含在第二项中。

使用 ABC 成本法选择和评价供应商有很多优势，不仅有利于采购企业降低成本，还可以通过采购企业的作业成本分析，促使供应商有效地改善服务。ABC 成本法的优点表现为：

(1) 对于采购商来说，ABC 成本法可以量化由供应方造成的内部生产问题，进而有效地度量从供应商处采购物料和服务之后的派生成本。

(2) 通过比较完整成本，ABC 成本法提供了一种解决采购决策中的多目标优化问题（如要求采购成本和使用成本均最小等）的分析工具。

(3) ABC 成本法能够帮助企业识别出不同成本组成中相对重要的成本动因，能让企业设计出策略来减少不同成本动因率 c_j，从而为改善成本效率提供信息。显然，成本动因率大的作业项目的改善，对成本降低的贡献就大。进一步，采购企业还可以通过减少或消除某些作业来影响成本动因 D_{ij} 的估值。

供应商也可以从 ABC 成本法中受益，因为 ABC 成本法提供了对客户满意度和采购过程中涉及的不同指标的重要性的客观表述。通过评估顾客基于 ABC 成本法的反馈，供应商可以有目标地调整自己的销售策略，以降低客户的采购总成本。最后的效果是改进了供需双方的关系。

利用式(5-1)，还可以进一步分析改善前后的差异，并进一步分析成本改善的责任。设改善前后的状态分别为 A 和 B。于是，改善前后的采购总成本分别为

$$S_i^k = (p_i - p_{\min})q + \sum_j (c_j^k \times D_{ij}^k), \quad k = A, B \tag{5-2}$$

改善前后的成本差为

$$S_i^A - S_i^B = \sum_j (c_j^A \times D_{ij}^A) - \sum_j (c_j^B \times D_{ij}^B)$$

$$= \sum_j (c_j^A - c_j^B)D_{ij}^B + \sum_j (D_{ij}^A - D_{ij}^B)c_j^B + \sum_j (c_j^A - c_j^B)(D_{ij}^A - D_{ij}^B) \tag{5-3}$$

式(5-3)中的第一项 $\sum_j (c_j^A - c_j^B)D_{ij}^B$ 是采购商改善导致的成本动因率下降的效果，第二项 $\sum_j (D_{ij}^A - D_{ij}^B)c_j^B$ 是供应商改善导致的采购后额外作业的成本动因数量下降的效果，最后一项 $\sum_j (c_j^A - c_j^B)(D_{ij}^A - D_{ij}^B)$ 是双方联合改善的效果。

ABC 成本法相对于其他方法的最主要优势在于以系统的方法来度量目标成本。依据

作业成本系统的供应商选择是选择包括与采购相关的额外成本在内的总成本最低的供应商。

7. 层次分析法

层次分析法(analytic hierarchy process,AHP)是美国匹茨堡大学运筹学教授萨蒂(Thomas L. Saaty)于 20 世纪 80 年代提出的一种定性与定量分析相结合的多因素决策分析方法[①]。这种方法将决策者定性的经验判断数量化和结构化,在决策目标、准则以及备选方案结构复杂且缺乏必要数据的情况下使用更为方便,因而在实践中得到广泛应用。

AHP 的基本思路与人分析、判断一个复杂的决策问题的过程大体上是一样的。该方法在供应商选择领域也得到了广泛的应用,它克服了综合评分法将各备选方案同时判断、难以给出准确的相对优劣判断结果的困难,同时,也非常便于确定准则(或指标)的相对权重。

AHP 的基本步骤如下:

(1) 在确定决策的目标后,确定目标决策的准则(或评价指标)并分解(如必要)。

在供应商选择问题中,目标是确定最优的供应商。对某种外购原材料或服务供应商的一般评价准则或指标包括产品质量、企业信誉、价格以及交付时间等。如有必要,指标还需进一步分解,如质量还可以分解为使用寿命、可靠性以及外观等。

(2) 列出所有备选方案。

找出某种外购原材料或服务的所有备选供应商。

(3) 建立目标—准则—备选方案的多层次结构。

层次结构是 AHP 最主要的分析工具。为了便于分析计算,层次结构中的每一个元素的下属元素不要过多,否则,难以保证比较结果的一致性。一般地,每个元素的下属元素不要多于 7 个,如果多于 7 个,可以通过将指标分类(分组)、增加层次的方法来解决。AHP 的一般化结构模型如图 5-3 所示。

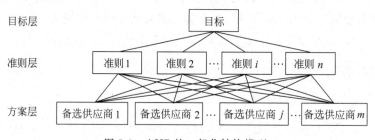

图 5-3　AHP 的一般化结构模型

(4) 两两比较同一层中关于上一层同一个因素的各因素的相对重要性,构造比较矩阵。

---

① Saaty T L. The Analytic Hierarchy Process. New York: McGraw-Hill, 1980.

假设要比较的因素有 n 个。用 a_{ij} 表示第 i 个因素相对于第 j 个因素的关于上一层同一个因素的重要性程度。n 个因素的两两比较，构成 $n \times n$ 阶比较矩阵 $A = (a_{ij})_{n \times n}$。比较矩阵中 a_{ij} 的取值可根据 Satty 的提议，按表 5-4 定义的标度赋值。

表 5-4 比较矩阵元素 a_{ij} 赋值

重要性程度	定义	说明
1	同等重要	相对于上层同一个元素两个因素同样重要
3	略重要	根据经验和判断，相对于上层同一个元素，一个因素比另一个因素稍微重要一些
5	重要	相对于上层同一个元素，一个因素比另一个因素明显重要
7	非常重要	相对于上层同一个元素，一个因素比另一个因素重要得多
9	极端重要	相对于上层同一个元素，一个因素比另一个因素具有极其重要的意义
标度 2、4、6、8 可用于表示上述标度的中间值		

显然，A 矩阵中元素 $a_{ii} = 1$，因素 i 与 j 的比较结果 a_{ij} 和因素 j 与 i 的比较结果 a_{ji} 是相反的，即 $a_{ji} = \dfrac{1}{a_{ij}}$。由此可知，$A$ 矩阵是对称互反矩阵，只需确定上三角阵的元素即可。

（5）比较结果的一致性检验。

理论上，n 个因素比较的结果应该满足一致性，即 $a_{ij} a_{jk} = a_{ik}$。但实际上，成对比较矩阵的构成是依据定性的经验判断，所以比较结果可能会因为主观判断的不精确而不具备一致性。为此，要对比较矩阵进行一致性检验。比较矩阵一致性检验的步骤如下：

① 计算比较矩阵 A 的一致性指标 CI(consistency index)

$$CI = \frac{\lambda_{\max}(A) - n}{n - 1}$$

式中，$\lambda_{\max}(A)$ 是比较矩阵 A 的绝对值最大的特征根，n 是矩阵 A 的阶数。

② 查表找出平均随机一致性指标 RI(random index)

随机一致性指标是指随机产生若干对称互反矩阵，计算每一个矩阵的一致性指标 CI，再求其均值所得。表 5-5 是 1～15 阶各随机生成对称互反矩阵 1000 次得到的平均随机一致性指标 RI。

表 5-5 平均随机一致性指标 RI

矩阵阶数	1	2	3	4	5	6	7	8
RI	0	0	0.52	0.89	1.12	1.26	1.36	1.41
矩阵阶数	9	10	11	12	13	14	15	…
RI	1.46	1.49	1.52	1.54	1.56	1.58	1.59	…

③ 计算一致性比例 CR(consistency ratio)

$$CR = \frac{CI}{RI}$$

当 CR$<$0.1 时,认为比较矩阵的一致性是可以接受的;当 CR$\geqslant$0.1 时,应该对比较矩阵作适当修正,直至比较矩阵的一致性满意为止。

(6) 基于比较矩阵,对每一层相对于上一层同一因素的所有因素(按相对重要性程度或优劣顺序)排序。

排序就是计算各因素的权重或重要性程度向量,向量中元素的大小就决定了相应个因素的权重或重要性程度,也就决定了因素的排序。这里的权重就是比较矩阵相对于最大特征根 $\lambda_{\max}(\boldsymbol{A})$ 的特征向量归一化所得到的向量。

为了简化计算,实践中常用如下两种近似方法。

① 和法

先将判断矩阵 $\boldsymbol{A}$ 的 n 个列向量归一化,然后再求行和的算术平均值,将其近似作为权重向量,即

$$w_i = \frac{1}{n}\sum_{j=1}^{n}\frac{a_{ij}}{\sum_{k=1}^{n}a_{kj}}, \quad i = 1,2,\cdots,n$$

② 根法

先将比较矩阵 $\boldsymbol{A}$ 的各行向量作几何平均,然后归一化,得到的行向量就是权重向量。其公式为

$$w_1 = \frac{\left(\prod_{j=1}^{n}a_{ij}\right)^{\frac{1}{n}}}{\sum_{k=1}^{n}\left(\prod_{j=1}^{n}a_{kj}\right)^{\frac{1}{n}}}, \quad i = 1,2,\cdots,n$$

(7) 计算各备选方案对目标层的总排序权重。

以上得到了某一层因素对其上一层中某因素的权重向量。最终要得到各因素,特别是最低层的各备选方案对于目标的排序权重,即所谓总排序权重,以最终得到最优备选方案。总排序权重要自上而下地将单准则下的权重逐层合成,并逐层进行相对于目标的判断一致性检验。

设 $\boldsymbol{W}^{(k-1)} = (w_1^{(k-1)}, w_2^{(k-1)}, \cdots, w_{n_{k-1}}^{(k-1)})^{\mathrm{T}}$ 表示第 $k-1$ 层上 n_{k-1} 个因素相对于总目标的排序权重向量,用 $\boldsymbol{P}_j^{(k)} = (p_{1j}^{(k)}, p_{2j}^{(k)}, \cdots, p_{n_k j}^{(k)})^{\mathrm{T}}$ 表示第 k 层上 n_k 个因素对第 $k-1$ 层上第 j 个因素为准则的排序权重向量(其中不受 j 元素支配的因素权重取为零)。矩阵 $\boldsymbol{P}^{(k)} = (P_1^{(k)}, P_2^{(k)}, \cdots, P_{n_{k-1}}^{(k)})^{\mathrm{T}}$ 是 $n_k \times n_{k-1}$ 阶矩阵,它表示第 k 层上元素对 $k-1$ 层上各元素的排序,那么第 k 层上元素对目标的总排序 $\boldsymbol{W}^{(k)}$ 为

$$\boldsymbol{W}^{(k)} = (w_1^{(k)}, w_2^{(k)}, \cdots, w_{n_k}^{(k)})^{\mathrm{T}} = \boldsymbol{P}^{(k)}\boldsymbol{W}^{(k-1)}$$

或

$$w_i^{(k)} = \sum_{j=1}^{n_{k-1}} p_{ij}^{(k)} w_j^{(k-1)}, \quad i = 1, 2, \cdots, n$$

一般公式为

$$\boldsymbol{W}^{(k)} = \boldsymbol{P}^{(k)} \boldsymbol{P}^{(k-1)} \cdots \boldsymbol{W}^{(2)}$$

式中，$\boldsymbol{W}^{(2)}$ 是第二层上元素的总排序向量，也是目标层下的排序向量。

要从上到下逐层进行一致性检验，若已求得 $k-1$ 层上元素 j 为准则的一致性指标 $\text{CI}_j^{(k)}$，平均随机一致性指标 $\text{RI}_j^{(k)}$，一致性比例 $\text{CR}_j^{(k)}$，其中 $j=1,2,\cdots,n_{k-1}$，则 k 层的综合一致性指标为

$$\text{CI}^{(k)} = (\text{CI}_1^{(k)}, \cdots, \text{CI}_{n_{k-1}}^{(k)}) \boldsymbol{W}^{(k-1)}$$
$$\text{RI}^{(k)} = (\text{RI}_1^{(k)}, \cdots, \text{RI}_{n_{k-1}}^{(k)}) \boldsymbol{W}^{(k-1)}$$
$$\text{CR}^{(k)} = \frac{\text{CI}^{(k)}}{\text{RI}^{(k)}}$$

当 $\text{CR}^{(k)} < 0.1$ 时，认为递阶层次结构在 k 层水平的所有判断具有整体满意的一致性。

至此，得到 AHP 最底层各备选方案相对于最顶层目标的权重排序，权重最大的备选方案为最优供应商。

8. 平衡计分卡——BSC

平衡计分卡(balance score card，BSC)是绩效管理中的一种新工具，适用于对一个组织或部门绩效的考核，当然也适应于供应商的选择和考核。BSC 是 1992 年由哈佛大学商学院教授罗伯特·S.卡普兰(Robert S. Kaplan)和复兴国际方案总裁戴维·P.诺顿(David P. Norton)最早提出的，与企业战略相关联的全面绩效管理体系[①]。BSC 是一种全方位的、包括财务指标和非财务指标相结合的策略性评价指标体系。平衡计分法最突出的特点是：将企业的愿景、使命和发展战略与企业的业绩评价系统联系起来，注重将企业的使命和战略转变为具体的目标和评测指标，以实现战略和绩效的有机结合。

平衡计分卡分别从 4 个视角分析评价一个组织的绩效，如图 5-4 所示。

(1) 财务类指标：净资产收益率、总资产周转率、资本增值率等；

(2) 顾客视角类指标：顾客满意率、合同准时率、优质项目率、投诉降低率等；

(3) 内部管理流程类指标：技术、生产效率、设备利用率等；

(4) 成长性指标：学习与创新(产品与服务的创新与员工能力提高)、员工满意度、员工保持率、创新数目、合理化建议数等。

在应用 BSC 方法选择和考核供应商时，可以将采购业务和企业资源战略乃至竞争战略转化为平衡计分卡。BSC 方法强调，选择与考核供应商不能只考虑成本因素，还应该对供应商的其他方面(如其内部运作流程的严谨性和效率、其成长潜力和学习能力、其市场声誉

---

① Kaplan R S, Norton D P. The balanced scorecard: measures that drive performance. Harvard Business Review, 1992, Jan-Feb: 71~80

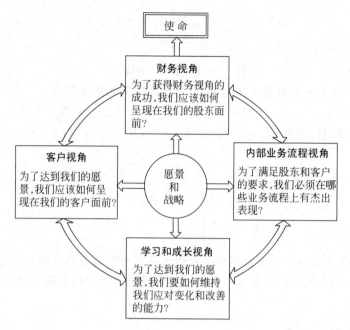

图 5-4　BSC 4 个视角和企业的愿景、战略和使命的关系

等)进行多个视角的考察。所有这些考察的视角以及相应指标的重要程度,都应该对应于企业的资源战略和市场竞争战略。

以上介绍了实践中常见的 8 种供应商选择与考核方法。当然,企业实际采购过程中所采用的供应商选择与考核方法远远不止上述几种,在实践中还可以根据具体的行业特征、市场特征、采购的原材料和服务的特征以及企业的特征,创造更加科学的供应商选择与评价方法。

小结与讨论

供应商的选择与评价是采购与供应管理的一项重要内容,供应商选择与评价分别是采购与供应管理的事前与事中控制。

供应商的选择与评价需要大量的有关供应商的信息。因此,供应商选择与评价的首要工作就是搜集信息。本章介绍了常用的供应商信息获取渠道。

供应商的绩效评价指标应该是多视角的,包括供应商的成本、质量、交付期、售后服务以及企业的技术和财务等方面的指标。为了降低供应商选择和评价的成本,还可以通过认证的方法来选择和评价供应商,认证的级别包括国际认证标准、地区和国家认证标准以及行业认证标准。

供应商的选择和评价要依据科学的步骤和方法,本章介绍了几种在实践中常用的评价技术,包括基于经验的定性评价技术、基于完全成本的 ABC 成本法、半定量的 AHP 评价技术和平衡计分卡评价方法等。

实践中,还可以根据实际情况,对上述评价指标和方法加以修正和改进创新,设计出更能反映供应商特质和本企业需求特征以及市场环境的评价指标和方法。

习题与思考题

1. 有关供应商的信息获取有哪些渠道?

2. 选择供应商时要调查哪些有关供应商的信息内容?

3. 获取供应商信息的方式有哪些?

4. 供应商选择与评价的指标有哪些?

5. 常用的供应商国际认证标准有哪些?

6. 试述用作业成本法计算供应商总成本的步骤。

7. 用作业成本法评价供应商,要考虑哪些成本?

8. 用作业成本法评价供应商有哪些优点?

9. 试述用 AHP 法评价供应商的步骤。

10. AHP 法评价的一致性是什么? 如何判断比较结果的一致性?

11. 试述 AHP 法排序的根法、和法的计算方法。

12. BSC 是从哪几个视角评价企业的? 各视角的评价内容有哪些?

第6章 采 购 价 格

确定所需支付的价格是采购过程中的一项重要决策,尽管任何一项采购决策都要受到很多因素的影响,如质量、交付和反应快慢等,而不仅仅取决于价格。揭开供应商的定价方法和成本结构正是采购者的任务,采购者必须经常地、系统地收集一些信息,这将有助于深刻了解供应商的定价方法和成本结构。

6.1 影响价格的因素

6.1.1 供应与需求

经济学理论表明,价格可以影响和制衡供需关系。均衡价格意味着在该点上供需一致,可以用图表的形式来表示均衡价格,如图 6-1 所示,需求曲线 D 代表不同价格时需求的数量,供应曲线 S 代表不同价格时供应的数量,P^* 则是供应曲线和需求曲线交叉点对应的市场价格,即供需一致时的均衡价格。

该理论的前提条件是:

(1) 消费者必须能够从不止一个卖方那里购买产品。

(2) 产品具有同一性,即所有生产商生产的产品几乎完全相同,这种产品将被称为商品。

(3) 相互竞争的各种产品的销售时间和地点相同。

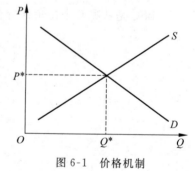

图 6-1 价格机制

如果同时满足了以上 3 个条件,这个市场就是一个完全竞争市场。很显然,很少有市场同时具备上述 3 个条件。

6.1.2 竞争和其他市场因素

不同商品会面临不同的市场条件,即各种组织在不同的市场条件下销售他们的产品或服务,这些市场条件从完全自由竞争一直到垄断,每种市场类型的特征如表 6-1 所示。

表 6-1 竞争条件

市场性质	市场条件	市场性质	市场条件
完全自由竞争	许多供应商	寡头垄断	几个供应商
垄断竞争	多个供应商	垄断	一个供应商

从表 6-1 中可以看出,竞争的范围是从完全自由竞争情况下的许多个供应商变化为垄断情况下的一个供应商。

(1) 完全自由竞争市场。由于产品的供应商众多,产品基本上不存在差异;因此产品的价格完全是由市场供求决定的。在这种市场上,供给量或需求量的变化将导致均衡价格的相应变化。

(2) 垄断竞争市场。由于产品的供应商众多,产品往往存在差异,而且每个供应商的市场份额都不大;因此市场的总体价格水平基本上也是由供给量和需求量的对比决定的。

(3) 寡头垄断市场。由于市场上只有很少的几家供应商,而且它们之间相互依赖;因此商品的均衡价格除了受供给量和需求量的影响外,还受这些企业相互竞争的影响。如果这些寡头对目前的市场地位和市场份额都比较满意,则它们会倾向于保持现状并把价格保持在一个较高的水平;如果其中的一家或几家企业对目前的市场地位和市场份额不满意,对其他企业采取进攻性策略,那么,作为市场竞争重要手段之一的价格就可能被调低,甚至可能出现价格持续下降的价格战现象。

(4) 垄断市场。一家供应企业构成整个供应市场,垄断企业并不是按照供给与需求之间的对比关系确定价格,而是按照企业利润最大化的原则确定价格和产量。但是,不同垄断企业的情况也不尽相同,垄断地位非常稳固的企业,如由于政府特许经营或自然垄断而形成的垄断企业,会倾向于严格按照利润最大化的原则制定价格,而依靠企业自身的竞争优势取得垄断地位的企业由于面临潜在的市场竞争,往往将价格定得略微低一些,使潜在或新进入者无法获得超额利润,迫使其打消进入的想法。

传统的采购认为,垄断是不利的,而竞争是有利的。所以正是在这种认识情况下,各国的政府机构都希望通过法规来达到降低或限制垄断的目的。

6.1.3 产品生命周期与定价

产品生命周期是指产品从研发出来,投入生产,进入销售市场,一直到该产品退出市场,停止生产的整个过程。所有产品一般都要经过 5 个阶段的发展周期:开发期、引进期、成长期、饱和期和衰退期,如图 6-2 所示。

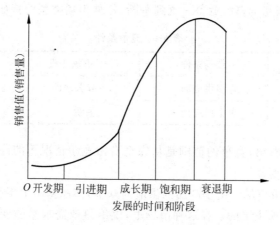

图 6-2　产品生命周期

企业销售产品的定价政策会因为产品处在其生命周期的不同阶段而发生很大变化。在产品生命周期的早期阶段,由于产量有限,往往采用高价策略,即所谓的撇脂定价政策。而当产量增长或其他供应商能够提供相似或相同产品时,就慢慢转向采用较低的渗透价格来增加市场份额。如手机在刚刚问世时,其价格非常高,其消费者都是个体老板或公司高层人员,随着生产厂家的增加,产量的增加,价格逐步降低,使普通的工薪阶层甚至无固定职业者都能够支付得起。

6.1.4　价格与生产成本

基于成本的定价方法被广泛使用。当货物是专门为满足某个采购者的特定需求而生产制造时,那么此时采购者就可以依据货物的成本来坚持自己提出的价格,也就是依据产品的成本来确定价格。

有时预先很难估计成本,如涉及研发的时候,会采用成本补偿合同,即在实际发生成本的基础上加上服务费。

成本会计通常把产品成本分为可变成本和固定成本。可变成本是随着生产数量直接的、成比例的变化的成本部分,如原材料、零部件和人工费等;固定成本是不随产量发生变化的部分,如生产设备等固定资产的折旧(租金)、一般管理费用、广告费用等。产品单位成本会随着生产数量而发生变化,这是由于固定成本的分摊会随生产数量的不同而发生变化。

但是现在很多学者对此估价法提出质疑,特别是同时生产多种产品时,这种固定成本的分摊是否合理的问题。

还有产品成本的分类方法,就是将产品成本分为直接成本和间接成本。

6.1.5　价格与需求价格弹性

产品的供给量会随着价格的升高而增加,而需求量会随着价格的下降而增加。如果某种产品价格的轻微变化就可以导致需求的巨幅变化时,则该需求是弹性需求;反之,当价格的巨大变化只引起需求的轻微变化时,该需求是无弹性的。

价格弹性的计算公式为

$$价格弹性 = \frac{需求数量的变化(\%)}{价格的变化(\%)} \tag{6-1}$$

也可以表达为

$$价格弹性 = \frac{\Delta Q}{\Delta P}\frac{P}{Q} \tag{6-2}$$

式中,ΔQ 表示销售量的变化;ΔP 表示价格的变化;Q 表示价格变化前的销售量;P 表示价格变化前的价格。

根据定义,如果产品的需求价格弹性大于 1,那么其需求就是富有弹性的;如果小于 1,就是缺乏弹性的。

例 6-1　某种商品每月以 600 元的单价销售 100 件,当单价增加 2% 到 612 元时,会导致每月销售量降低 5% 到 95 件,那么该商品的价格弹性是多少?

解:

$$价格弹性 = \frac{需求数量的变化(\%)}{价格的变化(\%)} = \frac{5\%}{2\%} = 2.5$$

用式(6-2)计算,可以得到同样的结果,即

$$价格弹性 = \frac{\Delta Q}{\Delta P}\frac{P}{Q} = \frac{5}{12} \times \frac{600}{100} = 2.5$$

一般来说,消费品的需求价格弹性大,而工业品的需求是没有弹性的。这是由于大部分工业品需求都是相关需求,其需求随着使用这些商品的生产商销售产品数量的变化而变化,但是不会随着商品价格的变化而发生显著的变化。至少在短期内,如果生产商要满足规定的销售数额或计划生产,他们就不能因为价格上升而减少采购量。

在弹性需求的情况下,供应商通常会考虑降低价格以吸引更多的买方,从而达到提高收入的目的。

6.2　采购方确定价格的方法

确定价格的方法有许多,其中最为常见的有招标、谈判和询价采购。

6.2.1　招标

在工业实践中,采购者通过招标来选择供应商,并就最终价格与选定的供应商进行谈判。

政府采购常常通过招标来进行,各国都有政府采购的法规,我国也有《中华人民共和国招标投标法》。另外建筑业的工程项目经常采用招标办法来选定承包商或供应商。关于招标投标管理将在其他章节详细介绍。这里只作简单介绍。

1. 招标的种类

招标种类基本上可以分为公开招标、邀请招标和议标。

(1) 公开招标。在媒体上公开发布招标公告,邀请供应商或承包商投标。对于政府采购,一般情况下为了显示公平性、透明性和公正性,要求采用公开招标,而且一般为最低价中标。公开招标如果估计投标者很多,往往需要进行投标者资格预审。公开招标方法对采购方风险大、成本高,国外企业一般不采用。

(2) 邀请招标。向有能力的供应商或承包商发出投标邀请函,让有能力或是希望投标的供应商来投标。通过评审投标书来选择供应商(或承包商)。政府采购项目只有在特殊情况下才允许使用此方法,如技术要求特殊、有技术能力的候选企业较少或者项目保密性强(像军工项目)。

(3) 议标。只有一个供应商投标谈判。这类招标在政府采购中一般不允许。

2. 招标步骤

以公开招标为例,一般包括如下步骤:

(1) 发布招标广告(或邀请书);

(2) 资格预审;

(3) 发出招标文件;

(4) 对招标文件进行答疑,如果是工程项目,还要考察现场等;

(5) 提交标书及接受标书;

(6) 开标;

(7) 评标;

(8) 签订合同。

3. 关于固定投标价问题

对投标价格信息保密与固定标价有关。大多数企业都制定了一项方针,即通知供应商最初的投标价是最终的,不能修改,只有在出现明显错误的情况下才允许例外。政府采购在采用公开招标时通常都要严格遵守这条规则。

严格坚持这项方针是对所有供应商都平等对待的最公平的做法。同时,由于不必再与供应商在价格上不断讨价还价,还节省了采购者的时间。

当采购者希望在收到初始投标后双方仍然具有阐明并确定产品规格及价格的灵活性时，可以不采用固定价格法。这样，采购者会在发出投标邀请的同时通知所有的供应商，在收到标书后仍然可以进行商讨，以确定最终的价格。

4. 关于串标问题

采购者可能因为怀疑供应商之间存在串通行为而拒绝所有的投标。这种情况下，有时需要重新招标，但是浪费时间，效果也是不确定的；可以考虑选择替代材料；还可能拒绝所有投标，然后努力通过与供应商协商或议价来降低价格。

6.2.2　谈判方法

价格也可以通过谈判过程来确定，通常应用于单一货源的情况，对于非标准物品，如根据买方的规格生产的物品或为满足采购方提出的特殊目的而由供应商设计的物品。

谈判是价格确定过程中最复杂也是成本最高的一种方法。这种方法应用于不宜采用公开招标的大宗采购项目上。谈判需要双方坐下来，通过商讨来就一项采购合同的主要条款达成共识，例如运输、规格、保修、价格及条件等。

6.2.3　询价采购方法

所谓询价(request for quotation)采购是指采购方就需采购物品向供应商发出询价，请其正式报价的一种采购方法。供应商提供一份正式的报价清单，清单上的价格经常会有折扣。对于许多物品，如小工具、灯、螺栓，一般都采用价格清单。这些物品普遍是通过零售商或行业分销商销售出去的。

6.3　价格分析和成本分析

6.3.1　价格分析

1. 定义

价格分析是指买方将卖方的报价细分成多个基本要素进行分析，目的是为了判断报价中所有费用的合理性。报价分析可以在以下基础上进行：

（1）货比三家，将不同企业的报价单进行对比分析，可以看出各个报价的合理性；

（2）根据采购企业过去的有关成本记录或采购者的经验进行分析，与以前支付的价格、目前采用的价格以及替代品的价格相比较；

（3）根据采购企业的预测部门和成本部门的成本预测来分析，以确定供应商报价的合理性；

（4）根据供应商提供的成本信息来分析。

这些工作可以由采购方召集供应商联合进行，共同分析。

2. 对高价或低价的分析

从不同的供应商收到的不同报价，有些会高于平均价格，有些会低于平均价格。对任何低于或高于标准的价格都应该进行仔细检查。

1）低报价的主要原因

（1）供应商的工作量不足，所报价格可能会采用只包含直接劳动力和原料成本的价格，而未计入一般管理费和利润分摊部分。接受这样的价格对供应商和采购方都是有利的，但应当谨慎地考察供应商的工作量不足的原因，注意是否因为供应商产品或服务存在问题。

（2）供应商为了得到新客户或进入新市场而采用报低价策略。可以把这个看作采购方采用新货源的一种风险补偿。

（3）由于供应商的错误或无能力也会产生报低价，这时采购方需要特别注意。

（4）在建筑业所谓的"低报价，高索赔"现象，即供应商先报低价而拿到合同，中标后再通过高索赔的办法来达到获取利润的办法。

2）高报价的主要原因

（1）作为有礼貌地拒绝报价的方式。在接到报价邀请时，可能此时供应商的客户已满，对此次报价的兴趣不大，但由于被采购方邀请报价，又不好拒绝就报高价，如被采用则可以获得超额利润。

（2）供应商在技术、产品和服务上具有很高的竞争优势。这时采购方就需要认真考虑这种价格，因为采购者的目标在于最好的购买而不是最低的价格。

6.3.2 成本分析

采购人员要想知道供应商的实际成本结构并不容易。

1. 成本分析及其作用

成本分析考察价格的方式和价格分析截然不同：它只考虑价格和生产成本的关系这一个方面。当需要进行大量的计算和进行大量的成本分析时，采购部门就要雇用专业的评估人员或成本分析师来从事成本分析。

采购方通常要求供应商提供的报价单中要包含成本细目，这样便于采购人员分析供应商成本细目与采购方的成本分析之间的差异。成本分析也用于采购管理人员制定谈判目标。当然，有些供应商可能不愿意提供成本细目，因为对于供应商来说，成本构成可能是他的机密。

成本分析是一门在缺乏有效竞争时使价格切合实际的有用技术。通过成本分析，采购企业能够事先了解产品的基本构成情况，其强调工作完成之前应该产生什么样的成本，而不是在工作完成后考虑实际发生的成本,从而达到事前控制的目的。

2. 成本分析的主要方法

1) 总购置成本法

总购置成本又称总所有权成本(total cost of ownership,TCO),是指将供应商的产品送到购买者手中的整个过程所发生的所有成本,不仅包括价格和运费,还包括与该产品有关的所有其他成本,如所有质量成本和运营成本等。

从总购置成本的角度来说,采购价格仅仅是获得货物或者享有服务的成本的一部分。分析货物总成本的一种方法是建立考虑 3 部分成本构成的模型,如图 6-3 所示。

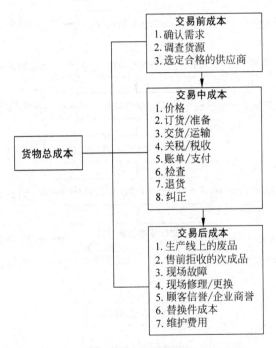

图 6-3　货物总成本构成部分的主要范围

(1) 交易前成本。这部分成本发生在订货和收到货物之前,如发现和培训供应商、调查供应来源的备选方案、新供应商的选择决策等。

(2) 交易中成本。这部分成本包括产品和服务的价格以及相关的订货和收货成本,如订单准备和运送的成本等。

(3) 交易后成本。这部分成本是指取得货物后发生的成本,如企业的声誉成本、维护成本和修理成本等。

2) 目标成本法

目标成本法是源于竞争价格推导出的产品成本估算方法,它被用来不断改进和更新技术及生产程序,以降低成本。

　　计算目标成本,首先由采购企业确定所计划销售的最终产品的市场价格,这个价格确定以后,从中减去正常的经营利润,就得到了产品在制造、分销和加工处理过程中所允许的最大成本,即企业所追求的目标成本。用公式表示为

产品目标成本＝市场价格－目标利润　　　　　　　　　　(6-3)

　　在目标成本核算中,所有企业的运作成本都要计算在内,包括销售、市场、物流、生产、劳务和原料成本。采购占用了一部分成本,而这部分成本还可以继续细分为各种要素成本。目标成本的核算过程如图 6-4 所示。

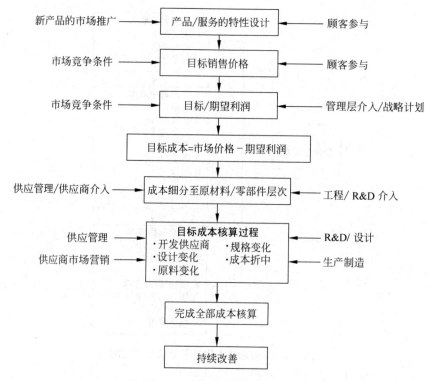

图 6-4　目标成本核算过程

　　企业一旦确定了最终产品层次的目标成本,就要将产品目标成本分解到零部件的层次上,以此生产商可将成本压力转移给供应商。也可以说需要生产商和其供应商一起共同努力实现成本目标。

　　目标成本核算对于企业有相当重要的支持作用,这种支持体现在:在满足顾客需要的前提下,提升企业成本竞争的优势。目标成本核算代表着一种主动的方式,它参与到产品/服务的开发过程中。

　　例如,如果产成品是一种制造性产品,并且将以 200 元的价格售出,同时采购成本占销

售收入的 60%,那么采购部门就要对 200 元售价中的 120 元负责。如果考虑预期对销售收入的影响,提供 10% 的价格优惠能够取得令人满意的结果,那么采购部门就要保证商品成本中材料成本部分(120 元)能够降低 10%,即 12 元。这就意味着单位商品的材料采购成本不能超过 108 元。由此就构成了价格框架中的目标材料成本。

3) 作业成本法

(1) 产品成本构成

在管理会计中,产品成本一般粗略地分为可变成本和固定成本。可变成本指随业务量增减正比例变化的成本;而固定成本指在相关范围内,不随业务量增减发生任何变化的成本。

20 世纪 20 年代,绝大多数公司都是劳动密集型的,典型的劳动密集型公司的成本结构可能是:

材料成本	40%
直接人工成本	40%
其他成本	20%
总成本	100%

其他成本包括许多种,统称为制造费用,包括租金、折旧费、保险费、财产税、一般管理费用和销售费用等。

与制造费用相比,计算材料成本和直接人工成本相对比较容易。制造费用是制造产品的间接费用,传统的成本会计是直接以直接人工成本为基础来确定间接费用,当人工成本是最大成本项目时,这种确定方法是有意义的。然而,随着生产自动化程度的提高,传统成本计算方法的缺点逐渐暴露了出来,有些制造费用,如折旧费、场地租金、水电费和维修保养费等,与人工成本无关,而与机器密切相关。鉴于此,有些会计人员开始把制造费用分为与机器相关的制造费用、与人工相关的制造费用以及与材料相关的制造费用 3 类。

(2) 作业成本法

作业成本法(activity-based costing,ABC)是一种单独核算每种产品间接成本的方法。作业是组织按照一套既定程序重复进行的活动,一些作业每生产一件或一批产品,就要执行一次,还有一些作业只需在产品投放市场之前执行,有些作业的执行可能与产品无关。作业可能与客户有关,可能与设备有关,还可能与其他一些因素有关。

传统成本分摊方法直接将成本分摊到产品,它通常先将制造费用归集到一个成本池中,然后再根据某个武断的资源消耗指标将制造费用均摊到产品。只有当产品产量等于公司全部产品产量的平均数时,传统成本分摊方法提供的成本数据才是准确的;在其他情况下,它分摊给某个产品的成本要么偏多,要么偏少。

作业成本法基于成本动因分摊成本。与传统成本计算方法不同,作业成本法考虑了产量对产品成本的影响。作业成本法先将资源成本分摊到作业,再将作业成本分摊到产品、客户和产品线等成本对象。

作业成本法是一种将资源成本分摊到产品、产品线和客户等成本对象的方法,它主张按产品消耗公司资源的实际情况计算产品成本,以真实地反映产品的实际成本。将材料和直接人工成本分摊到产品的方法是成熟的方法,因此,作业成本法主要解决了制造费用的分摊问题,它试图通过追踪间接成本产生的原因,把间接成本转变为直接成本。在作业成本法中,间接制造费用被划归到随着单位级的作业(与所生产部件的数量成比例)、批量层次的作业(与所生产的批量数成比例)和产品层次的作业(可以使某种产品的所有单位受益)的变化而变化的成本中去。

虽然成本能分为不同的等级,但对于生产企业来说,常见的是以下几种:

① 采购成本。

② 仓储成本。

③ 配送成本。

④ 会计财务成本。

⑤ 设备和维护保养成本。首先确定每项作业所涉及的设备,再在设备的使用年限内分摊其成本。与设备相关的成本除了采购成本,还包括维修保养成本。

⑥ 工厂行政成本。工厂行政成本包括人力资源管理成本和信息系统成本。人力资源管理成本一般会被分摊到公司的各项作业,分摊依据是作业涉及的雇员数量;对于信息系统成本,大部分的计算机硬件的分摊很简单,因为桌面上放的个人计算机代表着这方面的成本。软件成本一般会被分摊到利用软件执行的具体作业。

⑦ 分销渠道成本。

⑧ 作业空间占用成本。作业空间占用成本可能包括租金、取暖费、照明费、保洁费、维修费和房产税等。

⑨ 产品研发成本。产品研发成本有时也被称为启动成本,导致这一成本产生的作业包括设计产品、制造模型、测试产品、确定生产工具、培训销售人员、准备促销材料以及使产品能按预期产量生产和销售所做的准备等。

⑩ 利息与资本成本。因为设备和应收账款融资会产生利息成本,这些成本应该被分摊到公司的资产和应收账款。

作用成本法对资本密集型公司来说相当重要。自动化程度高意味着,维修保养所需的非直接人工成本费用可能比操作机器所需的直接人工成本还大。在这些情况下,传统成本分摊法往往会严重歪曲产品成本。

例如,某企业生产两种产品,分别按作业成本法和传统的计算间接成本方法来估计产品的成本,见表 6-2。

表 6-2 截至 12 月 31 日的 52 周内有关产品 A 和 B 的单位成本估计

活 动	活动单位成本	产品 A 为 20 000 件			产品 B 为 12 000 件		
		活动个数	活动成本/元	单位成本/元	活动个数	活动成本/元	单位成本/元
采购	264 元/订单	800	211 200	10.56	1200	316 800	26.40
仓储	200 元/存件	600	120 000	6.00	800	160 000	13.33
配送	1062.5 元/担	200	212 500	10.63	120	127 500	10.63
会计	200 元/往来账户	904	180 800	9.04	1356	271 200	22.60
工厂行政	1000 元/工厂小时	1100	1 100 000	55.00	1500	1 500 000	125.00
初装	2000 元/装配	100	200 000	10.00	200	400 000	33.34
小计			2 024 500	101.23		2 775 500	231.30

按作业成本法计算的产品单位成本	产品 A	产品 B
单件业务活动成本/元	101.23	231.30
单件直接材料成本/元	65.00	127.50
单件直接人工成本/元	25.00	46.20
单件总成本/元	191.23	405.00

按传统成本法计算的产品单位成本

生产的单件产品间接费用:(2 024 500+2 775 500)/(20 000+12 000)=150.00,因此,单位成本如下:

	产品 A	产品 B
单件业务活动成本/元	150.00	150.00
单件直接材料成本/元	65.00	127.50
单件直接人工成本/元	25.00	46.20
单件总成本/元	240.00	323.70

6.4 价格谈判

　　谈判一直是采购中的重要组成部分,且对采购专家来说是一项有价值的技术。从 20 世纪 80 年代中期开始,谈判的作用就已经改变了。谈判的传统作用就是决定重要的合同细节,即价格、质量、服务等问题。今天,进行谈判的最主要的原因之一是对建立更强、更具竞争力的伙伴关系的渴求。虽然决定合同关系的主要特点仍然很重要,但是建立高层次的信任和协作关系通常是现代谈判的主要目的。

　　并非所有物品的采购都需要通过谈判来进行,通过招投标或谈判来选择供应商,其成本往往是比较高的,对于日常的采购活动和小件商品的采购,一般不进行谈判。通常在采购大型的、专业化的或技术含量较高的商品时,特别是需要与供应商建立战略联盟关系时,谈判是一种不错的选择。

采购人员的一个关键能力就是谈判能力,这已被普遍接受。谈判可能为了处理单一问题,也可能处理多个问题;谈判可能一对一进行,也可能是在谈判小组之间进行;谈判可能需要很短时间,也可能需要长年累月。

6.4.1 谈判的方法

从采购方的角度看,谈判是一个过程。在这个过程中,卖方和买方都试图就技术和质量的规格要求、价格、运输、服务和其他一些以合适的方式完成交易相关的要素达成一致。成功的谈判需要对信息、人际关系、时间、能力的细心管理,以便谈判的双方能够达成互惠的协议。

谈判的方法可以分为对抗性谈判和合作性谈判两种:

(1) 对抗性谈判,也称为赢-输谈判或单赢谈判,是指谈判各方认为每次谈判都会有一方胜于另一方,为此各方都极力强调自己的状况、条件。这种方法通常将对方视为竞争对手。

(2) 合作性谈判,也称为双赢谈判,是指谈判各方认为通过创造性地解决问题,双方可以各取所需,而不必让对方有所损失。由于合作性谈判是将对方视为合作伙伴而不是竞争对手,参与者更愿意对方分享自己的忧虑、观点和期望。

图 6-5 对对抗性的观点和合作性的方法进行了对比。

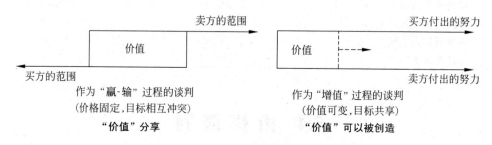

图 6-5   关于谈判过程的两种观点

今天,大多数的采购者都意识到单赢谈判方式和供需双方的对立关系可能直接导致成本降低,但是它们却很少能够帮助其组织对抗来自全球越来越激烈的竞争。这样,合作、双赢的谈判哲学开始流行,双赢谈判的最基本的原则就是通过更进一步的合作,供需双方都能够提高它们的竞争力和利益。合作允许双方都拿出更多的资源、信息、知识来分享,这样可以发现很多隐藏的机会。为了双赢谈判的成功,双方必须满足一些条件。例如,双方必须认同双赢的谈判方式,双方都必须对合作成果享有法定的权利和义务,双方必须把谈判视为长期合作关系的一部分,谈判双方需要清楚理解彼此对对方的真正需求,谈判双方必须能够通过合作产生其他谈判方式所不能产生的价值,双方的态度必须真诚。

6.4.2　采购谈判过程

一般把谈判看作是一个 3 个阶段的过程,如图 6-6 所示。

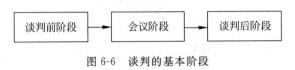

图 6-6　谈判的基本阶段

其中的第一阶段是谈判前阶段,在分析信息的时候,要设定目标、制定战略。会议阶段是讨论、进一步收集并分析信息并在各方之间达成一致的过程。有些情况下一次会议就可以达成协议,然而,在很多情况下可能需要多次不同的会议才能最终达成协议。最后阶段是实施在先前阶段中达成一致的协议。

1. 谈判前阶段

谈判前阶段需要收集信息、分析信息,设立目标,制定策略。

如果谈判前准备阶段的管理不当,往往给谈判者带来困难,如果他们能够进行更有效的准备,就能取得更好的结果。准备时间的多少取决于谈判的复杂性和谈判对相关组织的重要性。

1)明确谈判的内容

在准备阶段要考虑 3 个主要问题:

(1)我们想要的是什么。考虑的指标可能包括:更低的价格、改善的关系、更大的折扣、更快的交货、质量的改善。

(2)我们每一项"想要的"对我们有多大的价值。即确定每个指标的优先顺序或优先级。比如:即时交货=高的优先权,较低的价格=中等优先权,质量改善=低优先权。

(3)什么是我们的进入点和退出点。进入点一般指"开价"。一旦暴露,就不可能再进行改变,所以需要对开价仔细的研究。退出点是"走开"位置,谈判双方的退出点如果不重叠,能够达成交易的可能性会显著地降低,尽管也可以通过谈判使退出点彼此重叠。图 6-7 展示了彼此达成交易可能性的范围。

2)收集信息

对任何一次谈判都需要有针对性地事先收集有关信息。因为资源有限,在收集信息时要考虑数据质量和时间限制。

收集信息主要考虑问题:

(1)如果当前谈判双方存在买卖协议,要考虑:当前协议持续了多长时间;谈判方交易

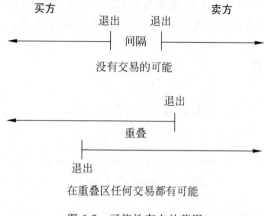

图 6-7　可能性存在的范围

的财务记录如何(如价格记录);有哪些可利用的成本数据;供应商的交付绩效记录怎样;供应商的质量记录怎样;在合同期曾经产生过哪些争议,就即将到来的谈判而言,是否与这些争议有关;应该到什么日期达成协议。

(2)规格问题。规格的哪些方面是关键性的,怎样检测与规格的一致性,由谁来检测,在哪里检测。

(3)交付问题。希望供应商的交付频率如何;交付数量是多少;谁负责包装/货盘/集装箱;交货地点是哪里;采用什么运输方式;货物运输保险问题,如由谁对保险负责、保险覆盖范围。

(4)财务问题。如涉及在不同的国度采购,需要确定用何种货币进行交易;如果采用外币,采用什么汇率;采用的支付方式,是信用证还是托收;供应商是否要求分期支付。

(5)合同问题。在哪国法律下签订合同,合同中关于价款的规定如何,合同中的细节都如何确定,关于合同争端的解决方式,不可抗力的规定细节。

(6)人员问题。对谈判对象的了解程度;如果涉及一个采购团队,团队的组织是什么;这些人是否有权签订协议;这些人中哪些人负责履行协议;供应商工厂/办公室中的哪些人是关键的联络人;我们的团队应该如何组成,由谁领导。

(7)其他问题。我们的优势和弱势是什么;谈判对方的优势和弱势是什么;将要谈判的协议有效期是多长;可利用什么样的公布数据;当前的合同地位是什么;应该在哪一天达成协议;做出的主要假设是什么,我们需要什么信息证实这些假设。

3)确定谈判目标

谈判目标具体指明了采购组织在实际谈判过程中想要达到的目的。制定具体的目标是谈判过程的第一步。目标可能是最低的价格、资源的共享、更多的运输、更及时的交货、更多的售后支持,或是这些目标中的几个。任何谈判的一个终极目标就是达成满意的协议。

制定有意义的目标对谈判成功至关重要,然而,实际中谈判目标常常是没有意义或没有被清楚说明。缺乏谈判目标非常有害,尤其是在由团队进行谈判时,模棱两可会导致混乱,影响团队团结,导致具体战术方法的失败。最好是将大家一致同意的谈判目标写下来,以确保参与谈判的所有人都了解:

(1) 要达到什么目标;

(2) 这些目标基于什么假设。

制定的目标最好要有上限和下限,而不是仅仅设定一个单点。有点类似于统计学中的区间估计和点估计。

4) 制定谈判策略

(1) 安排在谈判中要讨论事项的顺序;

(2) 哪方在谈判中最先发言;

(3) 在讨论谈判事项时是否应提出休息;

(4) 在什么时间和什么样的情况下需要做出让步,可以做出何种程度的让步;

(5) 对方可能会使用哪些谈判技巧,应如何应对。

2. 会议阶段

会议阶段可以再细分为会议筹备阶段、商谈阶段和协议阶段。在会议阶段,熟练的谈判者使用的三个最有效的技巧是提问、聆听和观察。

1) 筹备阶段

成功的谈判者在筹备阶段一般花费巨大的精力来建立一种有助于协商的气氛。

另外,谈判者应特别注意以下几点:

(1) 准时;

(2) 强调积极方面;

(3) 作简短的开场说明;

(4) 不要仓促做出决定。

2) 商谈阶段

在商谈阶段中存在着商议和争论。理想情况是尽可能地使这些商议和争论保持客观。

(1) 商谈阶段的一些注意事项

① 避免争论。争论虽然能够促进谈判的进程,但如果处理不当也会阻碍问题的处理或陷入僵局,要避免争论。不能对争论不休的事情进行谈判。

② 避免攻击/指责对方的破坏性争论。

③ 定期进行总结有助于避免以后出现的混乱。

④ 如果对方没有议事议程,你可以建议一个。

⑤ 尝试和谈判对方快速地建立一种和睦关系,注意对方的信号或身体语言,这能反应

他们对谈判进程的感觉和希望。

（2）关于讨价还价

协商一个公平的价格不能与讨价还价相混淆。采购主管们通常不喜欢讨价还价，因为从长期来看，采购方的成本要高于任何暂时的好处。

（3）谈判中的计策

在商谈过程中，谈判者会经常面对其中一方使用计策和手段试图战胜另外一方的现象。

所有的计策都有其对应的反计策；依赖计策通常会破坏长期的关系；当计策被识破时，就会失去作用；计策有助于谈判，但也要避免完全依赖它们。

计策举例：①给出最后期限，即对方必须在给出的最后期限内决定是否同意谈判内容，迫使对方及早同意我们的采购要求；②告知供应商价格超限需要更高权力机构的批准，即告诉对方我们报出的价格如超出本人的权限，须报请上级同意以拖延时间，这可能会使对方同意接受不需要更高权力机构批准的交易价格。

（4）谈判技巧

① 先易后难。在制定谈判议程时，比较困难的议题应该安排在后面去谈，这样就能使在谈判前期就一些争论较小的议题达成一致的意见。

② 谈判陷入僵局时，双方做出的让步可以对谈判起推动作用。这种让步应该是相互的，而不应该是强迫的。

③ 谈判是人与人之间的交流。有必要了解谈判对手的个性及驱动对方谈判的动力。

3）协议阶段

如果接受了讨价还价，就可以结束谈判，达成协议。一旦达成协议，明智的做法是记录已经同意的所有细节，并将这些细节递交相关各方。

3. 谈判后阶段

成功的谈判者会通过工作以确保协议的执行，因为只有在协议实施以后谈判才算完成。执行的失败会对谈判各方之间的关系造成负面影响。比如，会导致一方对另外一方的能力或权力失去信任。结果，如果再一次谈判时（很多采购交易涉及长期建立的伙伴），对双方的行为都会产生影响。

谈判后应进行如下工作：

（1）起草一份声明，尽可能清楚地详述双方达成一致的内容，并将其呈送到谈判各方，以便提出自己的意见并签名；

（2）将达成的协议提交到双方各自的委托人那里；

（3）根据协议准备官方合同；

（4）执行协议；

（5）对绩效进行评估，包括谈判绩效和执行绩效。

6.4.3　谈判战略

采购方如何和供应商谈判将会受到他们长期利益的影响。对抗性谈判方式可能不利于形成长期伙伴关系协议。

对抗性策略有时可能适用于以下情况：

(1) 双方的商业交易是一次性的；

(2) 双方需要就某项不同观点尽快找到简单的解决办法。

但是,在与供应商建立长期战略合作关系的情况下,采购方很可能会考虑合作性的谈判方式。这种谈判方式有利于：

(1) 更容易形成稳定的、长期的商业关系,对双方之间存在的问题更容易达成建设性的解决方案；

(2) 开发一个供应商；

(3) 减少供应商基数,给予优先供应商和其他供应商截然不同的对待。

6.5　折　　扣

折扣是指企业可以从货物价格清单上规定的价格中扣减一定比例的数额。为了鼓励顾客及早付清货款、大量购买、淡季购买,可酌情降低其基本价格,这种价格调整叫做价格折扣或折扣。供应商的折扣标准有很多,任何人都很难识别或描述所有这些标准。

1. 即时折扣

即时折扣也称为即时付款的折扣,是指当买方立刻付款时卖方给予的价格折扣。如果客户能够即时支付而不让供应商久等,那么许多供应商会愿意提供折扣。这些折扣可以是现金折扣、订单支票折扣或者是在某一特别时期内的支付折扣。这种折扣在大规模零售中使用得比较广泛。

2. 数量折扣

数量折扣是卖方因买方购买数量大而给予的一种折扣。数量折扣可以促使顾客向特定的卖主大量购买,而不向多个供应商购买。

很多供应商使用数量折扣作为激励,来吸引客户购买更多的产品。从供应商的角度来看,提供数量折扣的合理性在于采购的数量导致了供应商成本的节约,这就使为其带来成本节约的采购企业能够获得较低的价格。这种成本节约可以分为两类：市场营销或者分销费用的节约、制造费用的节约。

　　由于市场营销或者分销费用并不随交易批量的增大而增大,所以交易批量越大,得到的利益也就越大。广告费用也是类似的情况。包装、装箱和装船的成本并不随批量增加而等比例的增加。

　　累计折扣是根据所购买的商品数量而成比例的变化。但是,订货数量不是根据某一次的采购量确定,而是根据某一时期的总的采购数量来确定的。这种折扣常常鼓励客户的长期惠顾。通过提供累计数量折扣,供应商希望促使采购者只从单一货源订货,而不是从许多货源订货,这能给提供折扣的企业带来好处。

3. 地位折扣

　　地位折扣是指卖方根据买方所具有的特殊地位而给予的价格折扣。比如,如果是卖给零售商、代理或其他中介组织,那么生产者可能就要以折扣的方式调整价格。

　　如果所采购的材料要体现在客户的产品中,那么采购方会认为给予折扣是合理的,这在某种程度上也是把购买者看作是分销商。例如,一个机床制造商购买轴承用于其机床生产,就可能会享受这类折扣。

　　优先客户地位有时是给予折扣的另外一个原因,如互利安排、同一集团的成员、长期客户等。

4. 季节性折扣和促销折扣

　　许多折扣都属于这一类型,给予季节性折扣是经常的,如夏天通常会给供暖材料提供折扣。

　　大家都熟悉的消费品市场通常会采用促销折扣和特殊折扣,对于组织销售也经常采用促销折扣,可以提高商标或产品的知名度,或增加市场份额。

6.6　学习曲线在定价中的应用

6.6.1　学习曲线的含义

　　学习曲线(the learning curve),也称为经验曲线,是随着产品累计产量的增加,单位产品的成本会以一定的比例下降。学习曲线是以图形的形式表示在一定时间内获得的技能或知识的速率。学习曲线体现了熟能生巧。学习曲线是分析采购成本、实施采购降价的一个重要工具和手段。

　　一个人随着经验的积累会越来越熟练,学习曲线提供了使这个原理定量化的分析框架。它源于"二战"时期的飞机工业,当产量上升时,生产每架飞机的劳动时间会极大地下降。随后的研究表明,在许多行业都存在这种现象。

学习带来成本的降低,其原因可以归结为以下因素:

(1) 随着生产经验的丰富,提高了操作人员的操作速度;

(2) 降低报废率和更正率;

(3) 改进了操作程序;

(4) 因生产经验带来模具设计的改进;

(5) 价值工程和价值分析的应用。

6.6.2 学习曲线的基本模型

学习曲线反映了累计产量的变化对单位成本的影响,累计产量的变化率与单位工时或成本的变化率之间保持一定的比例关系。

学习曲线对于成本的确定、目标管理和谈判都有很大的启示作用。以一条 90% 的学习曲线为例,改进是成对数关系的。每当产量翻番的时候,单位产品所需的劳动时间下降到一半产量时生产单位产品所需时间的 90%。

假设我们希望购买 800 件高度劳动密集型的价格昂贵的产品,这些产品将由一群工人耗费两年的时间生产。如果第 100 件产品的生产耗费了 1000 h 的劳动时间,根据 90% 的学习曲线,生产第 200 件产品所需的劳动时间下降到 900 h,而生产第 400 件产品所需的劳动时间将下降到 900 h 的 90%。数据参见表 6-3。

表 6-3 90% 的学习曲线示例

累计生产数量/件	单位产品劳动时间/h	累计生产数量/件	单位产品劳动时间/h
100	1000	400	810
200	900	800	729

这些数据可以画在直角坐标系中,为一条曲线;也可以使用对数坐标,这条曲线为一条直线。

对于学习曲线的选择,无论是 95%、90%、85%、80% 或者其他的数字,都不是准确的,认识这一点十分重要。一般来讲,任务越简单,数值越大,如把零件装进箱子,倾向于使用 95% 的学习曲线,像电子行业那样高复杂程度的任务能够达到 70% 的学习曲线效果。

学习曲线暗示着,无论产量增加到多么大,进步都不会停止。它对采购者有巨大的作用。通过使用学习曲线,可以设计并得到累计折扣,缩短生产准备时间,得到更高的价值。

小结与讨论

本章首先介绍了影响商品价格的主要因素,包括产品供求关系对价格的影响以及商品的不同市场竞争格局对商品价格的影响。产品在其生命周期的不同阶段定价策略就会不同,在很多情况下产品的定价往往是基于产品的成本构成,另外,需求价格弹性也会影响产品的定价和价格。

采购方如何确定采购物品的价格是其重要工作之一,价格仍然是采购过程中需要认真考虑的一个重要方面。目前采购方一般都是通过招标、谈判和询价等方式确定采购商品的价格。在供应商报价时,需要对供应商的报价进行价格分析,无论其报价高低都会存在一定的理由,价格分析的目的在于确定供应商的报价是否合理。如果采购物品的价格是基于成本定价的,那么采购人员就需要分析采购物品的成本构成情况以及供应物品的成本是否合理。这里介绍的成本分析方法主要有总购置成本法、目标成本法和作业成本法。

谈判是采购中重要的一项技术或技巧,特别是当采供双方是基于价格的采购时,如何能够通过双方的讨价还价来达到各自的目标,尽管现代供应链管理的理念已经深入人心,采供双方更加强调的是通过合作来达到双赢,但是谈判依然不可或缺。本章主要介绍了谈判的方法、采购谈判的过程以及谈判中的一些策略。

在采购过程中,特别是采用价格清单情况下,供应商往往会给采购方提供一定的价格折扣,这里主要介绍了比较常见的几类折扣,并简要分析了提供折扣的合理性。在一些技术和工艺复杂的货物的采购中,采购物品会随着采购量的增加有价格下降的趋势,这是由于随着产品累计产量的增加,单位产品的成本会以一定的比例下降,这个过程就是学习曲线。了解学习曲线对于采购定价有一定的作用,如采供双方经常商定随着采购的进行如何进行价格折减。

习题与思考题

1. 供应市场的竞争格局主要有哪几种情况?简要分析不同竞争格局对商品价格的影响。

2. 采购方确定价格的方法主要有哪些?

3. 把公开招标作为确定价格方法的好处是什么?主要在什么情况下采用?

4. 什么是即时折扣、数量折扣?采购者是否应该努力获得这些折扣?这些折扣提供的合理性如何?

5. 试分析供应商一般在什么情况下会报高价或低价?

6. 作业成本法的基本原理是什么?

7. 你认为什么情况下采取对抗性谈判或合作性谈判?

8. 某种商品每月以 100 元的单价销售 1000 件,当单价增加到 105 元时,导致每月销售量降低到 900 件,试求该商品的价格弹性。

第 7 章　采购与供应计划

任何组织都要对采购多少以及何时采购做出决策。许多企业在决策采购多少与何时采购时,非常注重采购数量与预期使用量之间的紧密关系。

企业采购计划是指企业管理人员在了解市场供求的情况下,以认识企业生产经营活动过程和掌握物料消耗规律为基础,对计划期内物料采购活动所做的预见性的安排和部署。它包括两部分内容:一是采购计划的制订;二是采购订单的制订。

7.1　采购数量与库存

7.1.1　采购时间与数量的关系

大多数的采购都是为了定期、经常性的需求而进行的。在这些反复采购中应用了一些采购的政策,尽管这些采购的总量从长期上看与需要的数量相同,但不同的采购政策会决定不同的订单数量。

订购数量会影响到价格、运输成本和库存成本。何时订货,订多少货,不同的方法会有不同的采购成本,我们需要对采购多少以及何时采购做出决策。

数量与交付之间的联系非常紧密。订货少,交付就频繁;订货多,交付就不频繁。各种供应商评价模式都将数量与交付视为权威的评价标准。

对供应管理职能来说,在数量决策中占重要地位的是基于时间的决策,它能够使组织:

(1) 减少过程中的活动时间(减少循环周期);

(2) 协调资源流通,消除系统浪费,确保物料与设备以经济的批量按时或准时抵达。

7.1.2　订单数量和库存控制

定期采购是为了保持库存,或者是为了运营或生产中的直接应用。通常使用库存计划控制的部分功能以及生产计划控制的部分功能来计算需要的数量以及何时需要,以便满足库存或生产的需求。

库存计划和控制是指系统地决定和规划何种物品需要保有库存和库存数量的方针和程序。对于每一个库存项目,需要事先决定需求量的大小、下一步进货的订购时间以及应该订购的数量。

生产计划和控制是指系统地确定和调整生产所需零件及材料的需求量的方针和程序。对于每一项需求项目,需要决定需求量的大小、订购时间和订购的数量。

1. 库存的作用

零售商和批发商把库存看成是其经营的最重要的因素,他们销售的是库存商品,而不是以后才能交货的商品。而生产商或其他服务提供商,把库存置于辅助补充的地位而不是中心的地位。但无论如何,库存往往发挥着重要的作用。

(1) 保持生产运作的独立性。保持一定量的原材料库存能给生产作业带来柔性。例如,因为每一次新的生产准备都会产生成本,而库存能减少生产准备的次数。

(2) 满足需求的变化。如果能够精确地知道产品的需求,将有可能使生产的产品恰好满足需求。但是,很难做到产品的预测需求量与实际需要量完全一致,往往存在一定的差异,不能做到完全准确的数量预测,所以必须保持安全库存或缓冲量以防需求的变化。

(3) 克服原料交货时间的波动。向供应商订购原材料时,有许多原因都将导致材料到达延误,如发运时间的变化、因供应商原材料短缺而导致订单积压、订单丢失以及材料误送或送达的材料存在质量缺陷等。保持库存能够克服由于上述原因造成的生产中断。

(4) 通过最适宜数量的采购降低成本。签订一份订单的成本包括人员工资、电话费、打印费以及邮费等。所以,每张订单的订货量越大,所要签订的订单数则越少。大订单对降低运输费用也有好处,因为运送的数量越多,则单位运输成本越低,但同时又会增加库存成本。最适宜的数量决策需要在订购成本和库存成本之间进行均衡。

2. 库存成本

在通过采购来补充库存时,应考虑以下库存成本。

(1) 存储成本。存储成本包括存储设施的成本、运输费、保险费、过时损失、折旧费、税金以及资金的机会成本。很明显,存储成本使采购企业必须保持低库存量并经常补充库存。

(2) 生产准备成本。生产一种新产品包括以下工作:取得所需原材料,安排特定设备的调试工作,填写单子,确定装卸时间和材料,以及转移仓库中原来的材料。

(3) 订购成本。订购成本是指准备采购订单所发生的管理和办公费用,如盘点库存和计算订货量所产生的成本就属于订购成本。另外,订购成本还包括有关跟踪订单系统的成本。

(4) 短缺成本。短缺成本是指由于缺少原料无法生产而对生产企业造成的损失或机会成本。当某一物资的储备耗尽时,对该物资的需求或者被取消或者必须等到再次补充库存后才能得到满足。这就涉及权衡补充库存满足需求的成本与短缺成本之间的关系。这种平衡经常是难以达到的,因为难以估计损失的利润、失去顾客的影响以及延误损失。

3. 减少库存的方法

库存代价是昂贵的,并且大部分组织的库存过多,需要投入减少库存而不减少服务的努力。减少库存的方法包括:

(1) 安排货品及时交付,而不是进行提前储存。

(2) 设计降低订购成本、组织成本以及交货周期的方法,以便使库存最佳数量更少。

(3) 更准确的预测,以保证记录的正确性,以及制订更好的计划。

(4) 另外,针对有规律的需求发出经常性的小额订单,而不是偶尔的大额订单,可以实实在在地减少库存。但是,这样做会增加办公与管理的工作量。

7.2　经济订货批量

一般情况下,生产企业通过预测来估计一年的销售量,制订生产计划,再根据生产计划决定物料的采购计划。

一个基本的订单决策是:能够使采购总成本最小化的订单数量是多少? 当一个物品的订货批量较小,则需要经常性订货,从而提高了年订购成本;而当订货量较大,企业就不会经常订货,导致较低的年订购成本,但这将导致较高的库存持有成本。

假定某种物品的年需求量已经确定,并且该物品每天的消耗量是稳定的。经济订货批量理论认为:存在最佳订货批量使采购货物总成本最低。

7.2.1　经济订货批量的定义

经济订货批量(economic order quantity,EOQ)是产生最低的总成本(或可变总成本)的订货数量。经济订货批量是一个用于提供订单决策的独立需求库存系统。使用 EOQ 模型来权衡订购成本和持有成本。

总成本由 3 部分构成,即购买成本、订购成本和持有成本(或库存成本)。

购买成本是指购买货物需要支付的费用,即货物的数量乘以单价所得的数额。当数量和单价都固定时,购买成本是确定的。

订购成本是向供应商订货时发生的直接可变成本,包括准备采购时发生的管理人员成本以及其他可以直接追溯到这项采购的相关成本。

持有成本是将产品保存在仓库里发生的成本,包括仓储费用、装卸搬运费用、保险、失窃、损耗和资金成本等。

要计算 EOQ,就必须构筑一个切合实际情况的数学模型。为了简化实际情况,需要对数学模型做一些假设。EOQ 模型的假设如下:

(1) 每次采购的订货数量完全相等;

（2）需求、订购成本、持有成本和订货提前期是固定的和确定的；

（3）单价都是稳定的和确定的，不受购买数量的影响；

（4）订货量的多少不受仓储容量或其他条件的限制。

7.2.2 经济订货批量公式

1. 经济订货批量的基本公式

经济订货批量 EOQ 的基本公式为

$$EOQ = \sqrt{\frac{2CD}{Ps}} \tag{7-1}$$

式中，D 为每年的需求量；C 为每次订购费用；P 为采购货物的单位价格；s 为库存成本占价格百分比。

2. 经济订货批量公式的推导过程

（1）订购成本。若年需求量为 D，每次订货量为 Q，则年订货次数为 $\frac{D}{Q}$，年订购成本＝每次订货费用×订货次数 $\left(=C\frac{D}{Q}\right)$。

（2）库存持有成本。年库存持有成本＝年平均库存量×年单位库存持有成本。年平均库存量是订货量的 $\frac{1}{2}$，即 $\frac{Q}{2}$，则年持有成本＝$\frac{Q}{2}Ps$。

（3）总库存成本。总库存成本 TC ＝采购成本＋库存持有成本＋订购成本，即

$$TC = DP + \frac{Q}{2}Ps + C\frac{D}{Q}.$$

（4）最低成本。令 $\frac{dTC}{dQ} = 0$，求 TC 的极值。由于 TC 对 Q 的二阶导数等于零，$\frac{dTC}{dQ} = \frac{Ps}{2} - \frac{CD}{Q^2}$，$\frac{d^2TC}{dQ^2} = \frac{2CD}{Q^3} > 0$，所以，TC 的极值是极小值。由 $\frac{dTC}{dQ} = \frac{Ps}{2} - \frac{CD}{Q^2} = 0$，解该方程求得总成本最小的经济订货批量 EOQ 为

$$EOQ = \sqrt{\frac{2CD}{Ps}} \tag{7-2}$$

还可以用图形来分析 EOQ 的特征。图 7-1 给出了订购成本和持有成本的曲线。图 7-1 中的横轴是批量，纵轴是成本。不考虑与订货批量无关的采购成本，年库存总可变成本是订购成本和持有成本之和。可以证明，年库存总可变成本的最低点对应的批量就是订购成本曲线和持有成本曲线的交叉点。即由订购成本等于持有成本就可以求得 EOQ 值。由 $\frac{Q}{2}Ps = C\frac{D}{Q}$，求得 $EOQ = \sqrt{\frac{2CD}{Ps}}$。

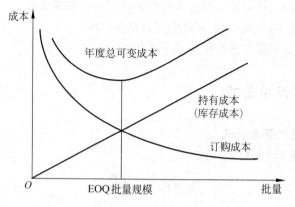

图 7-1　物料的持有成本与订购成本

例 7-1　某物料的年需求量为 900 单位,单价为 45 元/单位,年单位物料储存成本百分比为 25%,订购成本为 50 元/次,提前期为 10 个工作日。

解:已知:$D=900,C=50,P=45,s=0.25$,则

$$\text{EOQ} = \sqrt{\frac{2DC}{Ps}} = \sqrt{\frac{2 \times 900 \times 50}{45 \times 0.25}} = 89(\text{单位})$$

例 7-2　光碟店卖空白光碟,每包的进货价为 15 元,年需求为 12 844 包,每周需求为 247 包,每年每包光碟的持有成本为 5.5 元,订购提前期为 2 周,每次订购成本为 209 元,求经济订货批量 EOQ。

解:已知:$D=12\ 844,C=209,Ps=5.5$,则

$$\text{EOQ} = \sqrt{\frac{2DC}{Ps}} = \sqrt{\frac{2 \times 12\ 844 \times 209}{5.5}} = 988(\text{包})$$

注意:如果价格出现波动,或者使用或需求的速率基本上不稳定,或者交货周期不确定,也就是不满足假设条件时,不应该使用 EOQ 公式。

7.2.3　库存周转率和经济订货批量

1. 服务水平和库存周转率

库存控制绩效的两个常用测评方法是服务水平和库存周转率。

(1) 服务水平。服务水平衡量满足货架需求的成功程度。如果每一种需求都可以得到立刻满足,那么服务水平是 100%;如果 10 种需求仅仅满足 8 种需求,则服务水平为 80%。

(2) 库存周转率。库存周转率是用一段时期总的使用量除以同一时期的平均库存。即

$$库存周转率 = \frac{某一时期的销售额}{该时期平均库存} \tag{7-3}$$

式中

$$平均库存 = \frac{期初库存价值 + 期末库存价值}{2} \qquad (7-4)$$

库存周转率不是测评库存在满足需求方面的有效性,而是在经济方面的效率,用来评估总的库存投资效率。

例 7-3　假定年营业额收入＝72 000 元/年,年初库存＝12 000 元,年终库存＝10 000 元。求库存周转率。

解:　库存周转率＝72 000/[(12 000＋10 000)/2]＝6.5(次/年)

即库存一年周转 6.5 次。

例 7-4　假设六月份的第一天库存为 10 万元,六月份的最后一天库存为 11 万元。这个月的现金价值(销售额)为 52 500 元/月,求库存周转率。

解:　平均库存＝(10＋11)/2＝10.5(万元)

库存周转率＝月销售额/月平均库存＝52 500/105 000＝0.5(次/月)

说明这个库存一月周转 0.5 次,或 2 个月 1 次,或一年 6 次。

2. 经济订货批量与库存周转率的关系分析

经济订货批量平衡订购成本和库存成本,使得不同使用价值的物品的库存周转率不同。低成本项目相对订购成本高,不会经常下订单,库存周转率低;而使用价值高的项目,库存成本高,库存周转率会高。

7.2.4　价格间断和大量购买折扣模式

尽管当价格上下波动时不使用经济订货批量方法,但当订购较大数量且一次交付可以享受较低的价格时,可以使用经济订货批量模型。这些较低的价格用价格降低的百分比来表示,即大量购买折扣;或者当订购数量增加时在净价上累计折扣,有时称为价格间断。在存在大量购买折扣的情况下,通过比较由于价格波动而节省的资金和由于增加库存而花费的额外成本,来确定采取何种订货方法。

例 7-5　每年对 X125 的需求量为 10 000 单位,通常的价格是 1 元/单位。年库存成本率预计为单价的 20%,订购成本为 10 元/次。如果每次订购 5000 个,供应商提供 10% 的折扣,请问最佳订货数量是多少?

解:此时,EOQ 基本模型中的两个假设已不再有效:

① 所有的价格不再是稳定的和确定的。大量采购可以打折扣。

② 一个单位存货的持有成本(库存成本)由库存数量决定。这是一种间接的依存关系,因为持有成本由产品价格决定,价格由订货数量决定,而订货数量影响到库存量。

(1) 求两个价格水平下的 EOQ

已知:$D=10\,000$,$P_1=1$,$P_2=1\times(1-10\%)=0.9$,$s=0.2$,$C=10$,则

$$EOQ_1 = \sqrt{\frac{2DC}{P_1 s}} = \sqrt{\frac{2\times 10\,000\times 10}{1\times 0.2}} = 1000$$

$$EOQ_2 = \sqrt{\frac{2DC}{P_2 s}} = \sqrt{\frac{2 \times 10\,000 \times 10}{0.9 \times 0.2}} = 1054$$

根据供应商给的价格区间,批量 EOQ_1 在价格 P_1 规定的订货批量区间范围内,而批量 EOQ_2 不在价格 P_2 规定的订货批量区间范围内。因此,EOQ_1 是可行的订货批量,而 EOQ_2 不是可行的订货批量。接下来,还要分析比较按价格 P_1 和批量 EOQ_1 订货的年库存总成本与按价格 P_2 和批量 5000 订货的年库存总成本。由前述总成本 TC 对 Q 的二阶导数大于零,得知 TC(Q)曲线一定是一条 U 形曲线。又由于 5000 单位是对应价格 P_2 的 EOQ_2 右侧的最小订货批量,也就是说,在价格 P_2 的采购批量范围内,批量 5000 单位的库存总成本最低。因此,还要比较价格 P_1 对应 EOQ_1 和价格 P_2 对应的 5000 单位两个采购批量的库存总成本,取最小的库存总成本对应的批量为最终经济订货批量 EOQ。

(2) 在价格 P_1 和相应的 EOQ_1 情形下的年库存总成本

$$Q_1 = EOQ_1 = 1000$$

$$年采购成本 = 10\,000 \times 1 = 10\,000(元)$$

$$年库存持有成本 = \frac{Q}{2}Ps = \frac{1000}{2} \times 1 \times 0.2 = 100(元)$$

$$年订购成本 = C\frac{D}{Q} = 10 \times \frac{10\,000}{1000} = 100(元)$$

$$年总成本 = 10\,000 + 100 + 100 = 10\,200(元)$$

(3) 在价格 P_2 和订货批量为 5000 单位情形下的年库存总成本

$$年采购成本 = 10\,000 \times 1 \times 0.9 = 9000(元)$$

$$年库存持有成本 = \frac{Q}{2}Ps = \frac{5000}{2} \times 0.9 \times 0.2 = 450(元)$$

$$年订购成本 = C\frac{D}{Q} = 10 \times \frac{10\,000}{5000} = 20(元)$$

$$年总成本 = 9000 + 450 + 20 = 9470(元)$$

显然,后者的总成本更低($10\,200 - 9470 = 730$(元),即每次订购批量为 5000 时,比按 $EOQ_1 = 1000$ 批量订货,年节约总库存资金为 730 元)。

因此,最终的 EOQ 为 5000 单位。

例 7-6　假设年度产品使用量 u 是 10 000 单位。产品单位价格如表 7-1 所示。持有成本是单位价格的 25%,每个订单的送货和订购成本是 100.00 元。试问最佳订货数量是多少?

表 7-1　产品单位价格

数量/单位	单位折扣价/元	数量/单位	单位折扣价/元
0～999	10.00	2000 或 2000 以上	9.50
1000～1999	9.75		

解：EOQ 基本模型中的两个假设已不再有效：

（1）所有的价格不再是稳定的和确定的。大量采购可以打折扣。

（2）一个单位存货的持有成本（库存成本）由库存数量决定。这是一种间接的依存关系，因为持有成本由产品价格决定，价格由订货数量决定，而订货数量影响到库存量。

计算过程如表 7-2 所示。

表 7-2　计算过程

订货量 Q/个	价格 P/元	单位库存年持有成本 Ps/元	最佳订货数量/单位	年度成本/元
0～999	10.00	$10 \times 25\% = 2.50$	$EOQ = \sqrt{\dfrac{2DC}{Ps}}$ $= \sqrt{\dfrac{2 \times 10\,000 \times 100}{2.5}} = 894$ 该批量在该价格允许的批量范围内	年库存持有成本： $\dfrac{Q}{2}Ps = \dfrac{894}{2} \times 2.5 = 1117.5$ 订购成本： $(10\,000/894) \times 100 = 1118.57$ 采购成本： $10\,000 \times 10 = 100\,000$ **总成本：102 236.07** **订货批量：894**
1000～1999	9.75	$9.75 \times 25\% = 2.44$	$EOQ = \sqrt{\dfrac{2DC}{Ps}}$ $= \sqrt{\dfrac{2 \times 10\,000 \times 100}{2.44}} = 905$ （1）这已超出了该价格允许订货量的范围； （2）选择离 EOQ 最近，并在允许的订货范围之内的订货量，即 1000	年库存持有成本： $\dfrac{Q}{2}Ps = \dfrac{1000}{2} \times 2.44 = 1220$ 订购成本： $(10\,000/1000) \times 100 = 1000.00$ 采购成本： $10\,000 \times 9.75 = 97\,500$ **总成本：99 720** **订货批量：1000**
2000 或 2000 以上	9.50	$9.5 \times 25\% = 2.375$	$EOQ = \sqrt{\dfrac{2DC}{Ps}}$ $= \sqrt{\dfrac{2 \times 10\,000 \times 100}{2.375}} = 918$ （1）这已超出了该价格允许订货量的范围； （2）选择离 EOQ 最近，并在允许的订货范围之内的订货量，即 2000	年库存持有成本： $\dfrac{Q}{2}Ps = \dfrac{2000}{2} \times 2.375 = 2375$ 订购成本： $(10\,000/2000) \times 100 = 500$ 采购成本： $10\,000 \times 9.5 = 95\,000$ **总成本：97 875.00** **订货批量：2000**

从上述计算可见，最低的年度成本是 97 875.00 元，这是在订货量为 2000 单位，价格为 9.5 元时实现的，所以，在此情况下的经济订货批量是 2000 单位

7.2.5　库存控制方法——再订货点法和定期检查法

绝大部分的库存控制法都可以归结为两大类:再订货点法和定期检查法。

1. 再订货点法

再订货点法(reorder point)也被称为固定订货点体系或定量模型,该方法是这样一个流程:当库存中单个项目降到再订购点(或再订购水平)的数量时,就开始发出一个订单来补充库存。也被称为两箱体系,将某种产品的库存分到两个箱子里,库存货物的取用先从第一个箱子开始,当该箱被用空时,仓库管理员发出订单,这就是再订货。如图7-2所示。

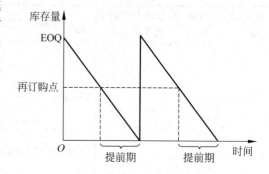

图 7-2　EOQ 模型库存量动态曲线图

再订货点的计算公式为

$$再订货点 = 单位时间使用量 \times 订货提前期 \tag{7-5}$$

如例 7-2,EOQ＝988 包,每周使用量为 247 包,购买提前期为 2 周,则

$$再订货点 = 单位时间使用量 \times 订货提前期 = 247 \times 2 = 494(包)$$

有时再订货点计算需要考虑缓冲库存(安全库存),为了防备使用数量的波动以及交付周期可能超过平均水平时的一种货物储备。

2. 定期检查法

定期检查法又称为定期回顾体系或定期模型,是定期检查产品库存。有些情况下,经常订货比等库存下降到一定程度再订货更合算。对库存量的检查周期或时间间隔,主要取决于库存产品的重要程度和该产品的持有成本。每次检查后都订购不同数量的产品以使库存量回到最高水平(目标库存量),因此,该体系有时称为"装满"体系。

目标库存量确定的公式为

$$M = W(T+L) + S \tag{7-6}$$

式中,M 为目标库存量;W 为平均使用量;T 为库存检查周期;L 为订货提前期;S 为安全库存(缓冲库存)。

例 7-7　假设某产品每天的平均使用量是 150 件。回顾周期为 4 周(计为 20 天),订货提前期为 25 天,安全库存量为 1500 件;若在第一个回顾周期中,剩余库存为 3000 件。则下订单的数量应该是多少?

解:目标库存量为

$$M = W(T+L) + S = 150 \times (20+25) + 1500 = 8250(件)$$

下订单数量 = 8250 − 3000 = 5250(件)

7.3　基于 MRP 的采购计划

　　EOQ 模型中有一个假定条件就是物项的采购或需求独立于其他需求,如零售物品多数情况属于此类。多数制造商的产成品需求也属于独立需求,而许多产品的需求却是相关的,相关是指对一种产品的需求和对另一种产品的需求是相互联系的,如原材料、零部件的需求都是由产成品需求决定的。如果一辆轿车由四个轮胎来装配,若在一批生产计划中制造 6000 辆轿车,那么就需要 24 000 个轮胎。

7.3.1　MRP 的定义

　　物料需求计划(materials requirements planning,MRP)是通过主生产计划、物料清单和库存状况来计算较低层次的物料、零部件和组装件的计划订单发布。对于自制的物品,计划订单发布的数量会传到生产车间;而对于采购的物品,计划订单发布的数量传给供应商。

　　MRP 是 20 世纪 60 年代初期在美国开始出现的,是一个以产品为导向的计算机化技术,其目的在于最大限度地降低库存并保证交货计划的完成。

　　MRP 的重要贡献有两个:

　　(1) 把需要采购的物品按需求特点分为独立需求和相关需求,发现大量需要采购物品几乎全是相关需求。一旦独立需求(由市场决定的需求)确定了,相关需求可以用简单的算术方法求得。

　　(2) 把需求量标上时间参数,一般以周计算,可大大提高时间控制精度。

　　就某种物品而言,MRP 提供两个参数:一是采购数量;二是采购时间,并规定了入库时间。这两个最基本的采购参数是严格按照最终产品的交货日期、企业的库存情况、供应商的供应能力和提前期计算得到的。

　　MRP 也体现了准时采购的理念,它是以交货期为基准,根据采购或制造提前期倒推出采购日期。

7.3.2　实施 MRP 的前提条件

　　MRP 系统的运行有 4 个前提条件,即主生产计划、物料代码、物料清单和库存记录。

1. 主生产计划

主生产计划(master production schedule,MPS)是驱动 MRP 的一整套计划数据。它

反映出企业打算生产什么,什么时间生产,生产多少等问题。MPS 只考虑最终产品的需求数量(见表 7-3)。产品生产计划根据市场预测与用户的订单来确定。

表 7-3　主生产计划表

产　品	产品代码	时间/周				
		1	2	3	4	5
产品 X	10000	30		14		10
产品 Y	20000		38	13	30	13

2. 物料代码

MRP 系统的第二个前提条件是要赋予每项物料一个独立的物料代码。计算机识别和检索的首要途径是物料代码,通称物料号。

物料编码的最基本要求是不能有二义性,即不同的物料不得有相同的代码。同一种物料不论出现在什么产品上,只能用一个代码。

物料代码的表示方法有数字型代码、字母型代码和数字字母混合型代码。物料编码的原则是既要考虑当前的方便和需要,又要考虑今后发展扩充的需要。

3. 物料清单

物料清单(bill of material,BOM)也叫零件结构表或产品结构树,是一种产品结构文件,它不仅罗列出某一产品的所有构成项目,同时也要反映出这些项目之间的结构关系,即从原材料到零件、部件,直到最终产品的层次隶属关系。

假定产成品 A 由 3 单位 B 和 2 单位 C 组成,每单位 B 又由 2 单位 C 和 1 单位 D 组成,结构关系如图 7-3 所示。

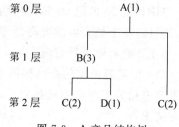

图 7-3　A 产品结构树

4. 库存记录

在 MRP 系统控制下的所有物料都要有相应的、分时段的库存记录。主要包括以下内容:

(1) 当前库存量,是指工厂仓库中实际存放的可用库存量。

(2) 计划入库量,是指根据正在执行中的采购订单,在未来某个时间周期内项目的入库量。在这些项目入库的那个周期内,把它们视为库存可用量。

(3) 提前期,是指执行某项任务由开始到完成所消耗的时间周期。对于采购项目来说,是从向供应商发出订单到进货入库所消耗的时间。

(4) 订购批量,是指在某个时间周期向供应商订购某项目的数量。

(5) 安全库存量,是为了预防需求或供应方面不可预测的波动,在仓库中经常保持的最低库存数量。

7.3.3　MRP 的逻辑流程图

MRP 的逻辑流程图如图 7-4 所示。

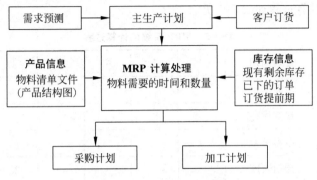

图 7-4　MRP 的逻辑流程图

从 MRP 的逻辑流程图中可以看出,它和其他管理信息系统一样,都有输入、处理和输出 3 个过程。

MRP 的输入信息包括主生产计划、产品信息和库存信息。主生产计划根据市场部门和销售部门得来的信息,预测在某个计划时期内的各个时间段(即时块)中对最终产品的需求数量。产品信息是指前面介绍的物料清单,即最终产品的构成结构,也是 MRP 的主导文件。库存信息就是库存记录,包含各个库存产品的存货记录和它们的状况,对存货的收取和发放等及时进行在线更新。

MRP 的数据处理和运算方法回答 3 个问题,即需要什么? 需要多少? 什么时间需要? 也就是回答了物料需求的时间和数量的问题。

MRP 的输出信息有采购计划和加工计划。

7.3.4　物料需求计算方法

物料需求计算分 3 步进行,即依次计算毛需求、净需求、对采购数量和下达日期作计划。计算公式为

$$净需求量 = 毛需求量 - 可用库存量$$
$$= 毛需求量 - (现有存货 + 订购中的货物)$$

$$(7-7)$$

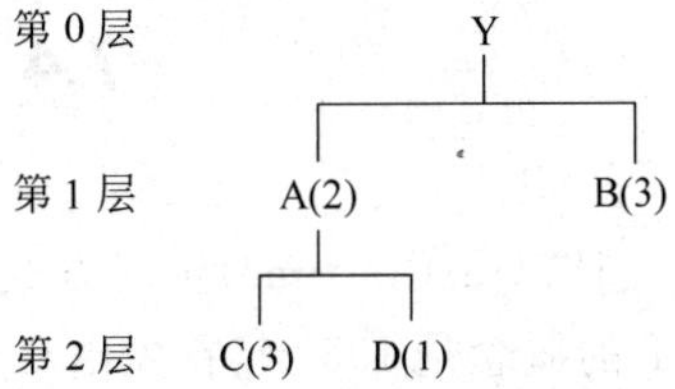

例 7-8　图 7-5 中产品 Y 的主生产计划如表 7-4 所示。分别计算产品 Y 及零件 A 和零件 C 的采购/生产计划。假定期初 Y 没有库存,A 有库存 5 件,C 有库存 10 件。

第 0 层　　　　　　　Y
第 1 层　　　A(2)　　　　　B(3)
第 2 层　　C(3)　　D(1)

图 7-5　产品结构树

表 7-4　产品 Y 的主生产计划

周期	1	2	3	4	5	6
数量				25	40	35

MRP 系统的计算过程如表 7-5 所示。

表 7-5　MRP 系统的计算过程

产品或零部件	计划周期	0	1	2	3	4	5	6
产品 Y 提前期为 1 周	毛需求量					25	40	35
	现有库存	0						
	净需求量					25	40	35
	计划入库					25	40	35
	下达订单				25	40	35	
部件 A 提前期为 2 周	毛需求量				50	80	70	
	现有库存	5	5	5	0	0	0	
	净需求量				45	80	70	
	计划入库				45	80	70	
	下达订单		45	80	70			
部件 C 提前期为 1 周	毛需求量		135	240	210			
	现有库存	10	0	0	0			
	净需求量		125	240	210			
	计划入库		125	240	210			
	下达订单	125	240	210				

7.4　基于 JIT 的采购计划

　　JIT(just-in-time)生产方式是日本在 20 世纪五六十年代开始实施的生产管理方式。JIT 的概念是 1953 年首先由日本丰田汽车公司提出,1961 年在全公司推广。

　　准时化采购(just-in-time purchasing)是在企业实施 JIT 生产方式下的物料采购模式。

准时化采购并不是一个孤立的概念,它是准时化生产系统的一个组成部分,准时化生产也是从库存控制开始的,解决问题的基本思想和 MRP 有相似之处,即以准时化为指导思想,但解决问题的方法则完全不同。MRP 是基于计算机的,JIT 是基于企业管理的。

7.4.1　JIT 的定义及其特点

1. JIT 生产系统

JIT 生产系统采取需求拉动方法,只为满足顾客订单而生产产品。需要多少生产多少,不提前生产,不过量生产。

其主要生产特点如下:

(1) 实行全面质量管理。质量责任取决于零部件制造者,而不是传统意义上的质量控制部门。在整个生产过程中,工人负责自行改正错误、自行返工等,让生产工人注重质量问题,以取代质量控制人员对质量的监控。日本的自动化、准时制的实施,让工人在一旦出现质量问题时,有权停止整个生产线。质量作为比产出更重要的生产系统目标。

(2) 雇用和维持多技能的工人。工人在生产过程中的任何一个环节的工作都能熟练操作,也就是成为通才,这样当生产节拍出现不均衡时,通过调节劳动力来达到生产节拍的均衡,而不是依靠库存。工人和管理人员在努力工作和帮助组织提高方面付出大量心血。对工人依赖较强的系统为了取得成功,企业需要投资以培养员工解决问题的能力。

(3) 缩减生产提前期和设备准备及转变时间。长提前期、大批量的系统,其应变能力差、柔性小;而短提前期与小批量相结合的系统,应变能力强、柔性好。大批量造成库存成本高;而小批量则库存量低,库存费用也低。但是由于批量小,准备次数必然增多,准备费用也随之增加,如果缩短准备时间,甚至趋近于零,将大大减少准备成本,这样就有可能采用极小批量。例如丰田螺钉的制造时间从 8 h 减少到不足 1 min,翼和烟囱帽的安装操作时间从 6 h 减少到 12 min。

(4) 建立强有力的供应商关系。在 JIT 系统中,供应商与采购方密切合作解决问题,建立稳定的长期关系。减少供应商数目,以提高供应商的质量和信任度,加强对供应商的长期投入,买卖双方必须建立相互理解和信任,这样才能及时获得数量充足、品质优良的货物。采购方的工作是服务者、协调者、沟通者、开发者的综合,而不只是一个订单发布者。领先的汽车制造商长期以来一直依靠供应商来取得更高的价值增值。例如,本田公司将近 80% 的运输外包给供应商;丰田公司通过在供应商的挑选过程中提高控股的方式,与供应商建立起互相依赖的关系,这种方式防止了其他竞争者接近该供应商。

2. JIT 采购的含义

JIT 的采购原理是以需定供。其基本思想是:在恰当的时间、恰当的地点,以恰当的数量、恰当的质量提供恰当的物品;即供方根据需方的要求(或称看板),按照需方需求的品种、规格、质量、数量、时间、地点等要求,将物品配送到指定的地点。实现 JIT 必须有两个前提:

一方面,所有零部件必须刚好是要求的数量,刚好在需要的时刻到达需要的地点;另一方面,所有到货的零部件必须是立即就能用的零部件,不需要采购方再次进行品质检验。

7.4.2　JIT模式下的采购职责和优点

1. 采购部门应承担的职责

(1) 同设计部门进行密切合作。进行有供应商参与的价值分析,提高采购物品的价值。

(2) 同供应商保持联系,确保它们理解保持订货提前期的连贯性和高质量水准的重要性。

(3) 对供应商进行潜力调查,以提高交货的准确性及缩短订货提前期。

(4) 同供应商建立牢固的长期合作关系,共同努力以降低成本并分享利益。要达到这个目标,采购方必须在以下方面尽量满足供应商的期望:

① 成为其长期客户;

② 接受公平价格和利润幅度;

③ 必要时同意对价格调整进行协商;

④ 对需求的准确预测;

⑤ 确凿而合理稳定的规范要求;

⑥ 订单发放定时合理;

⑦ 了解设计规格;

⑧ 付款及时。

(5) 建立一套有效的供应商资格认证的程序,以确保零部件在离开供应商之前已经符合质量规格的要求,这样就可以免除收货时的检验。

(6) 对供应商进行绩效评估,把解决困难问题作为合作中的一项内容。

2. JIT采购的优点

(1) 零库存。用户需要多少,供应商就供应多少,不会产生库存,也不会占用流动资金。

(2) 最大节约。用户不需要的物品,就不用订购,可避免商品积压、过时、质变等浪费,也可避免装卸、搬运以及库存等费用。

(3) 零废品。JIT能最大限度地限制废品流动所造成的损失。废品只能停留在供应方,不可能配送给客户。

7.4.3　丰田公司的JIT计划模式

JIT采购的核心是把供应商纳入自己的供应体系,严格按产出计划,由后工序拉动,实现小批量零库存。

1. 长期能力协调

丰田公司设有生产规划课,专门从事制订长期生产计划,时间跨度为3年。

此计划不要求精确的车型和数量,只根据市场走势估计 3 年内可能要生产的车型和数量,越是往后越不准确。每半年制订一次,滚动制作。

此计划需要通知供应链上合作企业,让他们知道丰田公司 3 年内的生产规模和采购规模,使供应商做好必要的长期生产能力准备,制订相应的长期能力计划。

2. 月度能力协调

月度计划是指制订其后 3 个月的计划,计划的依据是客户订单和适当的预测。由于丰田公司是按需生产,国外客户的计划主要根据已获得的订单安排,国内客户先按订单安排,不足部分依靠预测方法。国外订单先由当地销售部门汇总形成采购文件,再把全部汇总文件发送到设在东京的海外规划部,汇总整理后送到生产管理部。所有文件信息传达都是通过计算机网络,速度很快,达到准时的要求。

由于是按订单排计划,因此车型和数量都确定了。

此类计划是滚动制订,第一个月基本上是确定的计划,可以执行的计划。第二个月和第三个月作为内定计划,下一次作计划时再进行调整。

这类计划的作用是为各级生产商提供月度的能力、物资与资金准备信息。由于生产对象大致明确,准备工作可以有的放矢。

3. 月生产计划

每月中旬制订下月生产计划,到中旬末计划完毕后,再根据最新订单作微调。到下旬,开始计算该生产计划的全部的物料需求,并决定各种型号的车每天的生产量、生产工序组织、生产节拍计算等。计算由计算机完成,工作量浩大,需要算 20 h。

该计划生产的车都是有明确客户的,下线就可以提走。

该计划的作用有两个:

(1) 是月度可执行的生产计划;

(2) 提供给供应商,做好月度内的供应计划。

4. 日投产顺序计划

准时化生产的准时概念已经以日、小时计量,所以有了月生产计划还不足以实施准时化生产,须进一步制订按日的生产作业计划,而此计划又不同于一般的日计划,其最大特点是除了计划中的品种数量参数外,还有投产顺序,即计算混合装配线上的各种车型的投入顺序。

日投产顺序计划提前两天制订,每天做一次,计划只提供给整车总装配线、几个主要部件装配线和主要协作厂商。

该计划的作用除了起到一般的日生产作业计划外,更重要的是为在全系统实施看板生产做最后的准备。

主要供应商在提前两天的时间内接到此计划后立即通过看板系统把采购信息传递到各自的供应商,供应商或制造或发货,保证在第二天各部件装配线按投产顺序计划生产。然后，陆续把部件送到总装配线，保证投产顺序计划的顺利执行。

5. 直供体系

供应商采用直供到下工序生产现场的方式，称之为直达供应和直送工位体系。

实行协作厂商的产品直达供应，实际上是拉动式生产方式从主机厂到协作厂的延伸。

由于取消了有缓冲作用的中间仓库，实行起来的风险增大了。但是，由于丰田的供货体系突出了整体利益，双方的互信互利，质量保证，接收货物质量免检，协作厂又近距离分布在主机厂周围方圆 50 km 以内。因而实现了重要部件按小时供货，次重要部件按日供货，不重要部件按周供货。据统计，有 16% 的协作厂按周交货，52% 的协作厂按日交货，32% 的协作厂按小时交货。

小结与讨论

本章主要介绍了采购与供应计划的各种方法和模式，采购计划就是确定在未来的采购时间和数量。采购决策的重要内容之一就是决定采购是为了直接生产过程的需要，还是为了补充库存的需要，也就是直接将采购物品送到生产线还是送到仓库。保持库存的代价可能是昂贵的，因此减少库存是有优势的。

本章介绍了经济订货批量法（EOQ），是用以确定独立需求数量的方法，能够计算出总可变成本最低时的订单数量，但是它是在一系列的假设条件的基础上的，它没有考虑订货到交货的时间因素。物料需求计划（MRP）使用主生产计划、物料清单和库存状况，可以得到零部件的净需求，同时也考虑到交货周期这个因素。物料需求计划可以对非独立需求进行有效管理。及时采购系统（JIT）主要应用于重复生产的制造业，作为一种新的物料管理理念，对生产的数量和所用时间进行精确的调控。

习题与思考题

1. 已知：以成本价格表示的年营业额为 200 万元，以成本价格表示的年初库存为 100 万元，以成本价格表示的年终库存为 95 万元，根据以上数据计算库存周转率。

2. 已知年度需求数量为 100 万件，下订单成本为 20 元/每张订单，库存控制成本为 30 元/件，试求 EOQ。

3. 某家公司对零部件 A 采用 EOQ 模式进行采购，已知：A 部件的年需求量为 5 万件，每件的单价为 150 元，库存费用为单价的 30%，订货费用为 500 元。当订购数量增加时供应商给予价格折扣，价格折扣情况如下表所示。求最优的订货数量和年度采购总成本。

一次订购数量/件	折扣	单价/元
0～8999	0	150
9000～24 999	4%	144
大于 25 000	6%	141

4. 假设某产品每天的平均使用量是 120 件。回顾周期为 4 周(计为 20 天),订货提前期为 30 天,安全库存量为 900 件,若在第一个回顾周期中,剩余库存为 4000 件,则下订单的数量应该是多少件?

5. 一个产品由 B、C、D、E 和 F 5 个部件组装成。X 的 BOM 关系如下图所示。

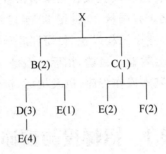

(1) 根据以上资料计算组装一个 X 产品需要部件 B、C、D、E 和 F 各多少件。

(2) 如果要生产制造 100 件产品 X,每种部件需要的数量为多少?

6. 描述 MRP 是如何用来决定订购时间和订购数量的?

7. JIT 采购的主要优点是什么? 与 MRP 相比有什么不同?

第8章　招标投标管理

在西方市场经济国家,提高采购效率、节省开支是纳税人和捐赠人对政府和公共部门提出的必然要求。因此,这些国家普遍在政府及公共采购领域推行招标投标,招标逐渐成为市场经济国家通行的一种采购制度。我国从20世纪80年代初开始引入招标投标制度,先后在利用国外贷款、机电设备进口、建设工程发包、科研课题分配、出口商品配额分配等领域推行,取得了良好的经济效益和社会效益。目前,招标已经是一种广泛采用的采购方式。本章详细讲述招标采购的基本知识、基本操作程序,以及招标、投标、评标的一般方法等内容。

8.1　招标投标概述

8.1.1　招标投标的概念

招标投标也称招投标或招标,是指采购人事先提出货物、工程或服务采购的条件和要求,邀请众多投标人参加投标,并按照规定程序从中选择交易对象的一种市场交换行为。在整个招标投标过程中,招标和投标是分别相对于采购方和供应方而言的,是一项活动的两个方面,是交易活动中的两个步骤。

招标是招标人(招标单位)在购买大批物资、发包工程项目或某一有目的的业务活动前,公布有关采购的条件或预期要求等招标文件,公开或书面邀请投标人(供应商或承包商)在接受招标文件要求的前提下参加投标,招标人按照规定的程序确定中标人的行为。投标是指投标人按照招标人提出的要求和条件,参加投标竞争的行为。

招标投标是商品经济中运用于大宗商品或建设工程的一种交易方式。它的特点是由专一的买主设定包括商品质量、价格、数量和期限等为主的标的,邀请若干卖主通过秘密报价实行竞争,由买主选择优胜者,与之达成交易协议,签订合同,随之按合同实现标的。

货物招标是以货物作为采购对象的招标,是招标中最常见的一种。应当说,市场经济国家的招标是起源于货物招标的,即使是工程招标,也包含大量的货物招标。货物招标中的招标方式的选择主要是依据采购的金额,但是,《中华人民共和国招标投标法》和《中华人民共和国政府采购法》都没有对公开招标的金额限额作出具体的规定。

8.1.2　招标分类

根据《中华人民共和国招标投标法》的规定,招标方式分为公开招标和邀请招标两种,这是由于《中华人民共和国招标投标法》主要为了规范政府公共项目而进行立法,为了达到政府公共项目采购的公平、公正、透明的要求。从国际招标类型来看,除了这两种,还有其他一些类型的招标方式,如议标、两阶段招标等,下面分别就一些主要的招标方式进行简要介绍。

1. 公开招标

公开招标亦称为竞争性招标,可分为国际竞争性招标和国内竞争性招标,是由招标单位通过报刊、互联网等媒体发布招标公告,凡对该招标项目感兴趣又符合投标条件的法人,都可以在规定的时间内向招标单位提交规定的证明文件,由招标单位进行资格审查,核准后购买招标文件,进行投标。一般来说,任何符合投标条件的合法经营单位都有资格参加投标,但在领取标书时必须交付一定的押金或提交一份招标人认可的投标担保,这些押金或担保要等到某个合适的企业正式中标后才予以返回或撤销。

1) 公开招标的优点

(1) 公平。公开招标,使对该招标项目感兴趣又符合投标条件的投标者都可以在公平竞争条件下,享有中标的权利与机会。

(2) 价格合理。基于公开竞争,各投标者凭其实力争取合约,而不是由人为或特别限制规定售价,价格比较合理。而且公开招标,各投标者自由竞争,因此招标者可获得最具竞争力的价格。

(3) 改进品质。因公开招标,各竞争投标者的产品规格或施工方法不一,可以使招标者了解技术水平与发展趋势,促进其品质的改进。

(4) 减少徇私舞弊。各项资料公开,经办人员难以徇私舞弊,更可避免人情关系。

(5) 扩大货源范围。透过公开招标方式可获得更多投标者的报价,扩大供应来源。

2) 公开招标的缺点和可能带来的问题

(1) 采购费用较高。公开登报、招标文件制作与印刷、开标场所布置等,均需花费大量财力与人力。

(2) 手续繁琐。从招标文件设计到签约,每一阶段都必须周详准备,并且要严格遵循有关规定,不允许发生差错,否则容易引起纠纷。

(3) 可能产生串通投标。凡金额较大的招标项目,投标者之间可能串通投标,作不实报价或任意提高报价,给招标者造成困扰与损失。

(4) 其他问题。投标人报出不合理的低价,以致带来偷工减料、交货延误等风险。招标人事先无法了解投标企业或预先进行有效的信用调查,可能会衍生意想不到的问题,如供应商倒闭、转包等。

一般来说,由于公平竞争性的要求,政府部门往往会采用公开招标方式来选定供应商或承包商。但这种方式最适合于一些规模较小的小型项目、维修工程及某些专业性较强的特殊项目。

2. 邀请招标

邀请招标亦称为一阶段选择性招标或有限竞争性招标,是由招标人根据自己积累的资料,或根据权威的咨询机构提供的信息,选择一些合格的单位发出投标邀请。应邀单位在规定时间内向招标人提交投标意向,购买招标文件进行投标。

1) 邀请招标的优点

(1) 节省时间和费用。因无需登报或公告,投标人数有限,减少评标工作量,可以节省时间和费用。

(2) 比较公平。因为是基于同一条件邀请单位投标竞价,所以机会均等。虽然不像公开招标那样不限制投标单位数量。但公平竞争的本质相同,只是竞争程度较低而已。

(3) 减少徇私舞弊,防止串通投标现象。

2) 邀请招标的缺点和可能带来的问题

(1) 由于竞争对手少,招标人获得的报价可能并不十分理想。

(2) 由于采购方对供应市场了解不够,可能会漏掉一些有竞争力的供应商或承包商。

3. 议标

议标也称为谈判招标或指定招标,是由招标方直接选定一家或几家企业进行协商谈判,确定交付条件的方式。

1) 议标方式的优点

(1) 可及早选定供应商或承包商,以利于设计。

(2) 能促使项目早日开工。

(3) 采购方的招标费用可大大降低。

(4) 采购方是根据其价格及技术要求来选定供应方,因而完全可以物色到自己较为满意的供应商或承包商。

(5) 可以充分利用供应商或承包商所拥有的专业技术知识和工作经验。

2) 议标方式的缺点

(1) 采购人接受的合同价可能并非真正的竞争性价格,不能反映供应市场所能承受的真实价格和最低价格。

(2) 对政府部门来说,可能满足不了公众要求参与项目财务审核、透明度要高的这一原则。许多国家政府法律不允许政府投资项目采用议标方式。

4. 两阶段选择性招标

两阶段招标采购是这样的一种程序,依据该程序,采购活动明显地分为两个阶段:在第一阶段,采购机构就拟采购货物或工程的技术、质量或其他特点以及就合同条款和供货条件等广泛地征求建议(合同价款除外),并同投标方进行谈判以确定拟采购货物或工程的技术规格。在第一阶段结束后,采购实体就可最后确定技术规格。第二阶段,采购机构依据第一阶段所确定的技术规格进行正常的招标,邀请合格的投标者就包括合同价款在内的所有条件进行投标。

两阶段招标采购具有两个方面的优点:第一阶段给予采购方相当大的灵活性,它可以通过谈判与供应商或承包商达成一套有关拟采购事项的确定技术规格;而在第二阶段,又可充分利用公开招标方法所提供的高度民主、客观性和竞争性的优势。

两阶段选择性招标主要应用于技术复杂、规模巨大的工程项目中,经过第一阶段的竞争之后,被选中的承包商即让其加入设计小组,作为建筑专业人员就设计中涉及的施工质量、施工可行性、施工进度及工程成本等问题积极提出建议。在第二阶段,合同总价可以部分通过协商、部分根据第一阶段取得的资料予以综合后确定。要指出的是,采用这种招标方法,对买方而言,其所承担的经济风险要大些。

8.2　招标程序

根据 2001 年修订的《世界银行贷款项目货物采购国际竞争性招标文件》规定,货物采购的招标程序为:编制招标文件,发布招标公告,出售招标文件,接受投标,公开开标,评标,定标,发中标函,合同谈判及签订合同,提交履约保证,合同生效。

《中华人民共和国招标投标法》主要是针对工程项目招标投标的程序及相关内容做出规定的法规,对于货物采购没有做出具体规定,但无论是货物,还是工程,采用招标模式进行采购的程序没有太大差异,只是在一些具体要求上有所不同,相关当事方的称谓上也不相同,如工程项目的采购方一般称为业主或雇主(owner,client),工程项目的技术规范要求可能更多一些。

一般来说,招标过程主要包括招标前的准备、招标公告(或投标邀请书)、资格预审、编制发售招标文件、投标、开标、评标和中标等内容。按照招标对象的不同,人们把招标分为货物招标、工程招标和服务招标。应该说我国目前在工程项目采购上采用招标方式最为普遍。下面就招标的一般程序进行讨论。

8.2.1　招标的准备工作

项目在招标前,有大量的工作需要完成。招标人应办理有关的审批手续(如果需要),拟定招标方案和编制招标文件,编制标底等。

1. 确定招标方式

根据《中华人民共和国招标投标法》,以下 3 类项目必须通过招标选定承包商:

(1) 大型基础设施、公用事业等关系社会公共利益、公众安全的项目;

（2）全部或者部分使用国有资金投资或者国家融资的项目；

（3）使用国际组织或者外国政府贷款、援助资金的项目。

招标分为公开招标和邀请招标，一般情况下要采用公开招标。对于一些特殊项目，可以进行邀请招标，即国务院发展计划部门确定的国家重点项目和省、自治区、直辖市人民政府确定的地方重点项目不适宜公开招标的，经国务院发展计划部门或者省、自治区、直辖市人民政府批准，可以进行邀请招标。

对于不满足上述条件的非政府投资项目来说，采购者（业主）可以自由决定采取何种招标方式选定承包商或供应商。

2. 编制招标文件

《中华人民共和国招标投标法》规定：招标文件应当包括招标项目的技术要求、对投标人资格审查的标准、投标报价要求和评标标准等所有实质性要求和条件以及拟签订合同的主要条款。

根据 2001 年修订的《世界银行贷款项目货物采购国际竞争性招标文件》规定，招标文件包括下列内容：

（1）投标者须知。投标者须知是根据采购方的要求向投标者提供的必要信息，其目的是让投标者了解采购项目的背景，知道投标过程中需要遵循什么样的规则，明确自己在投标过程中所享受的权利和承担的义务。

（2）招标资料表。招标资料表主要是根据投标者须知及有关条款规定某些具体的内容。采购方在表中规定与投标有关的具体信息与要求，与投标价格、报价货币有关的适用规则、评标准则。

（3）通用合同条件。通用合同条件主要规定有关当事人的权利义务。如世界银行编制的货物采购通用条件的主要内容包括：基本名词的定义、技术规格标准、原产国的规定、专利权、履约担保、检验测试、包装、交货条件、运输保险条件、支付条件、价格、合同变更、合同修改及争端处理等与货物交易有关的各项内容。

（4）专用合同条件。专用合同条件的主要作用是使通用合同条件中的某些条款根据合同需要进一步具体化或对通用条件中的某些条款做出特殊规定。

（5）需求量表。为了使投标者对货物采购要求一目了然，将货物或服务需求进行列表，便于投标者投标报价，可以在需求量表上填报单价、进行总价汇总。

（6）技术规格。技术规格规定了所采购货物的性能、标准及技术服务的要求等内容。

（7）标书格式和报价表。

（8）投标担保书格式。

（9）合同格式。

（10）履约保证书格式。

（11）预付款银行担保格式。

（12）承包商授权资格证书。

3. 编制工程招标标底

任何招标人在招标前都会估计预计需要的资金,可以事先做到心中有数。如果这种估计做得比较详细和准确,则这一估计的价格就是标底了。长期以来,我国建筑工程招标都是编制标底的,而且往往在招标中严格按标底来选择承包商。例如,有些地方在招标中规定"中标价上限不得超过标底价的 5%,下限不得超过 10%",由于标底的存在,使得投标者千方百计想套出标底,容易滋生腐败,而且也不利于降低招标价格,现在这种状况有所改观,有些地方已经采用无标底招标。

国外有些国家在政府项目招标时,也有类似于我国标底的做法,如日本就编制标底,要求中标者的报价不能超过标底,如果所有投标者的报价都超过了标底价,那么这次招标就只能作废了。但世界上大多数国家都是没有标底的,至少选定中标者时不受所谓"标底"的限制。

4. 项目分标

项目分标是指招标人将准备招标的项目分成几个部分单独招标,即对几个部分编写独立的招标文件进行招标。这几个部分既可以同时招标,也可以分批招标,可以由数家承包商(或供货商)分别承包,也可由一家承包商(或供货商)全部中标。

在大型工程项目招标中经常分标,这样有利于发挥各个承包商的专长,降低造价,加快工程进度。如高速公路项目,按不同路段分标,可以加快工程进度。

8.2.2 招标公告

招标公告(或投标邀请书)是指采用公开招标方式的招标者(包括招标代理机构)向所有潜在的投标人发出的一种广泛的通告,必须通过一定的媒介进行传播。

投标邀请书是指采用邀请招标方式的招标者,向具备承担招标项目要求的有能力的潜在承包商或供应商发出的参加投标的邀请书。

8.2.3 资格预审

一般情况下,在发出招标文件之前,招标人都希望事先选择一些合适的投标者参加投标,这一过程就是资格预审。资格预审一方面能够保证所得到的投标书都经过事先审查,是由满足项目要求的投标人提交的;另一方面,能鼓励那些最有资格者参加投标。对于大而复杂的工程项目资格预审显得尤为重要。其流程图如图 8-1 所示。如果国家对投标人的资格条件有专门规定,依照其规定执行。

一般的国家和国际组织都对招标项目的资格预审有一定的要求。如《世界银行采购指南》规定:"通常对于大型或者结构复杂的工程,或者在其他准备详细的招标文件成本很高

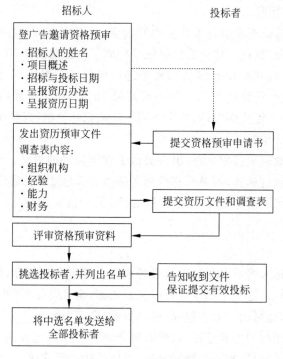

图 8-1　资格预审流程图

不利于竞争的情况下,诸如专为用户设计的设备、工业成套设备、专业化服务,以及交钥匙合同、设计施工合同或者管理承包合同等,对投标者进行资格预审是必要的。"

8.2.4　发售招标文件

1. 招标文件的发售

招标文件向那些经过资格预审的承包商发出,文件中应包括一份招标文件一览表,此表经由投标者签字后作为回执寄给招标者。

招标文件除了邮寄、发送以外,也可以在规定的发出日期由招标人领取文件。

2. 招标文件的修改

招标人对已发出的招标文件进行必要的修改或者澄清,应该在招标文件要求提交投标书截止时间至少15日前,并且招标文件修正书必须是书面的,修正书应该由采购方以一定格式发给投标者,格式带有序号,以便查阅。

每份修正书发出时都包含一张回执,此回执由投标者签字后,立即返还招标人。

投标期间可能需要对招标文件进行解释、修正、补充或删改,均应按上述步骤进行。这些修正书将成为招标文件的一部分,以后也将作为合同文件的一部分。

如果投标者收到修正书后不返回回执,最后可能退回其标书,此事在投标者须知中应予强调。

当然,若有可能,在投标后期招标人应尽量避免发修正书,如果避免不了,应考虑适当延长投标期,以便使投标者有足够的时间研究,重大的变更最好延长投标期限 30 天。

8.2.5　投标

1. 投标书的编制

投标者要保证在预定的时间和地点向招标方提交投标书,并由指定的签署人签字。招标人应在全部投标书上注明收到的日期和时间,并保证在规定的正式开标日期以前保持原来密封状态,迟到的投标书应该尽快原封退回,除非投标者因为不得已推迟递送标书,并在预定的提交日期之前通知了招标人,则招标人可以推迟正式开标的时间,直到收到迟到的标书为止。

投标书的编写要严格按照招标文件的规定。投标人在编制投标书时,应当符合以下两项基本要求:第一,投标人应当按照招标文件的要求编制投标书;第二,投标书应当对招标文件提出的实质性要求和条件作出响应。实质性要求和条件就是指招标人在招标文件中提出的对未来合同内容有重大影响的事项或者条款,如投标人所需提交的资料、招标项目的技术要求、价格、交付时间以及地点等内容。

2. 投标的生效和撤回

投标人投标是投标人按照招标人公布的标准和要求向招标人发出的以订立合同为目的的意思表示,属于合同法意义上的要约行为,所以它也存在着诸如要约的生效要件、生效时间及撤回等问题。

1) 投标的生效

(1) 投标的生效要件。一项要约要发生法律效力,必须具有特定的有效条件,否则就不能产生要约的法律效力。一般来说,要约的生效要件包括以下 4 个方面:第一,要约必须具有订立合同的意图;第二,要约必须向特定的相对人发出;第三,要约的内容必须具体确定;第四,要约必须送达受要约人。投标作为一种要约行为,要发生要约的法律效力,同样也必须具备以上四个要件。但投标毕竟是一种特殊的要约,所以在生效要件的具体内容上会有自己的一些特殊要求。这种特殊要求主要体现在投标文件内容上的"具体确定"方面,即投标书除了应当内容明确,包括足以使合同成立的主要条款外,还必须符合招标文件公布的有关投标书的编写格式、投标人的资格条件、投标人应提交的资料、招标项目的技术要求、投标人提交投标书的方式和地点、截标的具体日期等要求。否则,即便投标书"具体确定",也会因为不符合招标文件规定的要求而被招标人拒绝从而无法产生相应的法律效力。

(2) 投标的生效时间。《中华人民共和国招标投标法》规定,投标人应当按照招标文件的要求,在提交投标书的截止时间以前,将投标书送达指定的投标地点。如果投标人因为递交投标书的地点发生错误而延误投标时间,或者因为采用邮寄方式送达造成延误,致使超过投标有效期的,其投标书将被视为无效标而被拒收。

2)投标的撤回

《中华人民共和国招标投标法》规定,投标人在招标文件要求提交投标书的截止时间前,可以补充、修改或者撤回已提交的投标书,并书面通知招标人。补充、修改的内容为投标书的组成部分。

8.2.6　开标、评标和中标

1. 开标

开标就是招标人依据招标文件的时间、地点,当众开启所有投标人提交的投标文件,公开宣布投标人的姓名、投标报价和其他主要内容的行为。

在规定的正式开标日期和时间,招标人在开标以前应检验并展示每份标书的密封状态。

当打开每一份标书的封套时,采购方应宣布:投标者的姓名;收到的日期和时间;投标价格;如果有替代标书(副标),则为替代标书的价格。

此后,应宣布迟到或未收到的投标书的投标者姓名,并取消其投标资格。开标过程中应检查投标书的完整性。

上述情况均应记载在适当的表格上,并由开标人及旁证人签字。开标时的旁证人一般应是采购方的高级成员,通常要由两位旁证人签字。

《中华人民共和国招标投标法》规定:"开标应当在招标文件确定的提交投标文件截止时间的同一时间公开进行,开标地点应当为招标文件中预先确定的地点。开标由招标人主持,邀请所有投标人参加。开标时,由投标人或者其推选的代表检查投标文件的密封情况,也可以由招标人委托的公证机构检查并公证;经确认无误后,由工作人员当众拆封,宣读投标人名称、投标价格和投标文件的其他主要内容。招标人在招标文件要求提交投标文件的截止时间前收到的所有投标文件,开标时都应当当众予以拆封、宣读。"

2. 评标

所谓评标,是依据招标文件的规定和要求,对投标文件所进行的审查、评审和对比。对于政府投资项目,为了确保评标的公正性,评标不能由招标人或其代理机构独自承担,应依法组成一个评标委员会。评标委员会由招标人负责组织。

自正式开标的时间起,一直到招标人决定签订合同,并通知了有关投标者为止,或者一直到投标有效期期满为止,视何者为短,即为评标期。

在评标过程中,应对标书中的计算正确性、错误和遗漏之处进行检查,采购方应对明显的高价或低价标书作适当调整。应事先确定评标的主要因素和方法,以使投标书的评价和比较工作能够得出客观的结论。一般来说,评标工作应考虑财务、技术、合同及人员等因素,经过综合全面的分析得出评价意见。

3. 签订合同

采购方根据评标报告最后决定中标者,寄发给选中的投标者一封中标函。一般包括:认可的标价和合同文件。可能需提醒投标者提供履约担保、保险和进度表。

承包商接到中标函之后,作为中标者应向采购方提供履约担保,双方按照正规方式在合同上签字以后,合同即行生效。很多情况下,需要有一份正式协议书,其主要目的是宣布一项声明书,从法律上形成了合同的基本事实并受法律保障。协议书必须经过双方签字并有旁证才能生效。

合同签订后招标人应将投标保证金退还所有投标者。

8.3　评标方法

评标是招标过程中非常核心的环节。因为招标的目的是确定一个优秀的承包商(或供应商),投标的目的就是为了中标。而决定这两个目标能否实现的关键都是评标。常见的评标方法主要有:专家评议法、最低投标价法、经评审的最低投标价法、综合评估法以及寿命周期成本法等。

根据评价指标是否能够量化,评标方法可分为定性方法和定量方法两类。定性方法是指仅规定评比原则、评审要素不量化的方法。定量方法是指评审要素全部数量化的方法。尽管各类招标的标的不同,评审的内容也有很大差异,但采用量化评审要素是较为科学的评标办法。

根据评价指标是否量化为货币形式,评标方法可以分为价格法(或称货币法)和打分法(或称积分法)。价格法是指将各评审要素折算为货币进行比较的方法,采用价格法进行评标,一般是价格低者中标。打分法是指将各评审要素按重要程度分配权重和分值,用得分多少进行比较的方法,采用打分法进行评标,一般是得分高者中标。

根据评价指标所考虑因素的多寡,评标方法可以分为单一指标法和综合指标法。

8.3.1　评标方法的基本要求

评标是整个招标投标活动的重点,只有科学、合理的评标方法,才能最大限度地达到招标投标的目的。为此评价方法应当符合以下 3 个要求。

1. 公正性

公正性指为参加投标的单位创造公平竞争的条件。评标方法和评标标准必须在招标文件中载明,一经发出不得随意改变。邀请招标的单位名单应当固定,不在名单内的单位不得投标,尽可能地做到公正的选择。

2. 适应性

适应性指针对具体招标项目合理确定评标标准(评价指标及指标权数)。

3. 科学性

科学性指评标所采用的评标标准和评价方法必须清楚、明确、具体、详细。评价指标过少、过粗,则难以全面反映投标者的全貌,但对于综合性质的方法又不可过分约束,要留有一定的灵活性,以确保达到综合评价的主要目标。

8.3.2　评标的主要评审内容

评标过程中,主要从 3 个方面进行评审,即行政性评审、技术评审和商务评审。

1. 行政性评审

行政性评审的目的就是从所有投标书中筛选出符合最低要求标准的合格投标书,淘汰那些不合格的投标书。

行政性评审合格标书的主要条件有以下几种。

1) 投标书的有效性

(1) 投标者是否已获得预审的投标资格。如投标者是否与资格预审中选名单一致,包括公司的名称、法人代表和注册地址。

(2) 投标书是否为招标文件的原件。

(3) 投标保证书是否符合招标文件的要求。包括保函格式、内容、金额以及有效期等。

(4) 投标书是否有投标者的法定代表签字或盖有印章等。

2) 投标书的完整性

(1) 投标书是否包括招标文件规定的应递交的一切和全部文件。

(2) 是否随同投标书一起递交了必要的支持性文件和资料。

3) 投标书与招标文件的一致性

对于招标文件提出的要求应当在投标时"有问必答"。特别是如果招标文件中已写明是"响应性投标",则对投标书的要求更为严格。

4) 报价计算的正确性

由于投标者的投标报价时间往往非常紧迫,各种计算上的错误是难免的,但如果错误太多说明投标者的技术水平低,至少说明投标者不认真,这样对投标者中标是非常不利的。

只有通过了行政性评审,才有资格进行下一步的评审;否则将被列为废标而予以排除。

2. 技术评审

技术评审的目的是评判投标者完成项目的技术能力。如对于工程项目,其技术评审的主要内容包括：

（1）技术资料的完备性。投标书是否包含了招标文件所要求的所有技术资料。

（2）施工方案的可行性。各类工程的施工方法，包括土石方工程、混凝土工程、钢筋工程、钢结构工程。特别是本工程中的难点工程或重要部位的施工方法是否可行，如大型水电工程中混凝土的制作和浇注方法、搅机的选择方案是否科学合理。

（3）施工进度计划的可靠性。审查进度计划是否科学合理，特别是关键线路上的工作是否能保证按计划完成。

（4）施工质量的保证。质量控制与保证措施，采取的质量保证体系是否完善。如是否取得 ISO 9000 认证等。

（5）工程材料和机械设备的技术性能符合设计技术要求。对于主要材料和设备的样品、型号、规格和制造厂家名称和地址等，判断其技术性能是否可靠和达到设计要求的标准。

（6）分包商的技术能力和施工经验。招标文件可能要求投标者列出其拟选择的分包商，应审查分包商的能力和经验。一般国外的承包商在投标报价时往往将他拟分包出去的工程让多家分包商报价，其从中选择中意的分包商，并采用其报价，最后汇总就可以得到其投标总报价。

（7）对于投标书中按招标文件规定提交的建议方案作出技术评审。当投标者提出自己的建议方案时，应对其技术可靠性和优缺点进行评价，并与招标文件中的原方案进行对比分析。

3. 商务评审

商务评审的目的是从成本、财务和经济分析等方面评审投标报价的正确性、合理性、经济效益和风险等，估计授标给不同的投标者产生的不同结果。

商务评审的主要内容如下。

1）报价的正确与合理

（1）审查全部报价数据计算的正确性。

（2）分析报价构成的合理性。从评审者的角度，判断投标者的投标报价是否合理，各项单价是否合理，项目前后的价格比例关系是否合理。

（3）如涉及使用外汇支付问题，审查投标者对报价中的外汇支付比例的合理性。

2）投标书中的支付与财务问题

（1）资金流量表的合理性。通常在招标文件中要求投标者填报整个施工期的资金流量计划。资金流量表能反映承包商的资金管理水平和财务能力。

（2）审查投标者对支付工程款或货款有何要求。

3）关于价格调整问题

如果招标文件规定该项目为可调价格合同，则应分析投标者对调价公式中采用的基价和指数的合理性。

4) 审查投标保证书(投标保函)

对投标保证书进行详细的内容审查,特别是保证书中有何附带条件。

5) 对建议方案(副标)的商务评审

将建议方案(副标)与原方案进行对比分析。

8.3.3　评标的主要方法

1. 专家评议法

专家评议法也称定性评议法或综合评议法,评标委员会根据预先确定的评审内容,如报价、工期、技术方案和质量等,对各投标书共同分项进行定性的分析、比较,进行评议后,选择投标书在各指标都较优良者为候选中标人,也可以用表决的方式确定候选中标人。

这种方法实际上是定性的优选法,由于没有对各投标因素的量化(除报价是定量指标外)比较,标准难以确切掌握,往往需要评标委员会协商,评标的随意性较大。其优点是评标委员会成员之间可以直接对话与交流,交换意见和讨论比较深入,评标过程简单,在较短时间内即可完成;但当成员之间评标结果差距过大时,确定中标人较困难。

专家评议法一般适用于小型项目或在无法量化投标条件的情况下使用。

2. 最低投标价法

最低投标价法是价格法的一种,也称合理最低投标价法,即能够满足招标文件的各项要求,投标价格最低的投标者应被推荐为中标候选人。

最低投标价法一般适用于简单商品、半成品、原材料,以及其他性能、质量相同或容易进行比较的货物招标。这些货物技术规格简单,技术性能和质量标准及等级通常可采用国际(国家)标准,此时仅以投标价格的合理性作为唯一尺度定标。

对于这类产品的招标,招标文件应要求投标人根据规定的交货条件提出标价。计算价格的方法通常情况是:如果所采购的货物从国外进口,则一般规定以买主国家指定港口的到岸价格报价;如果所采购货物来自国内,则一般要求以出厂价报价;如果所提供的货物是投标人早已从国外进口,目前已在国内的,则投标价应为仓库交货价或展室价。

3. 经评审的最低投标价法

这是一种以价格加其他因素评标的方法。以这种方法评标,按照招标文件的规定,对投标价进行修正、调整后计算出的标价。一般做法是将报价以外的商务部分数量化,并以货币折算成价格,与报价一起计算,形成评标价。世界银行、亚洲开发银行等都以这种方法作为主要的评标方法。

在这种评标方法中,需要考虑的修正因素包括:一定条件下的优惠(如世界银行贷款项目对借款国国内投标人有 7.5% 的评标价优惠),工期提前的效益对报价的修正等(应当注意,评标价仅是为投标文件评审时比较投标优劣的折算值,与中标人签订合同时,仍以投标价格为准)。然后以此价格按高低排出次序。能够满足招标文件的实质性要求,评标价最低的投标应当作为中选投标。

采用经评审的最低投标价法,中标人的投标应当符合招标文件规定的技术要求和标准,但评标委员会无需对投标书的技术部分进行价格折算。

除报价外,评标时应考虑的因素一般有以下几种:

(1) 内陆运输费用及保险费;

(2) 交货或竣工期;

(3) 支付条件;

(4) 零部件以及售后服务;

(5) 价格调整因素;

(6) 设备和工厂(生产线)运转和维护费用。

经评审的最低投标价法一般适用于具有通用技术(性能标准)或者招标人对其技术、性能没有特殊要求的招标项目。

4. 综合评估法

在采购机械、成套设备、车辆以及其他重要固定资产(如工程)等时,如果仅仅比较各投标人的报价或报价加商务部分,则对竞争性投标之间的差别不能作出恰如其分的评价。因此,在这些情况下,必须以价格加其他全部因素综合评标,即应用综合评估法评标。

以综合评估法评标,一般做法是将各个评审因素在同一基础或者同一标准上进行量化,量化指标可以采取折算为货币的方法、打分的方法或者其他方法,使各投标文件具有可比性。对技术部分和商务部分的量化结果进行加权,计算出每一投标的综合评估价或者综合评估分,以此确定候选中标人。最大限度地满足招标文件中规定的各项综合评价标准的投标,应当推荐为中标候选人。

综合评估法最常用的是最低评标价法和综合评分法。

1) 最低评标价法

最低评标价法也称综合评标价法,是把除报价外其他各种因素予以数量化,用货币计算其价格,与报价一起计算,然后按评标价高低排列次序。这是另一种以价格加其他因素评标的方法,也可以认为是扩大的经评审的最低投标价。以这种方法评标,一般做法是以投标报价为基数,将报价以外的其他因素(包括商务因素和技术因素)数量化,并以货币折算成价格,将其加(减)到投标价上去,形成评标价,以评标价最低的投标作为中选投标。表 8-1 归纳了报价以外的其他主要折算因素的内容。

表 8-1　主要非价格因素表

主　要　因　素	折算报价内容
运输费用	货物如果有一个以上的进入港,或者有国内投标人参加投标时,应在每一标价上加上将货物从抵达港或生产地运到现场的运费和保险费;其他由招标单位可能支付的额外费用,如运输超大件设备需要对道路加宽、桥梁加固所需支出的费用等
价格调整	如果按可以调整的价格招标,则投标的评定和比较必须考虑价格调整因素。按招标文件规定的价格调整方式,调整各投标人的报价
交货或竣工期限	对交货或完工期在所允许的幅度范围内的各投标文件,按一定标准(如投标价的某一百分比),将不同交货或完工期的差别及其对招标人利益的不同影响,作为评价因素之一,计入评标价中
付款条件	如果投标人所提的支付条件与招标文件规定的支付条件偏离不大,则可以根据偏离条件使招标人增加的费用(利息等),按一定贴现率算出其净现值,加在报价上
零部件以及售后服务	如果要求投标人在投标价之外单报这些费用,则应将其加到报价上
设备的技术性能和质量	可将投标书中提供的技术参数与招标文件中规定的基准参数的差距折算为价格,计算在评标价中
技术建议	可能带来的实际经济效益,按预定的比例折算后,在投标价内减去该值
优惠条件	可能给招标人带来的好处,以开标日为准,按一定的换算办法贴现折算后,作为评审价格因素
其他可折算为价格的要素	按对招标人有利或不利的原则,增加或减少到投标价上去。如对实施过程中必然发生,而投标文件又属明显漏项部分,给予相应的补项增加到报价上去

2) 综合评分法

综合评分法也称打分法,是指评标委员会按预先确定的评分标准,对各投标书需评审的要素(报价和其他非价格因素)进行量化、评审记分,以投标书综合分的高低确定中标单位的评标方法。由于项目招标需要评定比较的要素较多,且各项内容的计量单位又不一致,如工期是天、报价是元等,因此综合评分法可以较全面地反映出投标人的素质。

使用综合评分法,评审要素确定后,首先将需要评审的内容划分为几大类,并根据招标项目的性质、特点,以及各要素对招标人总投资的影响程度来具体分配分值权重(即得分)。然后再将各类要素细划成评定小项并确定评分的标准。这种方法往往将各评审因素的指标分解成 100 分,因此也称百分法。

例 8-1　某工程项目业主邀请 5 家(A、B、C、D、E)施工单位参加投标。该工程由评标委员会对施工单位的投标书进行审查,用计分的办法,根据标价、工期、质量和企业业绩情况分别计分,累计分最高者为中标单位。并规定任何一项单项得分少于该项目标分(如标价为 40 分)的 70％者不能中标。评标委员会由 7 名委员组成,评标的具体规定如下。

(1) 标价:40 分。低于标底 5％的加 5 分,5％以内每低于 1％加 1 分,低于标底 5％以下不加分。高于标底的,每高于 1％扣 2 分,扣分不保底。

(2) 工期:30 分。按期完成得满分,每提前 5 天加 1 分,每超过 5 天扣 2 分。

(3) 施工质量:20 分。根据企业提出的施工方案和质量标准,每位评委对各个施工企业进行打分,每个企业的最后得分为各评委评分去除一个最高分和一个最低分后的算术平均数。

(4) 企业业绩:10 分。每位评委对各个施工企业的业绩进行打分,每个企业的最后得分为各评委评分去除一个最高分和一个最低分后的算术平均数。

表 8-2 为各投标单位的报价和工期汇总表。表 8-3 为评委对 5 家企业施工质量的评分汇总表。表 8-4 为评委对 5 家企业业绩情况的评分汇总表。

表 8-2 投标单位的报价和工期汇总表

投标单位	A	B	C	D	E	标底
报价/万元	5300	5000	4980	4860	5210	5000
工期/天	386	375	405	410	390	400

表 8-3 评委对 5 家企业施工质量的评分汇总表

投标单位＼评委	1	2	3	4	5	6	7
A	17	18.5	18	19	19.5	18	17.5
B	15	15.5	16	16.5	14.5	16	17
C	18.5	19	19	17.5	16.5	19.5	18
D	14.5	14	15	15.5	14.5	16	15
E	16.5	16	15.5	16.5	18	17.5	17

表 8-4 评委对 5 家企业业绩情况的评分汇总表

投标单位＼评委	1	2	3	4	5	6	7
A	9.5	9	8.5	9.8	8.7	9	10
B	8.5	8	8.2	7.8	7.5	9	8
C	9	9.2	9.5	8	7.8	8.6	9.8
D	7.8	8	6.5	6	7.2	6.5	7.5
E	7.5	7.5	6.5	6	6	7.2	7.8

问题:根据背景资料确定中标单位。

解:

(1) 计算各单位报价得分

投标单位	报价/万元	报价与标底的比较	加(扣)分	得分
A	5300	[(5300−5000)/5000]×100%＝6%	扣 12 分	28
B	5000	[(5000−5000)/5000]×100%＝0	0	40
C	4980	[(4980−5000)/5000]×100%＝−0.4%	加 0.4 分	40.4
D	4860	[(4860−5000)/5000]×100%＝−2.8%	加 2.8 分	42.8
E	5210	[(5210−5000)/5000]×100%＝4.2%	扣 4.2×2＝8.4(分)	31.6

(2) 计算各单位工期得分

投标单位	工期	与标底比较	加(扣)分	得分
A	386	386−400＝−14	加 2.8 分	32.8
B	375	375−400＝−25	加 5 分	35
C	405	405−400＝5	扣 2 分	28
D	410	410−400＝10	扣 4 分	26
E	390	390−400＝−10	加 2 分	32

(3) 汇总各单位报价、工期、施工质量、企业业绩得分和综合得分

投标单位	报价得分	工期得分	施工质量得分	企业业绩得分	综合得分
A	28	32.8	18.2	9.2	88.2
B	40	35	15.8	8.1	98.9
C	40.4	28	18.4	8.86	95.66
D	42.8	26	14.9	7.1	90.8
E	31.6	32	16.7	7.3	87.6

根据计算结果中标单位应为 B 单位。

打分法的好处是简便易行,评标考虑因素更为全面,可以将难以用金额表示的各项要素量化后进行比较,从中选出最好的投标。缺点是要确定每个评标因素的权重即它所应占的百分比以及评标时个不同投标文件某些因素该评多少分都易带主观性。

5. 寿命周期成本评标法

这种方法是在综合评标价法的基础上,再加上一定运行年限内的费用作为评标价格。

有时候,采购整座工厂成套生产线或设备、车辆等,采购后若干年运转期内的各项后续费用(零件、油料、燃料、维修等)很大,有时甚至超过采购价;不同投标书提供的同一种设备,相互间运转期后续费用的差别,可能会比采购价格间的差别更为重要。在这种情况下,就应采取寿命周期成本法。以汽车为例,一般采购价总是小于包括后续期维修费和燃料费用在

内的后续费用,相互间的比例甚至可达到 1∶3。

采用设备寿命周期成本评标法,应首先确定一个统一的项目评审寿命期,然后将投标报价和因为其他因素而需要调整(增或减)的价格,加上今后一定的运转期内所发生的各项运行和维护费用(如零部件、燃料、油料、电力等)再减去寿命期末项目的残值。计算运转期内各项费用,包括所需零部件、油料、燃料、维修费以及到期后残值等,都应按招标文件规定的贴现率折算成净现值,再计入评标价中。

8.4 相 关 法 规

招标投标法规主要是为了规范关系国计民生的基础设施项目、各级政府参与投资的公共项目以及各级政府采购物资和设施。

我国目前与招标投标有关的法规有《中华人民共和国招标投标法》《中华人民共和国政府采购法》,利用世界银行贷款项目必须遵循世界银行颁布的《国际复兴开发银行贷款和国际开发协会信贷采购指南》(guidelines for procurement under IBRD loans and IDA credits)。此外,还有联合国贸易法委员会制定的《关于货物、工程和服务采购示范法》、世界贸易组织(WTO)的《政府采购协议》。

8.4.1 世界贸易组织的《政府采购协议》

WTO 的《政府采购协议》,要求成员国对政府采购合同的招标程序做出规定,以保证政府的各种规章制度不被用来偏袒和保护本国厂商及本国产品,而对外国供应者及其产品实行差别待遇。其采购的法律、规则、程序和措施,应无条件地向其他缔约国的产品和供应者提供优惠待遇。此种优惠待遇不得低于向国内和任何第三方产品和供应者所提供的待遇,采购所规定的技术要求,应是性能方面的,而不是设计方面的,并应以国际标准、国家技术规定或公认的国家标准为依据,不得借此给国际贸易设置障碍。

所谓国民待遇原则(national treatment),是指缔约国在有关征收国家税和国内销售、购买、运输、分配等方面,或所适用的法令、法规、条例等方面,对进口产品和国产产品应一视同仁。也就是说缔约国一方保证缔约国另一方的公民、企业在本国境内享受与本国公民、企业同等的待遇。

对政府采购中的技术要求,不应转化为一种变相的非关税壁垒措施。协议要求采购实体在拟订、采购或适用说明所购买产品特征的技术要求时,如质量、性能、安全度、试验及试验办法、符号、术语、包装、商标及标签、相符证明等,既不得故意给国际贸易设置障碍,也不得在实际上给国际贸易设置不必要的障碍。采购实体规定的技术要求应是关于性能的而非关于设计的,应以国际标准或公认的国家标准为依据。采购规格不能含具体商标、商号、专利权、设计或型号、具体的原产地或生产者,除非无法准确、清楚地说明采购要求,或有"相当于"这类措辞。

招标程序分为3种:公开招标程序,即任何合格的供应者均可参加投标;选择性招标程序,即由采购方挑选并邀请部分合格的供应者参加招标;单个招标程序,即由采购实体指定特定的供应者单独投标。为了保证协议的有效执行,各缔约方应保证其政府机构在进行采购时主要采用公开或选择性的招标方式。协定对这两种程序作了如下规定:

(1) 审查供应商的资格时,采购方在条件上不得在外商之间或内外商之间实行差别待遇。招标文件在足够时间内公开发布,其中的程序及技术内容完整而明确,不带歧视性。供应商参加的条件,包括财政担保、技术条件、能力证明的资料及资格审查不得存在歧视行为。凡合格供应商均有参加投标和被考虑的机会。

(2) 以公正和非歧视的态度最大限度地邀请国内外供应者参加投标,以保证充分的国际竞争。采购通知应在适当报刊上公布,通知内容包括产品性质、数量、公开或选择招标程序、申请投标、收标地址、授予合同与提供资料的采购方地址、经济技术要求、供应商提供的投标担保以及对招标文件的付款金额及付款条件等。投标期限的规定应使供应者能够有足够的时间进行准备工作。

(3) 投标须以书面直接递交或邮寄,须以信函或签字的电传、电报等确认。在开标与授予合同期间禁止投标人修改投标书。采用公开和选择等招标程序时,收标和开标都应保证开标规则并提供开标情况,符合国民待遇和非歧视原则。合同的获得者应是符合投标条件并参加了投标的供应商,并符合通知和招标文件的要求。采购方有义务应供应者的要求提供一切有关资料,说明未被邀请投标或投标被拒绝的理由,并在合同授予后的7天内,通知未中标的供应者,但涉及机密的资料除外。

(4) 制定申诉与复查程序,供公正而迅速地解决有关采购方与供应商间争议之用。缔约方应将政府采购的任何法律、法规、司法决定、行政裁决及任何程序办法(包括标准合同条款在内)在报刊上公布,并解释有关做法及程序。各缔约方应收集有关购买及所签合同的年度统计数据与资料,提供给政府采购委员会。

政府采购委员会为本协议下设机构,由各缔约方代表组成,它负责为各缔约方提供机会,就本协议执行情况及为促进本协议各项目标进行磋商,并执行其他有关职责。当缔约的国家利益受到损害时,首先可提出与有关缔约方谈判协商。在经发生争议的双方进行磋商不能达到满意解决3个月后,该委员会可根据争议任何一方的请求设立一咨询委员会,对争议进行调查、提出建议,以促使争议圆满解决。如仍不能解决,则要成立特别小组,以审议纠纷或与当事方协商,写出报告供委员会裁决。在协议中对咨询小组的设立、职责及工作程序作了详细规定。

当公开招标和选择性招标均不能适用时,可采用单个招标方式。单个招标程序适用于下列情况:不是为了最大限度地避免竞争、歧视外商或作为保护国内生产者的手段;在公开招标或选择招标时,无人投标、串通投标或投标不符合要求;对于艺术品或因保护专有权有关的原因,产品只能由某个特定的供应者供应,别无选择;对现有设备换件或扩充而增加订货,改变供应者会影响设备互换性。

8.4.2 世界银行对工程项目采购的规定

世界银行针对工程项目采购发布了比较严格的规定,要求借款人遵照执行,这些规定主要包括:《工程采购招标文件样本》、《货物采购招标文件样本》和《国际复兴开发银行贷款和国际开发协会信贷采购指南》,以上 3 项规定都是于 1995 年发布执行。

1.《国际复兴开发银行贷款和国际开发协会信贷采购指南》的目的和原则

(1)《国际复兴开发银行贷款和国际开发协会信贷采购指南》的目的在于,使取得世界银行贷款资助的项目人员了解项目和货物采购的程序和做法。

(2) 世界银行贷款项目采购中必须遵守的原则如下:

① 项目采购中必须注意经济效率;

② 世界银行愿为所有合格的投标者提供竞争合同的机会;

③ 世界银行愿意促进借款国本国建筑业和制造业的发展;

④ 采购过程要有较高的透明度。

2. 国际竞争性招标

世界银行认为,国际竞争性招标能充分实现资金的经济和效率要求,因此要求借款人采取国际竞争性招标方式采购货物和工程。

(1) 合同类型和规模。单个合同的规模取决于项目大小、性质和地点。对于需要多种土建工程和货物的项目,通常对工程和货物的各主要部分分别招标,也可对一组类似的合同进行招标。所有单项和组合投标都应在同一截标时间收到,并同时开标和评标。

(2) 公告和广告。在国际竞争性招标中,借款人应向世界银行提交一份采购总公告草稿。世界银行将安排把公告刊登于联合国发展商业报。其内容包括借款人名称、贷款金额及用途、采购的范围、借款人负责采购的单位名称和地址等。借款人还应将资格预审报告或投标通告刊登在本国普遍发行的一种报纸上。

(3) 资格预审。在大型或复杂的工程采购或投标文件成本很高的情况下,借款人可对投标者进行资格预审。资格预审应以投标者圆满履行具体合同的能力和资源为基础,并考虑如下因素:投标者的经历和过去执行类似合同的情况,人员、设备、施工和制造设备方面的能力,以及财务状况等。

(4) 招标。招标包括的内容有招标文件、投标保证金、招标文件的澄清、技术规格、报价及调价、运输与保险、货币规定、支付、履约保证金、合同条件。

(5) 开标、评标和授标等。

3. 世界银行审查

世界银行审查借款人的采购程序、采购文件、评标和授标、合同。对未按规定采购程序
进行采购的,可宣布为采购失败。

8.4.3　中华人民共和国招标投标法

《中华人民共和国招标投标法》于 1999 年 8 月 30 日由中华人民共和国第九届全国人民
代表大会常务委员会第十一次会议通过,自 2000 年 1 月 1 日起施行。

《中华人民共和国招标投标法》共 6 章 68 条,其中总则部分主要对招标投标法的立法宗
旨、适用范围、强制招标的范围、招投标的原则、招投标中介机构的要求、开标、评标、定标、中
标等方面作出了法律性规定,并明确了各自的法律责任。

《中华人民共和国招标投标法》的施行,维护了开放、统一、公平、规范的经济秩序和社会
诚信、公正体系的运行;节省了资金,提高了经济效益,保证了工程项目、货物和服务质量,优
化了实施方案;对促进廉政建设和政府职能转变以及企业经营机制的转变起到了积极作用。

8.4.4　中华人民共和国政府采购法

《中华人民共和国政府采购法》由中华人民共和国第九届全国人民代表大会常务委员会
第二十八次会议于 2001 年 6 月 29 日通过,自 2003 年 1 月 1 日起施行。

《中华人民共和国政府采购法》规定:政府采购采用的方式包括:公开招标、邀请招标、
竞争性谈判、单一来源采购、询价、国务院政府采购监督管理部门认定的其他采购方式。公
开招标应作为政府采购的主要采购方式。

采购人采购货物或者服务应当采用公开招标方式,其具体数额标准,属于中央预算的政
府采购项目,由国务院规定;属于地方预算的政府采购项目,由省、自治区、直辖市人民政府
规定;因特殊情况需要采用公开招标以外的采购方式的,应当在采购活动开始前获得设区的
市、自治州以上人民政府采购监督管理部门的批准。采购人不得将应当以公开招标方式采
购的货物或者服务化整为零或者以其他任何方式规避公开招标采购。

符合下列情形之一的货物或者服务,可以依照本法采用邀请招标方式采购:具有特殊
性,只能从有限范围的供应商处采购的;采用公开招标方式的费用占政府采购项目总价值的
比例过大的。

小结与讨论

招标投标作为采购方确定价格和选定供应商的一种重要方法,在采购管理中发挥着重
要作用。特别是在我国目前阶段,企事业单位还不同程度地存在着一些采购流程的不规范

和采购过程中的暗箱操作现象,采用招标投标方式确实在很大程度上能够实现采购的公正、公平、透明和管理过程的规范化。

本章首先介绍了招投标的概念、分类,讨论了不同类型的招标方式的优缺点及适用范围。重点介绍了招投标的一般程序,对每个阶段的主要工作内容进行了简要介绍。

评标作为招标过程中的一个重要环节,对于招投标双方都非常重要,采用什么方法对投标者的投标书进行评估是招标投标过程中的一个重要问题,本章对主要的评标方法进行了比较详细的介绍,除了这些方法以外还有其他的评价方法,本文没有全部介绍,感兴趣的可以参见一些专门介绍和研究招标投标问题的论著。

由于招标投标能够实现采购过程的公平、公正和透明,所以政府采购一般要求采取招标投标方式,各国对此都有立法,世界贸易组织为了各个成员国的政府采购活动,也有相关立法,本章最后对世界贸易组织的《政府采购协定》、世界银行的《国际复兴开发银行贷款和国际开发协会信贷采购指南》和《中华人民共和国招标投标法》进行了简要介绍。

习题与思考题

1. 什么是招标? 什么是投标?

2. 公开招标和邀请招标的概念是什么? 它们各有什么优缺点?

3. 招标投标的程序有哪些?

4. 填写投标书过程中,投标者应该注意哪些问题?

5. 对投标书的行政性评审主要包括哪些方面?

6. 某工程项目业主邀请 5 家(A、B、C、D、E)施工单位参加投标。该工程由评标委员会对施工单位的投标书进行审查,用计分的办法,根据标价、工期、质量和企业业绩情况分别计分,累计分最高者为中标单位。并规定任何一项单项得分少于该项目标分(如标价为 40 分)的 70%者不能中标。评标委员会由 7 名委员组成,评标的具体规定如下:

(1) 标价:40 分。低于标底 10%的加 10 分,10%以内每低于 1%加 1 分,低于标底 10%以下不再另外加分。高于标底的,每高于 1%扣 2 分,扣分不保底。

(2) 工期:30 分。按期完成得满分,每提前 10 天加 1 分,每超过 10 天扣 2 分。

(3) 施工质量:20 分。根据企业提出的施工方案和质量标准,每位评委对各个施工企业进行打分,每个企业的最后得分为各评委评分去除一个最高分和一个最低分后的算术平均数。

(4) 企业业绩:20 分。每位评委对各个施工企业的业绩进行打分,每个企业的最后得分为各评委评分去除一个最高分和一个最低分后的算术平均数。

表 1 为各投标单位的报价和工期汇总表。表 2 为评委对 5 家企业施工质量的评分汇总

表。表 3 为评委对 5 家企业业绩情况的评分汇总表。

表 1 投标单位的报价和工期汇总表

投标单位	A	B	C	D	E	标底
报价/万元	5200	5100	4880	4860	5210	5000
工期/天	480	470	530	520	470	500

表 2 评委对 5 家企业施工质量的评分汇总表

投标单位 \ 评委	1	2	3	4	5	6	7
A	18.5	18.5	17	16	19.5	18	17.5
B	13	13.5	12	15.5	14.5	16	14
C	18.5	17	16	15.5	17.5	18.5	19
D	13.5	17	16	16.5	16.5	17	18
E	17.5	17	17.5	16.5	19	19.5	18

表 3 评委对 5 家企业业绩情况的评分汇总表

投标单位 \ 评委	1	2	3	4	5	6	7
A	8.5	9.7	8.5	8.8	8.9	9.8	9
B	8.7	8.5	8.6	7.6	7.7	8.5	8.5
C	9.5	9	9.3	8.4	7.5	8.2	8
D	7.9	8.5	7.5	7	7.9	6.5	7.8
E	7.8	7.5	7.5	8.8	7	7.6	7

问题：根据背景资料确定中标单位。

第 9 章　合 同 管 理

在现实采购过程中,买方(采购方)或卖方(供应方)很少会诉诸法律以强制执行一份采购合同,真正诉诸法律往往是不得已而为之,原因在于法律费用高昂且结果难料。但是了解合同管理与合同法的有关知识可以帮助采购人员避免法律纠纷或者保护公司避免受到诉讼的困扰。

9.1　采 购 合 同

9.1.1　合同的法律性质和成立要件

1. 合同及其法律性质

1) 合同的定义

合同是平等主体的自然人、法人、其他组织之间设立、变更、终止民事权利义务关系的协议。简而言之,合同是当事人之间设立、变更或者终止权利义务的协议。

2) 合同的法律性质

(1) 合同是一种民事法律行为。合同以意思表示为要素,并且按意思表示的内容赋予法律效果。

(2) 合同是两方以上当事人的意思表示一致的民事法律行为。合同成立必须有两方以上的当事人,他们相互作出意思表示,并且取得一致。如果合同当事人的意思不一致,就不能形成合同。

(3) 合同是以设立、变更、终止民事权利义务关系为目的的民事法律行为。设立民事权利义务关系是指当事人依法订立合同后,便在他们之间产生民事权利义务关系;变更民事权利义务关系是指当事人依法成立合同后,便使他们之间原有的民事权利义务发生变化,形成新的民事权利义务关系;终止民事权利义务关系是指当事人依法成立合同后,便使他们之间既有的民事权利义务关系归于消灭。

(4) 合同是当事人在平等、自愿的基础上产生的民事法律关系。合同当事人的法律地位平等,一方不得将自己的意志强加给另一方。当事人依法享有自愿订立合同的权利,任何单位和个人不得非法干预。

（5）合同是具有法律约束力的民事法律行为。依法成立的合同，对当事人具有法律约束力。当事人应当按照约定履行自己的义务，不得擅自变更或者解除合同。依法成立的合同，受法律保护。除不可抗力等法律规定的情形外，当事人一方不履行合同或者履行合同义务不符合约定，皆要承担继续履行、采取补救措施或者赔偿损失等违约责任。

2. 合同的成立要件

合同属于法律行为中的双方法律行为。合同由两个意思表示，即要约和承诺组成。法律关系由主体、客体和内容三部分构成，称为合同法律关系的三要素，如图 9-1 所示，也是合同的成立要件。

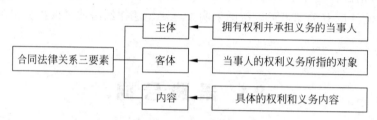

图 9-1　合同法律关系构成要素

1）合同法律关系主体

合同法律关系主体简称合同主体，是指拥有权利并承担义务的当事人，合同既然属于双方法律行为，其当事人应有双方。各方的当事人可以是一人或多人，分属于对立的双方。

2）合同法律关系客体

合同法律关系客体是指合同法律关系主体（当事人）享有的权利和承担的义务所指的对象，客体是主体的目标所在，所以法律关系中的客体又叫标的，合同标的是指当事人通过法律行为所要完成的事项。

3）合同法律关系的内容

合同法律关系的内容是指合同当事人享有的权利（即债权）和承担的义务（即债务）。从民事法律关系方面讲，合同的内容是指合同当事人依据法律规定和合同的约定所产生的权利义务关系，简称为合同权利和合同义务，或债权债务关系。合同的内容也被称为双方当事人的意思表示，合同双方要有对立的两个意思表示，而且双方的意思表示要一致，即双方达成一个合意。所谓合意，即双方当事人的意思表示在内容上的一致。法律对双方的意思表示分别称为要约与承诺。

9.1.2　采购合同及其类型

1. 采购合同的定义

采购合同是买方向卖方按一定条件购买某项标的物时双方达成的协议。采购合同包括货物买卖合同，但是又不仅限于此，还包括了如工程承包合同等合同类型，而且采购合同是站在买方的角度来称谓的广义的买卖合同。采购合同的标的除了传统意义上的有形货物之外,还包括了服务和工程项目等。

《中华人民共和国合同法》(以下简称《合同法》)的第 130 条对买卖合同的定义为:买卖合同是出卖人转移标的物的所有权于买受人,买受人支付价款的合同。这里的买受人指的就是采购合同中的采购方,而出卖人就是供应商。

《合同法》的第 269 条对建设工程合同的定义为:建设工程合同是承包人进行工程建设,发包人支付价款的合同。建设工程合同包括工程勘察、设计、施工合同。这里的发包人就相当于采购合同中的采购方,而承包人就是供应方。

《合同法》的第 251 条对承揽合同的定义为:承揽合同是承揽人按照定作人的要求完成工作,交付工作成果,定作人给付报酬的合同。承揽合同也属于采购合同范畴,只不过它属于服务合同。

2. 采购合同的主要种类

采购合同有许多种分类标准,一般可分以下几类。

1) 按采购内容分类

按采购内容分类可分为货物采购合同、工程项目采购合同和服务采购合同。

2) 按采购职能的范围和标的分类

按采购职能的范围和标的分类可分为商业采购合同、政府采购合同和制造业采购合同。

(1) 商业采购是商业领域为转售而进行采购和储存货物,是以赢利为目的的,如批发商、零售商的进货采购等。商业采购中最大的部分是零售贸易采购,它将大宗货物从农场、工厂或批发商处采购过来然后销售给最终消费者。采购是所有商品零售业组织中极其重要的职能。

(2) 政府采购是指中央和地方政府以及其他公共服务部门,为提供公共服务而采购,不以转售和赢利为目的。

(3) 制造业采购是为了制造、加工货物或材料进行的采购。采购也是制造业中的重要环节,制成品的大部分成本来自所采购的原料或零部件。

3) 按合同支付方式分类

采购合同按合同支付方式,一般可分为固定价格合同、成本加酬金合同和固定工资合同等类型。由于合同的支付是合同双方关注的焦点,下面着重介绍按支付方式进行的合同分类。

(1) 固定价格合同

固定价格合同主要分为以下两种:不变固定价格合同和可调整的固定价格合同。

不变固定价格(firm fixed price)合同又称不变价合同,即合同订立的价格在履行中不再发生变化。大多数的不变固定价格合同是通过竞争性招标确立的,但是由于特定采购项目的性质,有些采购方也可以通过成本分析和谈判与供应方达成不变固定价格合同。不变固定价格合同具有许多优点,特别是通过竞争性招标所订立的不变固定价格合同。

① 管理成本小,没有审计成本。供应方和采购方的关系也非常简单,供应方独立完成工作,采购方按采购合同验收接货,支付合同价格。

② 对采购方而言,合同的所有财务风险都由供应方承担。采购方的最终支付义务仅限于合同中确立的价格,所以超出合同价格以上的任何成本都由供应方承担。

不变固定价格合同的缺点是:供应方提供不良产品或服务的风险比其他类型的合同要大,尤其是在缺乏可供选择的供货来源和适当的供应商评价体系的情况下更是如此。因此采购方必须加强对供应商的选择和合同标的物的验收。

可调整的固定价格(fixed price contract adjustment)合同有时又称为带有经济价格调整条款的固定价格合同(fixed price contract with economic price adjustment)。可调整的固定价格合同是指当出现合同规定的成本和价格因素变动时,就可以对合同价格作出相应的调整。这种合同安排的结果是将通货膨胀造成的价格或成本变化风险从供应方转移给采购方。

可调整的固定价格合同中通常都有价格调整公式。价格调整需依合同中规定的价格调整公式进行。

(2) 成本加酬金合同

成本加酬金合同也被称为成本补偿合同,此类合同确立的基础是采购方将补偿供应方在履行合同义务中负担的成本。这种支付方式要求供应商向采购方公开成本记录。

成本加酬金合同主要可以分为以下几种:成本加固定付费合同,成本加利润百分比合同,成本加激励费用合同,带最高限价的目标成本激励合同。

成本加固定付费合同(cost plus fixed fee contract)是由采购方补偿供应方完成工作所需的成本,而且在供应方完成了工作并且提供了满意的最终产品后还向供应方支付一笔在合同授予之前确定的固定费用。这一固定费用与供应方实际负担的成本没有关系,这种合同主要适用于合同所要求工作的履行成本很不确定的情况,其主要原因是由于技术问题。因此,这种合同大量地运用于研究合同或研究开发合同。

成本加利润百分比合同(cost plus profit percentage contract)是以供应方在完成工作和提供服务时所负担的合理成本为基础,再加上按照成本的百分比计算的数额作为利润。因而这种合同方式使得供应方负担的成本越高,其所获得的利润就越大。它不鼓励供应方控制成本、提高效率,而是鼓励供应方花费得越多越好。

成本加激励费用合同(cost plus incentive fee contract)是事先由双方确定一个完成工作的目标成本,低于该目标成本时的成本节约和高于该目标成本时的成本超支都可以在合同履行完毕时由双方共同分担。这是一种较能鼓励供应商控制工作成本的合同方式,这种合同在一定程度上能够激励供应商通过提高工作效率和有效性来控制成本。

带最高限价的目标成本激励合同是为了克服成本加激励费用合同的缺陷,而对目标成本引入一个最高限价,这样采购方在合同订立时就可以知道其最大可能的成本预算是多少。

(3) 固定工资合同

固定工资合同也可以称为以时间为基础的合同,其广泛应用于复杂的研究、施工监理及绝大部分的培训、技术援助任务,因为这类任务难以确定服务的时间和范围。固定工资合同的基本方法是,在合同订立时,确定一个直接从事合同工作的人员的补偿价格。比如,如果合同要求进行工程设计,在合同中就规定供应方用于该项工作的每一个人员每小时或每天进行工程设计所付出的工作补偿价格,该固定价格包括基本工资、保险、纳税、工具、监督管理、现场及办公室各项开支以及利润。

9.1.3　买卖合同的内容与格式

货物买卖合同是采购合同的重要类型,在这里就买卖合同的内容和格式进行简要介绍。一份完整的买卖合同通常是由首部、正文与尾部 3 个部分组成。

1. 首部

采购合同主要包括合同名称、编号、签约日期、签约地点、买卖双方的名称以及合同序言等。

2. 正文

合同正文是采供双方议定的主要内容,是采购合同的必备条款,是采供双方履行合同的基本依据。具体列明各项交易的条件或条款,如品名、品质规格、数量、单价、包装、交货时间与地点、运输与保险条件、支付方式、检验、索赔、不可抗力和仲裁条款等,明确了双方当事人的权利和义务。

合同的正文主要包括以下内容:

(1) 采购标的物的名称。是对采购标的物的具体描述,是构成货物描述的主要组成部分,是双方交接货物的一项基本依据,若卖方交付货物不符合约定的品名或说明,买方有权提出损害赔偿要求,直至拒收货物或撤销合同。

(2) 品质。如果采购标的是实物,品质是指采购标的所具有的内在质量与外观形态的结合,包括各种性能指标和外观造型。该条款的主要内容有技术规格、质量标准和品牌等。对合同品质的控制方法有两种:一是使用实物或样品;二是使用设计图纸或说明书等文字性描述。在使用样品确定品质时,供应商提供的物品的品质要同样品的品质完全一致。使用图纸或说明书确定品质时,供应商提供的物品的品质要符合设计图纸或说明书的要求。如果采购标的是某项服务,如设备维护、工程设计等,品质描述就是需要达到的服务水平等内容,相对于货物的品质描述来说,比较困难一些。

(3) 价格条款。该条款的主要内容包括每一计量单位的价格金额、合同总价、货币类型、交货地点、国际贸易术语(例如 FOB、CIF 等)、定价方法和支付方式等。

(4) 数量。数量是采用一定的度量制度来确定买卖商品的重量、个数、长度、面积和容积等。它包括的主要内容有交货数量、单位、计量方式等。

(5) 包装。按照包装所起的作用可分为运输包装和销售包装。运输包装是为了有效地保护商品在运输存放过程中的质量和数量要求。它有利于分拣和环保,并把货物装进适当容器。销售包装又称为内包装,是直接接触商品并随商品进入零售网点和消费者直接见面的包装。该条款的主要内容有包装标识、包装方法、包装材料要求、包装质量、包装要求、环保要求、规格、成本以及分拣运输成本等。

(6) 装运条件。是把货物装上运载工具并运送到交货地点。该条款的主要内容有：运输方式、装运时间、装运地与目的地、装运方式(分批、转运)和装运通知等。

(7) 到货期限。是指约定的最晚到货时间,它要以不延误企业生产经营为标准。

(8) 交货地点。指供应商将用户采购的物品最终交付给用户的地点。一般要求供应商提供"门到门"服务,即把物品送到用户的仓库或商店的门口。

(9) 检验。采购方对购人的货物进行检验,双方应在合同中约定检验的标准、方法、期限以及索赔的条件。

(10) 支付条款。包括支付工具、付款方式和支付时间等。

(11) 保险。对于国际交易来说,由于货物需要经过长途跋涉才能最终完成交易,所以一般需要进行货物的运输保险。该条款的主要内容包括：确定保险类别及其保险金额,指明投保人并支付保险费。根据国际惯例,凡是按 CIF 和 CIP 条件成交的出口货物,一般由卖方投保;按 FOB CFR、CPT 条件成交的出口货物,一般由买方办理保险。

(12) 违约责任。是采购合同的当事人由于自己的过错,没有履行或没有全部履行应承担的义务,按照法律规定和合同约定应承担的法律责任。对于违约责任,条款当事人应根据《合同法》的规定,在合同中进一步具体规定。

(13) 仲裁。当事人在合同中约定仲裁条款或者在纠纷时达成仲裁协议,这是仲裁机构受理合同纠纷的法律依据。它包括仲裁机构、适应的仲裁程序、仲裁地点和解决效力等。

(14) 不可抗力。遭遇不可抗力的一方可因此免除合同责任。该条款包括不可抗力的含义、适应范围、法律后果和双方的权利义务等。

3. 尾部

合同的尾部包括的内容有：合同的份数、使用语言及效力、附件、合同的生效日期和双方的签字盖章。

9.2 采购合同管理

9.2.1 采购合同的代理

1. 代理的概念与基本特征

1) 代理的概念

在合同的订立与履行过程中,法人的权利是由法人的职能范围或服务经营范围来决定的,而法人的职权是通过法人代表的行为来实现的。法人代表是指具有法人资格的企业或事业单位的法定代表人,如厂长、经理等;对合资公司或股份公司来说,法人代表是公司的董事长。只有法人代表才能代表公司进行生产经营活动,参与招标投标,签订经济合同。在企业生产和经营过程中,经济关系涉及各个方面,工作繁多,不可能事事都由法人代表亲自处理,法人代表可委托其他人(或组织)代行处理。这种一方(代理人)以他方(被代理人,也叫委托人)的名义,在授权范围内同第三人为意思表示或接受第三人的意思表示,其法律后果直接归属于他方的行为叫做代理。

2) 代理的基本特征

代理具有以下 4 个基本特征:

(1) 代理活动本身是一种法律行为;

(2) 代理人以被代理人的名义实施民事法律行为;

(3) 代理人进行民事活动时,在授权范围内独立地表现自己的意志;

(4) 代理人的代理行为所产生的法律后果直接由被代理人负责。

2. 合同代理的基本形式与要求

1) 合同代理的基本形式

根据我国法律规定,代理的产生有以下方式:

(1) 委托代理。是指按照被代理人委托授权而产生代理权的代理行为。

(2) 法定代理。是指由于法律的直接规定,而产生代理权的代理行为。

(3) 指定代理。是指根据人民法院或指定单位(一般是国家主管机关)的指定,而产生的代理行为。

2) 合同代理的基本要求

合同代理中,最常用是委托代理。委托代理人代订合同时,必须事先取得委托人的委托证明,并根据授权范围以委托人的名义签订,才对委托人直接产生权利和义务。因此在法人代表授权以后,代理人可以代表公司进行经营活动,这种经营活动同样受到法律的保护,但代理人的这种活动,只有满足以下条件,才具有法律效力。

(1) 必须事先取得委托单位的委托证明,即委托书。委托书须写明代理人的姓名、性别、年龄、单位、职务、委托代理事项、代理权限、有效期限、营业执照号码、开户银行、账号和委托日期等,并由法定代表人签字和委托单位盖章。

(2) 代理人必须在授权范围内签订合同。委托单位对其代理人所签订的合同,只对授权范围内的部分负责;代理人超越授权范围签订的合同,事后又未被法人代表追认的,超越部分对法人不具有法律约束力,而应由代理人自己承担损害赔偿责任。

(3) 代理人必须以委托人的名义签订合同。代理人如以自己的名义签订合同,则此合同只对代理人本人发生效力,而对委托人无法律约束力。

3. 合同代理的表现形式

充当或作为合同代理人的情况大体上有以下 3 类:

（1）企业或经济组织内部的有关人员；

（2）企业或其他经济组织的外聘和外雇人员；

（3）其他法人组织或其外驻机构。

4.《合同法》就合同订立过程中有关代理问题处理的规定

（1）行为人没有代理权、超越代理权或者代理权终止后以被代理人名义订立的合同，未经被代理人追认，对被代理人不发生效力，由行为人承担责任。

（2）行为人没有代理权、超越代理权或者代理权终止后以被代理人名义订立合同，相对人有理由相信行为人有代理权的，该代理行为有效。

（3）法人或者其他组织的法定代表人、负责人超越权限订立的合同，除相对人知道或者应当知道其超越权限的以外，该代表行为有效，合同成立有效。

（4）无处分权的人处分他人财产，经权利人追认或者无处分权的人订立合同后取得处分权的，该合同有效。

9.2.2 采购合同的订立与生效

1. 合同的订立

合同的订立就是合同当事人进行协商，使各方的意思表示趋于一致的过程。当事人的意思表示达成一致，合同成立。当事人订立合同一般采取要约、承诺方式。采购订单通常被认为是买方的要约，并在供应商（卖方）接受时成为合法的合同。

1）要约

（1）要约的概念

要约是希望和他人订立合同的意思表示。要约又被称为报价、发价或发盘。发出要约的当事人称为要约人，而要约所指向的对方当事人则称为受要约人。要约具有法律效力，必须具备下列条件：

① 要约必须是特定人的意思表示，即人们能够确定发出要约的是谁。

② 要约的内容必须包括足以决定合同内容的主要条款。要约一经受要约人接受，合同也就成立。所以内容必须明确、具体。

③ 要约必须表明经受要约人承诺，要约人即受该意思表示约束。即要约必须具有缔结合同的目的。当事人发出要约，是为了与对方订立合同，要约人要在其意思表示中将这一意愿表示出来。凡不以订立合同为目的的意思表示，不构成要约。

（2）要约的生效

要约到达受要约人时生效。我国《合同法》规定，要约到达受要约人时生效。采用数据电文形式订立合同，收件人指定特定系统接受数据电文的，该数据电文进入该特定系统的时间，视为到达时间；未指定特定系统的，该数据电文进入收件人的任何系统的首次时间，视为到达时间。

（3）要约的撤回

要约的撤回是指在要约生效前，要约人使其不发生法律效力的意思表示。要约一旦送达受要约人或被受要约人了解，即发生法律效力。所以，撤回要约的通知应当在要约到达受要约人之前或者与要约同时到达受要约人。因此，撤回通知一般应采取比要约更迅速的通知方式。

（4）要约的撤销

要约的撤销不同于撤回，它是指在要约发生法律效力之后，要约人作出的取消要约的意思表示。

我国《合同法》规定，要约可以撤销，但撤销通知应在受要约人发出承诺通知之前到达受要约人。如果要约人确定了承诺期限或以其他形式表明该要约不可撤销以及受要约人有理由相信该要约是不可撤销的，并已经为履行合同做好准备工作，则该要约不得撤销。

（5）要约的失效

要约的失效是指要约丧失其法律效力。要约失效后，要约人不再受其约束，受要约人也终止了承诺的权利。发生下列情形之一时，要约失效：

① 拒绝要约的通知到达要约人；

② 要约人依法撤销要约；

③ 承诺期限届满，受要约人未作出承诺；

④ 受要约人对要约的内容作出实质性变更。

2）承诺

（1）承诺的概念

承诺是受要约人同意要约的意思表示。承诺也被称为接受。承诺一经作出并送达要约人，合同即告成立。承诺应具备下列条件：

① 承诺必须由受要约人作出。

② 承诺必须向要约人作出。

③ 承诺的内容应当和要约的内容一致。受要约人对要约的内容作出实质性变更的，为新要约。有关合同标的、数量、质量、价格、履行期限、履行地点和方式、违约责任和解决争议方法等的变更，是对要约内容的实质性变更。承诺对要约的内容作出非实质性变更的，除要约人及时表示反对或者要约表明承诺不得对要约的内容作出任何变更的以外，该承诺有效，合同的内容以承诺的内容为准。

④ 承诺应当在要约确定的期限内到达要约人。

（2）承诺的方式

《合同法》规定，承诺应当以通知的方式作出，但根据交易习惯或者要约表明或以通过行为作出承诺的除外。

（3）承诺的生效

《合同法》规定，承诺通知到达要约人时生效。采用数据电文形式订立合同，收件人指定特定系统接收数据电文的,该数据电文进入特定系统的时间,视为承诺到达时间;未指定特定系统的,该数据电文进入收件人的任何系统的首次时间,视为承诺到达时间。承诺不需要通知的,根据交易习惯或者要约的要求作出承诺的行为时生效。

(4) 承诺的撤回

撤回承诺是指阻止承诺发生法律效力的一种意思表示。撤回承诺的通知应当在承诺通知到达要约人之前或者与承诺同时到达要约人。

3) 合同的签订

《合同法》第 25 条规定:"承诺生效时合同成立。"

(1) 合同成立的时间

我国《合同法》规定,"当事人采用书面形式订立合同的,自双方当事人签字或盖章时合同成立。"当签字与盖章不在同一时间时,最后签字或盖章时合同成立。

(2) 合同成立的地点

合同成立的地点有下列情形:

① 承诺生效的地点为合同成立的地点。

② 采用数据电文形式订立合同的,收件人的主营业地为合同成立的地点;没有主营业地的,其经常居住地为合同成立的地点。当事人另有约定的,按照其约定。

③ 当事人采用合同书形式订立合同的,双方当事人签字或者盖章的地点为合同成立的地点。

2. 合同的生效

1) 合同生效的概念

合同生效是指业已成立的合同具有法律约束力。《合同法》规定:依法成立的合同成立时生效;法律、行政法规规定应当办理批准、登记等手续生效的,依照其规定。

2) 合同生效的条件

采购合同属于双方的民事法律行为。双方的民事法律行为是否具有法律效力,还要看是否符合《民法通则》的有关规定。根据《民法通则》第 55 条的规定,民事法律行为应当具备下列 3 个条件:行为人具有相应的民事行为能力、意思表示真实、不违反法律或者社会公共利益。作为采购合同来讲,也需要具备上述 3 个条件。

3) 合同生效的时间

根据《合同法》第 44 条的规定,依法成立的合同,自成立时生效。法律、行政法规规定应当办理批准、登记等手续生效的,依照其规定。根据上述规定,采购合同生效时间包括两种情况:

(1) 依法成立的采购合同,自成立时生效。也就是说,一般情况下,只要是依照《合同法》等规定成立的合同,自成立时就产生法律上的约束力。根据《合同法》第 25 条的规定,承诺生效时合同成立。

(2) 法律、行政法规规定应当办理批准、登记等生效手续的,依照其规定。

3. 合同的无效

无效采购合同是相对有效采购合同而言的,它是指当事人之间已经成立的合同由于违反法定事由,因而导致法律不予认可其效力的情形。

根据《合同法》第 52 条的规定,有下列情形之一的,合同无效:

(1) 一方以欺诈、胁迫的手段订立的并损害国家利益的合同无效。

(2) 恶意串通,损害国家、集体或者第三人利益的合同无效。

(3) 以合法形式掩盖非法目的的合同无效。这一情况是指合同当事人订立的买卖合同表面上(包括内容、形式)是合法的,但最终是达到违法行为的目的。

(4) 损害社会公共利益的买卖合同无效。

(5) 违反法律、行政法规的强制性规定的买卖合同无效。

4. 合同的撤销

合同的撤销是指合同存在撤销原因的情况下,享有撤销权的一方当事人请求人民法院或者仲裁机构撤销合同的制度。

有下列情形之一的,当事人一方有权请求人民法院或者仲裁机构变更或者撤销合同:

(1) 因重大误解订立的;

(2) 在订立合同时显失公平的。《合同法》第 54 条规定:"一方以欺诈、胁迫的手段或者乘人之危,使对方在违背真实意思的情况下订立的合同,受损害方有权请求人民法院或者仲裁机构变更或者撤销。"

9.2.3　采购合同的履行

合同的履行是依法成立的合同所必然发生的法律效果,并且是构成合同法律效力的主要内容。

1. 合同履行的原则

1) 诚实信用原则

在合同履行的过程中遵守诚实信用原则,表现为以下几个方面:

(1) 当事人除应遵守法定、约定义务以外,还应遵守依诚实信用原则所产生的附随义务。

(2) 在法律、合同对义务无规定、约定,或规定、约定不明确时,当事人应依诚实信用原则履行义务。

2) 适当履行原则

适当履行原则是指当事人应依合同约定的标的、质量、数量,由适当主体在适当的期限、地点,以适当的方式,全面完成合同义务的原则。这一原则要求:

(1) 履行主体适当。即当事人必须亲自履行合同义务或接受履行,不得擅自将合同义务或合同权利让其他人代为履行或接受履行。

（2）履行标的物及其数量和质量适当。即卖方必须按合同约定的标的物履行义务，而且还应依合同约定的数量和质量来给付标的物。

（3）履行期限适当。即当事人必须依照合同约定的时间来履行合同，卖方不得迟延履行，买方不得迟延受领。

（4）履行地点适当。即当事人必须严格依照合同约定的地点来履行合同。

（5）履行方式适当。履行方式包括标的物的履行方式以及价款或酬金的履行方式，当事人必须严格依照合同约定的方式履行合同。

3）经济合理原则

经济合理原则是指在合同履行过程中，应讲求经济效益，以最少的成本取得最佳的合同效益。如供需双方应商定选择快捷、合理的运输方法。

4）协作履行原则

协作履行原则是指在合同履行过程中，双方当事人应互助合作共同完成合同义务的原则。协作履行原则具有以下几个方面的要求：

（1）供应商履行合同时，采购方应适当受领给付；

（2）供应商履行合同债务时，采购方应创造必要条件、提供方便；

（3）供应商因故不能履行或不能完全履行合同义务时，采购方应积极采取措施防止损失扩大，否则，应就扩大的损失自负其责。

2. 合同履行的要件

1）履行主体

采购合同履行主体包括采购方（买方）和供应商（卖方），或称为债权人和债务人。除法律规定、当事人约定、性质上必须由债务人本人履行的债务以外，履行也可以由债务人的代理人进行。但是代理只有在履行行为是法律行为时方可适用。同样，在上述情况下，债权人的代理人也可以代为受领。

2）交付标的

交付标的物是供应商的主要义务，将标的物交付给采购方是供应商的主要履行行为。这是由于合同的标的是合同债务人必须实施的特定行为，是合同的核心内容，是合同当事人订立合同的目的所在。必须严格按照合同的标的履行合同就成为合同履行的一项基本原则。合同标的的质量和数量是衡量合同标的的基本指标，因此，按照合同标的履行合同，在标的的质量和数量上必须严格按照合同的约定进行履行。如果合同对标的的质量没有约定或者约定不明确的，当事人可以补充协议，协议不成的，按照合同的条款和交易习惯来确定。如果仍然无法确定的，按照国家标准、行业标准履行；没有国家标准、行业标准的，按照通常标准或者符合合同目的的特定标准履行。在标的的数量上，全面履行原则的基本要求便是全部履行,而不应当部分履行。

3)履行地点

履行地点是指卖方交付、买方受领标的物的地点,履行地点直接关系到履行的费用和时间。如果合同中明确约定了履行地点的,就应当在该地点履行合同。如果合同约定不明确的,依据《合同法》的规定,双方当事人可以协议补充,如果不能达成补充协议的,则按照合同有关条款或者交易习惯确定。

4)履行方式

履行方式是合同双方当事人约定以何种形式来履行义务。合同的履行方式主要包括运输方式、交货方式、结算方式等。根据合同履行的基本要求,在履行方式上,履行义务人必须首先按照合同的约定的方式进行履行。如果约定不明确的,当事人可以协议补充,协议不成的,可以根据合同的有关条款和交易习惯来确定,如果仍然无法确定的,按照有利于实现合同目的的方式履行。

5)履行期限

采购合同履行期限是指供应商交付和采购方接受标的物的时间。作为合同的主要条款,合同的履行期限一般应当在合同中予以约定,当事人应当在该履行期限内履行合同。如果当事人不在该履行期限内履行,则可能构成迟延履行而应当承担违约责任。

6)价款及相关费用的支付

价款及相关费用是指供应商履行合同所支出的费用。如果合同中作出了相关约定,则采购方应当按照合同的约定予以支付。如果合同没有约定或者约定不明确的,则按照合同的有关条款或者交易习惯确定。

9.2.4 采购合同的变更与转让

1. 采购合同的变更

1)采购合同变更的概念

采购合同的变更是指在合同成立以后、履行完毕之前由合同当事人双方依法对原合同的内容所进行的修改。

合同变更主要有以下特征:

(1)合同变更的对象是合同内容,而合同的主体则保持不变。

(2)合同变更只能发生在合同有效成立之后尚未完全履行之前。

(3)合同的变更,主要是使合同内容发生变化,而变更之外的合同内容继续有效。

2)采购合同变更的要件

按照《中华人民共和国民法通则》和《合同法》的规定及民法和合同法原理,合同的变更应具备以下要件或条件:

(1)合同变更的前提是当事人间原已存在的、有效的买卖合同关系。

（2）合同变更的内容必须明确。买卖合同变更的内容必须明确。买卖合同内容的变更主要包括如下类型：

① 标的物数量的增减；

② 标的物品质的改变；

③ 价款或酬金的增减；

④ 履行期限的变更；

⑤ 履行地点的改变；

⑥ 履行方式的改变；

⑦ 结算方式的改变；

⑧ 所附条件的增添或除去；

⑨ 违约金的变更；

⑩ 担保的设定或消失。

（3）合同的变更须依当事人的协议或法院、仲裁机构的裁决。当事人协商一致变更原合同是合同自由原则的体现，因此，当事人的合意是引起合同关系变更的重要法律事实。实际上，以这种方式变更合同就是成立新合同以取代旧合同，所以合意变更合同的程序，应遵循关于合同订立的要约承诺规则，并且变更后的合同内容要发生法律效力，也须符合合同的生效要件。在生效要件方面，合同的变更除须符合合同生效的一般要件外，尚应遵守《合同法》第 77 条第 2 款的特别规定，即依照法律、行政法规规定，变更合同应当办理批准、登记等手续的，须办理批准、登记等手续，否则合同变更不生效力。

因法定情况的出现而由法院或仲裁机构裁决的合同变更，可称之为合同的司法变更。这种变更涉及司法权力对合同当事人意思自治的干预，因而只有在法律有明文规定或当事人有此请求时，法院方可为之。

3）合同变更的效力

合同一经变更，即产生以下法律效力：

（1）合同变更部分取代被变更的部分，但原合同未变更部分仍继续有效。因此，在合同变更后，当事人应按照变更后的合同内容进行履行，否则将构成违约。

（2）合同变更原则上仅向将来发生效力，对已履行的部分没有溯及力，已经履行的债务不因合同的变更失去其法律根据。

（3）合同变更并不影响当事人要求赔偿的权利。《中华人民共和国民法通则》第 115 条明确规定：“合同的变更或者解除，不影响当事人要求赔偿损失的权利。”这种情况一般发生在合同的司法变更之中。

2. 合同的转让

合同的转让即合同主体的变更。从所转让的内容看，它包括合同权利的转让、合同义务的转让和合同权利义务的概括转让 3 种情形。

从发生的原因看，合同的转让也可分为 3 种情况：

（1）基于法律的直接规定而发生的转让，即所谓的法律上的转让，例如依继承法的规定，被继承人死亡时，其包括合同权利义务在内的遗产概括地移转于继承人。

（2）基于法院裁决发生的所谓裁判上的转让。

（3）基于法律行为发生的转让，例如遗嘱人以遗嘱将其合同权利转让给受遗赠人，或转让人与受让人订立转让合同而转让合同权利义务。其中，通过转让合同转让合同权利，称债权让与；通过转让合同转让合同义务，则为债务承担。

9.2.5　采购合同的担保

1. 担保的定义和特征

担保，是指法律规定或者当事人约定的确保合同履行，保障债权人利益实现的法律措施。担保应依照《中华人民共和国担保法》（以下简称《担保法》）的规定进行。担保具有以下法律特征。

（1）从属性。担保合同是从属于主合同的从合同，除担保合同另有约定外，主合同无效，担保合同无效。

（2）补充性。担保对债权人权利的实现仅具有补充作用，只有在所担保的债务得不到履行时，才能行使担保权利。

（3）相对独立性。担保可相对独立于所担保的债权而发生或存在。如担保的成立须当事人另行约定；主合同无效，担保合同另有约定的，可继续有效。

2. 合同担保的形式

《担保法》规定的担保方式为定金、保证、抵押、留置和质押。

1）定金

定金是指缔约一方为了保证合同的履行，在订立合同前向对方给付一定数额的货币作为担保，债务人履行债务后，定金应当抵作价款或收回。给付定金的一方不履行约定债务的，无权要求返还定金；收受定金的一方，不履行约定债务的，应当双倍返还定金。

定金作担保形式时，定金的大小应适当，定金过高会加重当事人的负担，一般规定不得超过合同标的额的 20%。定金一般以书面形式约定。当事人在定金合同中应当约定交付定金的期限。定金在合同实际交付定金之日生效。

2）保证

保证是指保证人和债权人约定，当债务人不履行债务时，保证人按照约定履行债务或者承担责任的行为。保证法律关系中至少有三方参加，即保证人、被保证人（债务人）和债权人。

保证分两种方式，即一般保证和连带责任保证。一般保证的保证人，在主合同纠纷未经审判或者仲裁，并没有就债务人财产依法强制执行仍不能履行债务前，对债权人可以拒绝承担担保责任。连带责任保证的债务人在主合同规定的债务履行期届满没有履行债务的，债权人可以要求债务人履行债务,也可以要求保证人在其保证范围内承担保证责任。

我国的《担保法》规定,具有代为清偿债务能力的法人、其他组织或者公民,都可以做保证人。但下列组织不能作为保证人:

(1) 国家机关不得为保证人,但经国务院批准为使用外国政府或者国际经济组织贷款进行转贷的除外。

(2) 学校、幼儿园和医院等以公益为目的的事业单位和社会团体不得为保证人。

(3) 企业法人的分支机构、职能部门不得为保证人(企业法人的分支机构有法人书面授权的除外)。

3) 抵押

抵押是合同当事人一方用自己或第三方财物为另一方当事人提供清偿债务的权利。当义务当事人不履行合同时,权利当事人可以变卖其财物,优先取得补偿。如有剩余,仍应退还给义务当事人;如果仍不足以补偿时,权利当事人有继续向义务当事人追偿的权利。

4) 留置

留置是用标的物作为担保的一种形式。根据法律规定,当债务人未在法定或约定的期限内全面履行合同时,债权人有权处置所留置的财物。留置权的行使必须有法律明文规定,债权人不得违反法律规定滥用留置权。

5) 质押

质押是当事人一方以动产或某种权利作为抵押的一种担保形式。将动产质押的称为动产质押,将权利质押的称为权利质押。债务人或者第三人为出质人,权利人为质权人,移交的动产为质物。债务人不履行合同时,债权人有权以该动产或权利折价或者以拍卖、变卖该动产或权利的价款优先得到赔偿。

下列权利可以质押:

(1) 汇票、支票、本票、债券、存款单、仓单和提单;

(2) 依法可以转让的股份和股票;

(3) 依法可以转让的商标专用权、专利权及著作权中的财产权;

(4) 依法可以质押的其他权利。

9.3　合同纠纷的解决

在合同的履行过程中,当事人之间难免就某些合同内容发生分歧,从而产生合同纠纷。合同纠纷可以通过当事人之间的协商解决,而且协商解决应该说是最好的解决途径,但是有时双方很难平心静气地解决问题,这就需要寻求其他的途径来解决。合同纠纷的解决途径主要有两种方式,即仲裁机构仲裁裁决和法院诉讼判决。

9.3.1　合同仲裁

1. 仲裁的含义和特点

仲裁(arbitration)是指买卖双方在争议发生之前或发生之后,签订书面协议,自愿将争议提交双方均同意的第三者予以裁决。由于仲裁是依照法律所允许的仲裁程序裁定争端,因而仲裁裁决是最终裁决,具有法律约束力,当事人双方必须遵照执行。

根据《中华人民共和国仲裁法》第 2 条的规定,合同纠纷仲裁是指合同纠纷当事人在自愿基础上达成协议,将纠纷提交仲裁委员会审理,并作出对争议各方有约束力的裁决的一种解决合同纠纷的制度。

仲裁方式具有解决争议时间短、费用低、能为当事人保密、异国执行方便等优点。且仲裁是终局的,对双方都有约束力。

2. 合同纠纷仲裁的原则

1) 协议仲裁原则

协议仲裁原则又称尊重当事人意愿原则。

(1) 当事人采用仲裁方式解决纠纷,应当双方自愿,达成仲裁协议;没有仲裁协议,一方申请仲裁的,仲裁委员会不予受理。

(2) 当事人达成仲裁协议,一方向人民法院起诉的,人民法院不予受理,但仲裁协议无效的除外。

(3) 仲裁委员会应当由当事人协议选定。另外,仲裁不实行级别管辖和地域管辖。

2) 公平合理原则

仲裁应当根据事实,符合法律规定,公平、合理地解决纠纷。

3) 独立公正原则

(1) 仲裁依法独立进行,不受行政机关、社会团体和个人的干涉。

(2) 仲裁委员会独立于行政机关,与行政机关没有隶属关系。仲裁委员会之间也没有隶属关系。

4) 一裁终局原则

裁决作出后,当事人就同一纠纷再申请仲裁或者向人民法院起诉的,仲裁委员会或者人民法院不予受理。

3. 合同纠纷的仲裁协议

仲裁协议是各方当事人愿意将他们之间的争端提交仲裁解决的一项协议,是提交合同仲裁的前提。仲裁协议包括合同中订立的仲裁条款和以其他书面方式在纠纷发生前或者纠纷发生后达成的请求仲裁的协议。

1) 仲裁协议的作用

(1) 仲裁协议表明双方当事人愿意将他们的争议提交仲裁机构裁决,任何一方都不得向法院起诉；

（2）仲裁协议也是仲裁机构受理案件的依据，任何仲裁机构都无权受理无书面仲裁协议的案件；

（3）仲裁协议还排除了法院对有关案件的管辖权，各国法律一般都规定法院不受理双方订有仲裁协议的争议案件，包括不受理当事人对仲裁裁决的上诉。

2）仲裁协议的内容

仲裁协议的内容一般应包括仲裁地点、仲裁机构、仲裁程序、仲裁裁决的效力及仲裁费用的负担等。

（1）仲裁地点

仲裁地点通常是指在哪个国家仲裁。对于国际争端来说，确定仲裁地点非常重要。因为仲裁地点与仲裁适用的程序和合同争议所适用的实体法密切相关，规定在哪个国家仲裁实际上就意味着适用该国的仲裁法和实体法。所以仲裁地点是协议中最为重要的一个问题。由于当事人对本国的法律和仲裁程序较为了解，一般都希望将仲裁地点定在本国。而且适用不同国家的法律，仲裁结果往往也可能不同。

（2）仲裁机构

当事人双方选用哪个国家（地区）的仲裁机构审理争议，应在合同中作出具体说明。

① 常设仲裁机构。世界上许多国家和一些国际组织都设有专门从事国际商事仲裁的常设机构，如国际商会仲裁院、英国伦敦仲裁院、英国仲裁协会、美国仲裁协会、瑞典斯德哥尔摩商会仲裁院、瑞士苏黎世商会仲裁院、日本国际商事仲裁协会以及中国香港国际仲裁中心等。我国的常设仲裁机构为中国国际经济贸易仲裁委员会和海事仲裁委员会。仲裁机构不是国家的司法部门，而是依据法律成立的民间机构。

② 临时仲裁庭。临时仲裁庭是专为审理指定的争议案件而由双方当事人指定的仲裁员组织起来的，案件审理完毕后即自动解散。因此，在采取临时仲裁庭解决争议时，双方当事人需要在仲裁条款中就双方指定仲裁员的办法、人数、组成仲裁庭的成员、是否需要首席仲裁员等问题作出明确的规定。

（3）仲裁程序

在买卖合同的仲裁条款中，应指明用哪个国家（地区）和哪个仲裁机构的仲裁规则进行仲裁。各国仲裁机构的仲裁规则对仲裁程序都有明确规定。按我国仲裁规则规定，基本程序如下：

① 申请仲裁。申请人应提交仲裁协议和仲裁申请书，并附交有关证明文件和预交仲裁费。仲裁机构立案后，应向被诉人发出仲裁通知和申请书及附件。被诉人可以提交答辩书或反请求书。

② 组成仲裁庭。当事人双方均可在仲裁机构所提供的仲裁员名册中指定或委托仲裁机构指定一名仲裁员，并由仲裁机构指定第三名仲裁员作为首席仲裁员，共同组成仲裁庭。如果用独任仲裁员方式，可由双方当事人共同指定或委托仲裁机构指定。

③ 仲裁审理。仲裁审理案件有两种形式：一种是书面审理，也称不开庭审理，根据有关书面材料对案件进行审理并作出裁决，海事仲裁常采用书面仲裁形式；另一种是开庭审理，这是普遍采用的一种方式。

④ 作出仲裁裁决。裁决是仲裁程序的最后一个环节。裁决作出后，审理案件的程序即告终结，因而这种裁决被称为最终裁决。根据我国仲裁规则，在仲裁过程中，仲裁庭认为有必要或接受当事人的提议，可就案件的任何问题作出中间裁决或者部分裁决。中间裁决是指对审理清楚的争议所作的暂时性裁决，以利于对案件的进一步审理；部分裁决是指仲裁庭对整个争议中的一些问题已经审理清楚，而先行作出的部分终局性裁决。这种裁决是最终裁决的组成部分。

（4）仲裁裁决的效力

仲裁裁决的效力主要是指由仲裁庭作出的裁决对双方当事人是否具有约束力，是否为终局性的，能否向法院起诉要求变更裁决。双方当事人在签订仲裁协议时应规定：仲裁裁决是终局的，对双方都有约束力。

有下列情形之一的，仲裁协议无效：

① 约定的仲裁事项超出法律规定的仲裁范围的；

② 无民事行为能力人或者限制民事行为能力人订立的仲裁协议；

③ 一方采取胁迫手段，迫使对方订立仲裁协议的。

（5）仲裁费用的负担

通常在仲裁协议中明确规定仲裁费用由谁负担。一般规定由败诉方承担，也有规定为由仲裁庭酌情决定的。

4. 合同纠纷仲裁裁决的执行和撤销

仲裁裁决一经作出即发生法律效力，当事人应当履行裁决。一方当事人不履行的，另一方当事人可以依照民事诉讼法的有关规定向人民法院申请执行，受理的人民法院应当执行。仲裁机构本身没有执行权。

申请执行应当由当事人向被执行人住所地或被执行财产所在地的基层人民法院提交申请执行书和仲裁裁决书。申请执行必须在法定的期限内才有效。

当事人提出证据证明仲裁裁决有下列情形之一的，可以向仲裁委员会所在地的中级人民法院申请撤销裁决：

（1）没有仲裁协议的；

（2）裁决的事项不属于仲裁协议的范围或者仲裁委员会无权仲裁的；

（3）仲裁庭的组成或者仲裁的程序违反法定程序的；

（4）裁决所根据的证据是伪造的；

（5）对方当事人隐瞒了足以影响公正裁决的证据的；

（6）仲裁员在仲裁该案时有索贿受贿、徇私舞弊、枉法裁决行为的。

9.3.2　诉讼

合同纠纷诉讼是指合同纠纷的当事人向人民法院起诉,人民法院立案受理,在合同双方当事人和其他诉讼参与人的参与下,由人民法院审理和解决合同纠纷的法律制度。合同纠纷诉讼是人民法院执行和适用合同法,解决合同纠纷案件的民事执法活动。诉讼是合同纠纷的最终解决途径,权威性高,法律约束力强。只要当事人不愿和解、调解或者和解、调解不成,当事人之间又没有订立仲裁协议或者仲裁协议无效,便可以直接向人民法院起诉,通过人民法院的审判活动,使合同纠纷得到公正合理的解决。

1. 合同纠纷诉讼的受案范围和法院管辖

1) 受案范围

根据我国法院审判案件分工的规定,除了自然人之间的合同纠纷外(法院民庭受理),绝大部分合同纠纷案件归人民法院经济审判庭管辖,他们受理各类合同纠纷案件。

2) 法院管辖

法院管辖是指法院系统内部的上下级法院、同级法院之间在受理第一审合同纠纷案件上的权限分工。根据《中华人民共和国民事诉讼法》第 2 章的规定,法院管辖包括级别管辖、地域管辖、移送管辖和指定管辖 4 种。

(1) 级别管辖。级别管辖是上下级法院之间在受理第一审合同纠纷案件上的权限和分工。我国人民法院对合同纠纷案件的级别管辖分为 4 级:基层人民法院管辖第一审一般合同纠纷案件;中级人民法院管辖在其辖区内有重大影响及重大涉外合同纠纷案件;局级人民法院管辖在其辖区内有重大影响的第一审合同纠纷案件;最高人民法院管辖在全国范围内有重大影响的,以及认为应当由自己审理的第一审合同纠纷案件。

(2) 地域管辖。地域管辖是同级人民法院之间受理第一审合同纠纷案件的权限和分工。《中华人民共和国民事诉讼法》规定:因合同纠纷提起的诉讼,由被告住所地或者合同履行地人民法院管辖。合同的双方当事人可以在书面合同中协议选择被告住所地、合同履行地、合同签订地、原告住所地、标的物所在地人民法院管辖,但不得违反民事诉讼法对级别管辖和专属管辖的规定。

(3) 移送管辖。移送管辖是指人民法院发现受理的合同纠纷案件不属于自己管辖的,应当移送给有管辖权的人民法院管辖。

(4) 指定管辖。指定管辖是指有管辖权的人民法院由于特殊原因,不能行使管辖权的,由上级人民法院指定管辖。人民法院之间因管辖权发生争议,双方协商解决不了的,报请它们的共同上级人民法院指定管辖。

2. 合同纠纷诉讼当事人的诉讼权利与义务

1) 诉讼权利

(1) 当事人有进行诉讼、要求人民法院公正审判的权利。其中包括请求司法保护、委托代理人和申请回避等。请求司法保护是当事人一项最基本的诉讼权利。凡是符合起诉条件的合同当事人(原告)都有权向人民法院起诉;被起诉的合同对方当事人(被告)有义务到人民法院应诉,并有权提起反诉。

(2)维护自己实体合同权利的请求和主张的诉讼权利。其中包括收集、提供证据,进行辩论和查阅本案有关材料等。

(3)处分合同实体权利的诉讼权利。其中包括请求调解、提起上诉、双方自行和解以及提起反诉等。

(4)借以实现合同权益的诉讼权利。指合同当事人申请执行的权利。

2)诉讼义务

(1)必须依法行使诉讼权利,不能滥用法律赋予的诉讼权利;

(2)必须遵守诉讼程序,服从法庭的指挥,尊重对方当事人和其他诉讼参与人的诉讼权利;

(3)有缴纳诉讼费的义务;

(4)必须履行发生法律效力的判决、裁定和调解协议。

3. 合同纠纷诉讼的审判组织

人民法院审理第一审合同纠纷案件,由审判员、陪审员共同组成合议庭或者由审判员组成合议庭。人民法院审理第二审合同纠纷案件,由审判员组成合议庭。合议庭的成员人数必须是单数。合议庭评议案件实行少数服从多数的原则。评议中的不同意见必须如实记入笔录。

适用简易程序审理的合同争议案件,由审判员一人独任审理。

4. 合同纠纷诉讼的审判程序

1)起诉与受理

(1)起诉

原告向人民法院提起诉讼必须符合下列条件:①原告是与本案有直接利害关系的公民、法人和其他组织;②有明确的被告;③有具体的诉讼请求和事实、理由;④属于人民法院受案范围和受诉人民法院管辖。

具备上述条件的当事人,应当向人民法院递交起诉状,并按照被告人数提出相应的副本,起诉状应当记明下列事项:当事人的姓名、性别、年龄、民族、职业、工作单位和住所,法人或其他组织的名称、住所,法定代表人或者主要负责人的姓名、职务;诉讼请求和所根据的事实与理由;证据和证据源泉,证人姓名和住所。

(2)受理

人民法院接到原告诉状后,要予以审查。依照法律规定,双方当事人对合同纠纷自愿达成书面仲裁协议向仲裁机构申请仲裁、不得向人民法院起诉的,告知原告向仲裁机构申请仲裁;对不属于本院管辖的案件,告知原告向有管辖权的人民法院起诉。经审查符合起诉条件的,应当在 7 日内立案,并通知当事人;认为不符合起诉条件的,应当在 7 日内裁定不予受理;原告对裁定不服的,可以提起上诉。

2) 审理前准备

人民法院应当在立案之日起 5 日内将起诉状副本发送被告,被告在收到之日起 15 日内提出答辩状,被告不提出答辩状的,不影响人民法院审理。审判人员必须认真审核诉讼材料,调查收集必要的证据。

3) 开庭审理

人民法院审理合同纠纷案件,除涉及国家秘密、个人隐私或者法律另有规定的以外,应当公开审理。涉及商业秘密的案件,当事人申请不公开审理的,可以不公开审理。

原告经传票传唤,无正当理由拒不到庭的,或者未经法庭许可中途退庭的,可以按撤诉处理。被告经传票传唤,无正当理由拒绝到庭的,或者未经法庭许可中途退庭的,可以缺席判决。

4) 判决和裁定

审理过程中,原告自动撤诉的,由人民法院决定是否准予撤诉;经调解达成协议的,要制作调解书;调解不成的,法院应进行判决。

人民法院对公开审理或者不公开审理的案件,一律公开宣告判决。当庭宣判的,应当在 10 日内发送判决书;定期宣判的,宣判后立即发给判决书。

5) 第二审程序

当事人不服地方人民法院第一审判决的,有权在判决书送达之日起 15 日内向上一级人民法院提起上诉;不服地方人民法院第一审裁定的,有权在裁定书送达之日起 10 日内向上一级人民法院提起上诉。

第二审人民法院审理上诉案件,应当组成合议庭,开庭审理。第二审时,也可以进行调解,调解达成协议,应当制作调解书,调解书送达后,原审人民法院的判决即视为撤销。经调解不能达成协议的,第二审人民法院可按下列情况分别处理:①原判决认定事实清楚,适用法律正确的,判决驳回上诉,维持原判;②原判决适用法律错误的,依法改判;③原判决认定事实错误,或者原判决认定事实不清,证据不足,裁定撤销原判决,发回原审人民法院重审,或者查清事实后改判;④原判决违反法定程序,可能影响案件正确判决的,裁定撤销原判决,发回原审人民法院重审。

当事人对重审案件的判决、裁定,可以上诉。二审法院所作改判、维持原判的判决,为终审判决,不得上诉。

6) 审判监督程序

当事人对已经发生法律效力的判决、裁定,认为有错误的,可以向原审人民法院或者上一级人民法院申请再审,此即为申诉。

再审适用审判监督程序,但不停止原判决、裁定的执行。当事人的申请符合下列情形之一的,人民法院应当再审:①有新的证据,足以推翻原判决、裁定的;②原判决、裁定认定事实的主要证据不足的;③原判决、裁定适用法律确有错误的;④人民法院违反法定程序,可能影响案件正确判决、裁定的;⑤审判人员在审理该案件时有贪污受贿、徇私舞弊、枉法裁判行为的。

当事人对已经发生法律效力的合同调解书,提出证据证明调解违反自愿原则或者调解协议的内容违反法律的,可以申请再审。经人民法院审查属实的,应当再审。

当事人申请再审,应当在判决、裁定发生法律效力后两年内提出。

5. 合同纠纷诉讼的执行程序

调解书自送达之日起,即产生法律效力。

一审判决后,当事人逾期未上诉,或虽上诉但予以驳回的,或者二审的终审判决、裁定,以及最高人民法院的判决、裁定,都是已发生法律效力的判决、裁定,当事人应自动履行。任何一方不执行,对方当事人有权向第一审即原审人民法院申请强制执行。

9.4　合　同　法

9.4.1　合同法的概念和适用范围

1. 合同法的概念

合同法是调整平等主体之间交易关系的法律,主要规范合同的订立,合同的有效和无效,合同的履行、变更、解除、保全,以及违反合同的责任等问题。它是我国民法的重要组成部分。合同法有狭义与广义的不同理解之分。狭义的理解,即指 1999 年 3 月 15 日第九届全国人民代表大会第二次会议通过的《中华人民共和国合同法》(以下简称《合同法》);广义的理解,即指包括《合同法》在内的,调整因合同行为而产生的财产民事权利义务关系的法律规范的总称。

2. 合同法的适用范围

合同法的适用范围,是指合同法对哪些合同有约束力。《合同法》第 2 条规定:"本法所称合同是平等主体的自然人、法人、其他组织之间设立、变更、终止民事权利义务关系的协议。婚姻、收养、监护等有关身份关系的协议,适用其他法律的规定。"这一规定明确了我国合同法的主要适用范围。

合同法适用于平等主体之间订立的民事权利义务的协议,因此合同法将适用范围确定为各类由平等主体的自然人(包括外国国籍、无国籍的自然人)、法人和其他组织之间设立、变更、终止的民事权利义务关系的协议,换句话说合同法应适应各类民事合同。

9.4.2　合同法的基本原则

我国《合同法》的基本原则,是合同法所特有的、表现于全部合同法律规范并通用于合同立法、守法、执法和司法活动的根据和法律准则,或称指导思想。正确理解合同法的基本原则,对适用合同法有积极的指导作用。

根据我国《合同法》的规定,其基本原则主要有以下几点。

1. 平等原则

我国《合同法》调整的是平等主体之间的民事权利义务关系。平等原则有以下几个方面的含义:

(1) 合同当事人的法律地位平等。合同的主体都处在平等法律地位。不论合同主体的所有制性质如何、规模大小、有无主管部门、隶属关系如何、机关级别高低、个人职位贵贱,它们都以平等主体资格进入合同关系。合同当事人的地位平等,依法享有自愿订立合同的权利。一方不得将自己的意志强加给另一方,任何单位和个人不得非法干预。

(2) 当事人在某一合同关系中,权利义务对等。除赠与合同外,当事人没有无义务的权利和无权利的义务。一方在从对方得到利益的同时,要付给对方相应的代价。

(3) 交易机会平等。平等原则所要求的平等是法律地位上的平等,而非经济地位的平等或经济实力的平等,是交易机会的平等而非交易结果的平等。

(4) 平等地受法律保护。不论合同主体是自然人、法人和其他组织,只要合同权益合法,都应平等地给予保护。

2. 自愿原则

自愿原则又称自由原则,是指当事人在订立、变更和终止合同时,要以各自的真实意思来表示自己的意愿的原则。

(1) 自愿原则要求当事人在设立、变更和终止合同中充分表达自己的真实意志,一方以欺诈、胁迫的手段,订立的损害国家利益的合同无效;因重大误解订立的合同也是可以变更或者撤销的合同。

(2) 自愿原则给予当事人依法自愿订立合同的权利。包括当事人是否签订合同、和谁签订、合同内容的确定、如何承担违约责任、选择合同形式等,由当事人双方在不违反法律规定的情况下自愿协商约定。

(3) 国家根据需要向企业下达指令性任务或者国家订货任务的,有关法人、其他组织之间应当依照有关法律、行政法规规定的权利和义务签订合同。

3. 公平原则

公平来自道德观念,提倡公平、谴责偏私是社会公德的要求。

(1) 当事人应该公平地确定双方的权利和义务。对内容有重大误解或者显失公平的合同,一方当事人有权请求变更或撤销。

(2) 在合同履行过程中具体问题的处理也要遵循公平原则。

(3) 合同违约责任的确定也要遵循公平原则。

司法机关更应根据公平的原则处理合同争议。

由于公平是法律最基本的原则之一,因此它在相当多的合同法规定中均有体现,运用公平的原则去分析、理解法律,是学习法律过程中极为重要的一点。

4. 诚实信用原则

诚实信用原则是市场经济活动中形成的道德规则。它要求人们在市场活动中讲究信用,恪守诺言,诚实不欺,不规避法律或曲解合同约定,在不损害国家利益、社会利益和他人利益的前提下追求自己的利益。

诚实信用原则,在合同关系中,包括以下内容:

(1) 当事人必须以诚实、善意的内心状态对待另一方当事人。在订立合同时,应依法陈述事情,不得隐瞒事实真相,以假充真,以次充好。

(2) 当事人应依诚实信用方式行使权利。权利人应尊重另一方当事人的利益,以善意方式行使权利并获得利益,不得滥用合同权利,损害他人利益和社会公共利益。

(3) 当事人应依诚实信用的方式履行义务。

5. 守法原则

守法原则又称合法原则,或称合法与公序良俗原则。《合同法》第 7 条规定:"当事人订立、履行合同,应当遵守法律、行政法规,尊重社会公德,不得扰乱社会经济秩序,损害社会公共利益"。任何单位和个人不得利用合同进行违法行为,牟取非法利益。这一原则,包括以下 5 个方面的内容:

(1) 主体要有合法资格。

(2) 合同的内容要合法。

(3) 合同的形式和订立合同的程序要符合法律的要求。合同有书面形式、口头形式和其他形式。法律、行政法规规定采用书面形式的,应当采用书面形式;当事人约定采用书面形式的,应当采用书面形式。当事人订立合同,采用要约、承诺方式,必须具备要约、承诺的要件。

(4) 合同的履行必须符合法律、法规的规定。

(5) 不违背公序良俗。社会公德是人们在长期的社会生活中形成的公共道德。应当尊重社会公德,不得扰乱社会经济秩序,损害社会公共利益。

9.4.3　西方国家的合同法

西方国家的合同法主要分为两个法律体系,即大陆法系和英美法系。法系是西方法学家经常使用的概念,是西方法学家根据法律的历史传统对法律进行分类,属于同一传统的具有某种共性的法律就构成一个法系。

合同自由原则是西方国家合同法的最基本原则,主要包括订立合同的自由、选择合同对方的自由、决定合同内容的自由。合同自由并不是绝对自由,国家也可以通过反垄断的立法、保护消费者权益的立法、关于普通合同条款的立法来实施一定程度的干涉。

1. 大陆法系

属于大陆法系的国家主要是绝大多数欧洲国家,如法国、德国、意大利、瑞士、荷兰、西班牙、比利时、奥地利等。另外,由于殖民主义扩张的结果,大陆法系的国家还包括拉丁美洲国家、部分非洲国家及日本、土耳其等国家。

大陆法系率先开创了近现代完善合同立法体系的先河。其中以第一部资本主义的民法典即 1804 年的《法国民法典》为代表。

2. 英美法系

属于英美法系的国家除了英国和美国外,还包括加拿大、澳大利亚、新西兰、爱尔兰、印度、巴基斯坦、马来西亚、新加坡等国家。中国香港特区也属于英美法系。

英美法系国家有关合同的法律规定主要由历史留下来的丰富的判例和少量的成文法独自构成一个同一的体系,称为合同法。

9.4.4 我国的合同法

1. 我国合同立法的过程

从建国初到改革开放之前这段时间,由于一直是计划经济体制,合同制度一度废止。改革开放之后,由于发展社会主义市场经济的需要,合同在发展国民经济中的重要作用重新被人民认识。1981 年 12 月 13 日,我国制定了新中国成立以来有关合同的第一个法律《中华人民共和国经济合同法》。此后,于 1985 年 3 月 21 日,制定了《中华人民共和国涉外经济合同法》,1987 年 6 月 23 日又制定了《中华人民共和国技术合同法》。

上述合同法律的制定与实施,对于规范交易、激励交易、维护交易安全和交易秩序起到了一定的作用,但仍未解决中国合同法制不完备的问题。这是因为:①当时原合同法体系缺少系统科学的合同总则性规定。民法通则中有关合同的内容,尚无法作为合同法的总则适用;②三部合同法的内容上存在不一致;③市场经济条件下的合同主体呈多种所有制形式,三部合同法的适用范围未能全部覆盖;④合同规定的种类过少,不足以规范各种经济交易关系;⑤三部合同法对各种合同规定得过于简略,不适用当事人订立合同以及法院处理合同纠纷。

在此种情况下,急需解决合同法"三足鼎立"带来的问题和矛盾。现在的《合同法》就是在这种情况下起草并于 1999 年 10 月 1 日起施行的,同时废止了《中华人民共和国经济合同法》、《中华人民共和国涉外经济合同法》和《中华人民共和国技术合同法》。

2.《合同法》的主要内容

《合同法》共 23 章 428 条。分为总则、分则、附则 3 大部分。

总则规定合同法的原则以及共同适用的规定,由 8 章组成。第一章,一般规定,包括立法宗旨,本法适用范围和合同法的基本原则;第二章,合同的订立;第三章,合同的效力;第四章,合同的履行;第五章,合同的变更和转让;第六章,合同的权利义务终止;第七章,违约责任;第八章,其他规定,包括合同的法律适用,合同的解释,合同监督,合同争议的解决途径,合同争议诉讼或者仲裁时效。

分则规定了买卖、承揽、运输、技术等 15 类合同的特殊性规定,由 15 章组成。第九章,买卖合同;第十章,供用电、水、气、热力合同;第十一章,赠与合同;第十二章,借款合同;第十三章,租赁合同;第十四章,融资租赁合同;第十五章,承揽合同;第十六章,建设工程合同;第十七章,运输合同;第十八章,技术合同;第十九章,保管合同;第二十章,仓储合同;第二十一章,委托合同;第二十二章,行纪合同;第二十三章,居间合同。

小结与讨论

本章从一般合同的概念入手,首先介绍了合同的法律性质和成立要件;然后介绍了采购合同的定义及采购合同的主要分类,其中重点介绍了采购合同按支付方式分类的主要类型及其各自特点。简要介绍了买卖合同的格式和内容构成。

本章就采购合同管理的相关各个方面进行了简要介绍,包括采购合同的代理问题、采购合同的订立与生效、采购合同的履行、采购合同的变更与转让、采购合同的担保等方面内容。

合同履行中难免发生各种各样的纠纷,当发生合同纠纷时如何去处置是采购人员需要了解的,尽管现实中可能需要咨询或求助于律师来解决这类问题。本章中就合同纠纷处理的两种重要方式,即仲裁和诉讼进行了比较详细的介绍。

本章最后介绍了合同法方面的一些知识,包括合同法的概念和基本原则、西方国家的合同法、我国合同法的立法过程、新版合同法的主要内容构成。

习题与思考题

1. 合同成立的要件是什么?

2. 固定价格合同与成本加酬金合同的各自特点及适用范围有哪些?

3. 买卖合同一般包括哪些内容?

4. 要约的定义是什么? 在什么情况下要约生效? 分别在什么情况下要约可以撤回和撤销? 采购订单能够作为要约的原因是什么?

5. 承诺的定义是什么？在什么情况下承诺生效？在什么情况下承诺可以撤回？

6. 在什么情况下采购合同无效？

7. 合同履行的原则有哪些？

8. 合同履行的要件主要包括什么？

9. 什么是合同的变更和转让？

10. 合同担保的定义和主要的担保方式是什么？

11. 仲裁的定义和特点是什么？

12. 仲裁协议的内容包括什么？

13. 诉讼的定义是什么？合同纠纷诉讼的审判包括哪些程序？

第 10 章　采购质量控制

市场采购是企业经营活动的第一道环节,也是企业实现货币转化为物资的过程。采购质量的高低,不仅关系到社会再生产过程是否顺利进行,而且影响着企业全面质量水平的提高。

10.1　采购质量的概念

10.1.1　质量

根据国际标准化组织制定的国际标准《质量管理和质量保证——术语》(ISO 8402—1994),产品质量是指产品"反映实体满足明确和隐含需要的能力和特性的总和"。

一般地,关于质量的定义可分为广义和狭义两种。狭义的质量是特定使用目的所要求的商品特性的总和,即商品的自然属性的综合。广义的质量是商品能适合一定用途要求,满足社会一定需要的各种属性的综合,即商品的符合性和社会适用性相结合。符合性是从企业出发的,但也要考虑用户需求的动态性;适用性是从用户出发,但又要考虑质量要求。

随着社会的发展,产品日益丰富,人们对产品质量的重视程度也日益提升,广义的产品质量更符合质量的内涵。从广义上来理解产品质量,应注意下面 4 个方面的内容:

(1) 质量的基础是商品具有能够满足规定或潜在需求的各种质量特性。

(2) 质量是动态的。由于时代的进步,以及科技、经济的发展,消费者的需要或规定也会相应变化和发展,这就必然对商品的质量特性提出更高的要求,商品质量也会发生相应的变化。

(3) 商品质量是客观的。商品质量是受社会生产力和经济水平制约的。商品质量又是由客观存在的各种质量指标及属性决定的。

(4) 商品质量的评价具有主观性。它取决于人们选取的衡量质量优劣的水平基础。每个人都可以从自己的角度(不同的社会地位、收入水平、文化素质和心理状况等),对商品质量作出不同的评价。

目前,企业越来越把质量作为竞争工具,这使管理者开始重新认识质量对一个企业的发展所起的作用。在采购方面,供应商的运作效果可能会成为一个关键因素,它将决定采购企业本身能否成功地提供优质的产品和服务。调查研究表明,至少 50% 的质量问题是由供应商提供的产品和服务造成的。而且,企业的管理工具如物料需求计划(MRP)、准时制生产方式(JIT)和无库存采购等都要求供应商提供的产品符合规格。但是只要求供应商提供优质产品却不能保证采购企业自身的质量表现无可挑剔,也是没有现实意义的。同样,对采购企业及其员工、政策、体制和程序等也是如此,不能只严格要求别人而放松自己。所以,质量改进对采购双方都是一个不断的挑战,而采购双方的紧密合作则是取得显著改进所必需的。

10.1.2 采购质量

采购的目的是获得所需的原料、零部件或产品,这是企业实现生产、销售等业务的基本前提,是企业服务客户的基础性工作,因此,采购质量对于企业有着不可替代的作用。采购质量是采购活动满足企业生产产品或服务客户的总体能力。采购质量是一种集合体,它不单单着眼于采购活动本身,还要看到采购活动对生产或服务所造成的后果。对采购质量的衡量,要考虑采购对象(商品)的基本属性。

1. 适用性

适用性是指一种商品、物料或服务能够达到既定功能和用途的能力。从纯粹意义上讲,适用性忽略了商业上的考虑,而仅仅指适合使用。例如,金比银和铜更适合作电导体,但由于金造价昂贵而不适用(除了特殊场合和要求),这也正是芯片用金而房屋用铜作导线的原因。所以,适用性除商品用途所要求的基本性能(功能)外,还包括满足使用方便、安全、经济等要求。

2. 可靠性

可靠性是一种统计意义上的概念,是一种部件或产品能在指定时间内正常工作的可能性。它是与商品在使用过程中的稳定性和无故障性联系在一起的,是评价产品质量的主要指标之一。可靠性通常包括耐久性、易维修性和设计可靠性。耐久性是商品在规定的使用期限内保持其功能而不出故障的质量特性;易维修性是指商品在发生故障后被迅速修复的能力;设计可靠性是指商品在设计时不仅要提高其易操作度,而且要尽可能降低过失或环境改变引起故障的损失。从采购的观点看,对所采购的部件和商品而言,认识其可靠性的变动很有用,这是用于质量预测和控制的基础资料。采购部门可以根据期望的可靠性效果,对偏离设计标准的程度进行评估,并以此作为制定奖惩措施的依据。以机电产品为例,有 100 台某种型号的电视机,在规定的标准实验条件下工作 300 h,其中有 98 台完全合乎规定的实验项目要求,那么,这种型号的电视机工作 300 h 的可靠性为 0.98 (98/100)。

3. 经济性

经济性包括两方面的内容:一是追求在物美价廉基础上的最适质量;二是商品价格与

使用费用的最佳匹配。最适质量是指商品的质量性能与获得该质量性能所需费用(价格)的统一,即优质和低成本的统一。对于采购而言,除了要考虑采购商品的价格外,还应注重商品的质量,争取在"一分价钱一分货"的保证下,购买到物美价廉的商品。我们可以使用价值工程的原理将商品的经济性加以量化,根据公式:价值=功能/成本(费用)(即 $V = F/C$),可以计算出商品的价值,并努力以最低的成本费用获取最高的经济效益。

10.2 采购质量管理

10.2.1 采购质量管理概述

采购质量管理是对采购过程中质量因素的有效控制,确保质量要在可接受的范围以内,以满足企业生产和服务的需要。

1. 采购质量管理的必要性

(1) 高质量的市场采购是保证企业实现再生产的重要条件

企业要实现再生产,必须要实现产品迅速的销售,将产品转化为货币,再以货币采购所需的物资来完成再生产任务。市场采购正是为企业尽快实现产品转化为货币,又为货币购进所需物资提供了条件,使企业再生产得以继续进行。因此,市场采购质量的好坏直接关系到社会再生产的发展。

(2) 高质量的市场采购是搞好物资流通,安排好市场的基础

企业的生产经营是为了满足社会需要。为生产服务,是实现市场采购目的的前提。没有采购就没有销售,也就不能满足社会需要。只有根据社会需要,及时、保质、保量、齐备地采购适销对路的物资,才能为销售创造条件,安排好市场,更好地满足生产建设和人民物质文化生活的需要。

(3) 高质量的市场采购是企业取得经济效果的重要一环

市场采购不仅对安排市场结构、促进社会再生产方面有直接关系,对企业能否取得良好的经济效益也有直接影响。如果企业能根据社会需要,及时、适量地购进各种价廉物美的原料或零部件,就可以降低生产成本,有助于产品打开市场,扩大销售,加速资金周转,降低流通费用,增加利润,取得良好的经济效果,增加资本规模,增强企业实力。

2. 采购质量管理的原则

1) 以需定进原则

以需定进就是根据市场需要确定物资的采购目标。在企业经营活动中,销售是核心环节,采购是首要环节。企业采购的目的,是为了保证销售,满足市场需要,实现社会再

生产。有需要才有销路,适销对路才能满足需要。企业的经营活动,就是周而复始的为卖而买,先买后卖的统一过程。因此,在市场上采购物资时,必须研究和掌握社会需要情况,严格遵守以社会需要确定采购目标的原则。这样,一方面可以防止有些物资因盲目采购而造成滞销、积压等浪费现象发生;另一方面,又可以避免社会需要的某些物资因脱销而供不应求。

值得注意的是,社会需要量只能通过分析、预测获得总体情况的预计数,不可能得到精确数值,生产建设常常发生许多临时急需,市场需求也千变万化。所以,要正确理解和掌握以需定进的原则,不能机械、片面地理解为市场需要什么就采购什么,需要多少就采购多少;而应该从实际出发,根据不同情况,区别对待,灵活掌握。

(1) 凡关系企业的战略布局、供不应求的重要物资,应根据需要,开拓资源,力争多进。

(2) 对供求正常、货源充足的物资,应保持正常采购水平,即采购量略大于市场需求量。

(3) 对于大型专用物资、贵重物资、品种多变的特殊物资,应密切注意需求动态,需要多少,采购多少。

(4) 对季节性强的物资,应季前购齐,季中补充,季末禁购。

(5) 对于供过于求的物资,应严格控制,少量采购。但是有些物资,当年暂时供过于求,今后确有需要的,可适当扩大采购,增加储备。

(6) 对于新产品,要注意少购,积极试销,打开销路,占领市场后再扩大采购。

2) 择优选购原则

择优选购就是指在满足社会需要的前提下,从运输方便、服务周到的企业采购优质名牌、价廉物美、用户欢迎的物资。

在企业的采购中,如何才能做到择优选购呢?可以通过价值分析的方法来说明。

价值分析的方法是一种技术与经济相结合的现代管理方法。在我国企业的物资采购中已成为一种行之有效的方法。价值分析中的价值是指经济效益。价值高,效益好;价值低,效益差。价值的高低是通过功能与成本(费用)的对比关系来确定的。

一般地,功能一定时,成本越低,价值越高,效益越好;成本一定时,功能越强,价值越高,效益越好。因此,所谓价值分析就是对某一种产品的功能和成本作系统分析,以寻求提高价值的途径。而在市场物资采购中,运用价值分析方法的基本原理,就是因为,用户购买某种产品是为了获得它的功能——使用价值,销售者销售某种产品正是为了满足用户需要的功能。而在市场上具有相同功能的产品,往往有多个供货企业,但由于他们的技术水平、生产成本或销售成本不同,其商品的价格也不相同。物流企业经营同样功能的产品,由于采购渠道不同,采购方式不同,流通费用也不同,销售价格也就不同。用户购买同样功能的产品,支付的货款并不相同,因而,购买者采购产品时,一般都把产品的功能与成本进行分析对比,以便用最少的钱获得必要的功能,或用同样的钱获得更多的功能。

企业在采购物资时,也应把欲采购的物资功能与成本进行分析对比,择其优者而采购。

具体来说,主要从以下几个方面来选择:

(1) 择功能之优。在采购物资时,要使物资的功能(如品种、规格型号、能力等)符合组织运营的需要。在满足需要功能的前提下,应采购标准、通用的物资。价格相同或相近时,采购互换性和可代性强的物资。

(2) 择质量之优。即采购优质名牌产品。质量好就能保证产品功能满足用户需要,并在使用中能为用户降低消耗,降低成本。

(3) 择价廉之优。在市场上同样的产品,功能相同,价格不同,应选择价格较低的;不同产品,功能相同,价格差异大,应选择价格较低的代用品。

(4) 择供货企业地理位置和交通运输条件之优。在产品同质同价的条件下,应就地就近选择交通运输条件好的供货企业,这样产销距离近,交通运输方便,能经济、合理地组织运输,降低流通费用。

(5) 择服务之优。不同的供货单位所提供的销售服务(包括售前、售中、售后服务)是不同的。服务好的企业能为用户提供多方面的服务,如交货及时、代办运输、技术培训等,能消除用户的后顾之忧。

以上两条原则是相互联系的,以需定进偏重于采购的数量控制,而择优选购则偏重于采购物资的质量控制。所以,在物资采购中,只有同时遵循这两条原则,才能确保物流采购质量管理水平的提高。

10.2.2　采购质量保证体系

质量保证体系是指企业以保证和提高采购质量,运用系统的原理和方法,设置统一协调的组织机构,把采购部门、采购环节的质量管理活动严密地组织起来,形成一个有明确任务、职责、权限、互助协作的质量管理有机体系。建立起一个完善、高效的质量保证体系,必须做到以下几点:

(1) 要有明确的质量目标。质量目标是采购部门遵守和依从的行动指南。目标确定后,要层层下达,以保证实施。

(2) 建立健全采购质量管理机构和责任制度。这就从组织和制度上为加强采购质量管理创造了良好条件。设立质量检验机构,建立严格的质量责任制度,使采购质量管理工作事事有人管,人人有专职,办事有依据,考核有标准,使全体采购人员为保证和提高采购质量而认真工作。

(3) 建立健全采购质量标准化体系。标准(即岗位标准、操作标准、流转程度等)是衡量采购工作质量的尺度,又是采购质量管理工作的依据,只有搞好标准化工作,建立健全质量标准化体系,才能保证和提高采购工作质量。

(4) 加强质量教育,强化质量意识。要搞好采购质量管理,没有文化、没有科学知识是不行的。没有文化的采购队伍,是不可能搞好采购质量管理的。因此,要把质量教育作为采购质量管理的"第一道工序"来抓。

10.2.3 质量检验

根据检验原理、条件、设备的不同特点,商品质量检验方法可分为 5 大类,即感官检验法、物理检验法、化学检验法、微生物检验法和产品试验法。

1. 感官检验法

感官检验法是一种很重要的检验手段。这是由于目前一些产品的质量特性,还不能用仪器来进行,只能靠感官检验,即通过视觉、听觉、味觉、嗅觉、触觉检验法来进行检验。

2. 物理检验法

物理检验法是指对商品的物理量及其在力、电、声、光、热的作用下所表现的物理性能和机械性能的检验。这种检验要通过仪器测量进行。物理检验可分三类:第一类是几何量检验。商品的几何量如商品长、宽、高、内外径、角度、形状、表面粗糙度等。第二类是物理量检验。商品的物理量指标如重量、密度、细度、黏度、熔点、沸点、导热、导电、磁性、吸水率、胀缩性、电阻、功率、电流、电压、频率等。第三类是机械性能检验。商品的机械性能检验内容很广泛,如抗拉强度、抗压强度、抗剪切强度、抗冲击强度、硬度、弹性、韧性、脆性、塑性、伸长率、应力、应变、最大负荷、耐磨性等。

3. 化学检验法

化学检验法又称化学分析法。商品的某些特性要通过化学反应才能显示出来,商品的这种性质称为化学性质。采用化学分析法和仪器分析法能够检测其化学性质。化学分析法又分为定性分析和定量分析,定量分析中又可分为重量分析和容量分析。此外,还有仪器分析法。仪器分析法可分为光学分析和电化学分析,是通过检验试样溶液的光学和电化学性质等物理或物理化学性质而求出待测物组分含量的方法。光学分析法包括了比色分析法、比浊分析法、分光光度法、发射光谱分析法、原子吸收光谱分析法和荧光分析法等。气相色谱法在名酒鉴别中有重要的作用,操作时使用气相色谱仪将被分析样品(气体或液体气化后的蒸汽)在流速保持一定的惰性气体带动下进入填充有固定相的色谱柱,在色谱柱中样品被分离为一个个单一组分,并以一定先后次序从色谱柱中流入检测器,转变为电信号,再经放大后,用记录器记录,在记录纸上得到一组色谱峰,根据色谱峰峰高或峰面积就可定量测定样品中各个组分含量。

4. 微生物检验法

微生物检验是对部分商品(主要是直接入口的商品)细菌污染的定性或定量检验,通常也称卫生检验。目前,我国对食品(如肉及肉制品、乳及乳制品、蛋品、水产、清凉饮料、罐头、糕点、调味品、蔬菜、瓜果、豆制品、酒类等)、饮用水、口服及外用药品、化妆品、需灭菌的商品均规定了卫生标准,以严格控制细菌污染,防止各种有害的病原微生物侵入身体,而直接危害广大消费者的人身健康。微生物常规检验项目包括细菌总数测定、霉菌总数测定、大肠菌群的检验、肠道致病菌的检验、化脓性细菌的检验、食物中毒菌的检验、破伤风厌氧菌的检验、活螨虫及螨虫卵的试验等。

5.产品试验法

产品标准是为保证产品适用性,规定对一个或一类产品应符合的技术要求。产品标准中规定的每项技术要求,根据可检验性原则都要规定相应的试验方法。一般产品试验分为4种:

(1)型式试验。验证产品符合一项技术规范(如质量水平、性能、安全要求、环境条件等)适用于它的规定。在早期的产品标准中型式试验又称环境试验,即商品在自然环境中用人工模拟的工作条件进行试验。为缩短试验时间,尽快取得结果,在摸清环境对产品影响规律的基础上,采用强化或加速的人工模拟试验方法。一种产品需进行哪些项目环境试验及其严酷程度,取决于产品的使用条件及可靠性要求,在产品标准的型式试验项目表中都做出了规定。环境试验方法有高低温试验、温度冲击试验、耐潮及防腐试验、防霉试验、防尘试验、密封试验、振动试验、冲击和碰撞试验、运输试验、恒加速试验、寿命(耐久性)试验等。

(2)常规试验(又称出厂试验)。检查产品材料和加工的质量缺陷,并检测产品固有性能。常包括功能试验和安全试验项目。

(3)抽样试验。在有关产品标准中有此项要求时进行,试验同样是用来验证产品规定的性能和特性。这些规定可由制造厂提出或由制造厂与用户协商。

(4)特殊试验。可根据有关产品标准及制造厂与用户协议进行,以满足市场对产品的多样化需求。

10.3　质量检验和质量控制

这里简单介绍一些常用的质量检验和控制技术,详细的理论原理和方法应用参见质量管理方面的著作和教材。

10.3.1　质量检验概述

产品质量检验通常可分为全数检验和抽样检验两种方法。

全数检验是对一批产品中的每一件产品逐一进行检验,挑出不合格品后,认为其余全都是合格品。这种质量检验方法虽然适用于生产批量很少的大型机电设备产品,但大多数生产批量较大的产品,如电子元器件产品就很不适用。产品产量大,检验项目多或检验较复杂时,进行全数检验势必要花费大量的人力和物力,同时,仍难免出现错检和漏检现象。而当质量检验具有破坏性时,例如电视机的寿命试验、材料产品的强度试验等,全数检验更是不可能的,因此,在大多数的生产和采购行为中,如果没有特殊的要求,一般都是采用抽样检验的方法。

抽样检验是从一批交验的产品(总体)中,随机抽取适量的产品样本进行质量检验,然后把检验结果与判定标准进行比较,从而确定该产品是否合格或需再进行抽检后裁决的一种质量检验方法。

抽样方法的使用参照我国已制定的相关标准。

10.3.2　抽样检验

采购活动发生频繁,而且采购数量也会比较庞大,抽样检验是采购过程中使用最为频繁的方法。目前,已经形成了很多具有不同特性的抽样检查方案和体系,大致可按下列几个方面进行分类。

1. 按产质量指针特性分类

衡量产品质量的特征量称为产品的质量指标。质量指标可以按其测量特性分为计量指标和计数指标两类。计量指标是指如材料的纯度、加工件的尺寸、钢的化学成分、产品的寿命等定量数据指针。计数指标又可分为计件指标和计点指标两种,前者以不合格品的件数来衡量;后者则指产品中的缺陷数,如一平方米布料上的外观疵点个数,一个铸件上的气泡和砂眼个数等。

按质量指针分类,产品质量检验的抽样检查方法分成计数抽检和计量抽检方法两类。

(1) 计数抽检方法:是从批量产品中抽取一定数量的样品(样本),检验该样本中每个样品的质量,确定其合格或不合格,然后统计合格品数,与规定的合格判定数比较,决定该批产品是否合格的方法。

(2) 计量抽检方法:是从批量产品中抽取一定数量的样品数(样本),检验该样本中每个样品的质量,然后与规定的标准值或技术要求进行比较,以决定该批产品是否合格的方法。

有时,也可混合运用计数抽样检查方法和计量抽样检查方法。如选择产品某一个质量参数或较少的质量参数进行计量抽检,其余多数质量参数则实施计数抽检方法,以减少计算工作量,又能获取所需质量信息。

2．按抽样检查的次数分类

按抽样检查次数可分为一次、二次、多次和序贯抽样检查方法。

（1）一次抽检方法：该方法最简单，它只需要抽检一个样本就可以作出一批产品是否合格的判断。

（2）二次抽检方法：先抽第一个样本进行检验，若能据此作出该批产品合格与否的判断，检验则终止。如不能作出判断，就再抽取第二个样本，然后再次检验后作出是否合格的判断。

（3）多次抽检方法：其原理与二次抽检方法一样，每次抽样的样本大小相同，即 $n_1＝n_2＝n_3＝\cdots＝n_7$，但抽检次数多，合格判定数和不合格判定数亦多。ISO 2859 标准提供了 7 次抽检方案。我国 GB 2828、GB 2829 都实施 5 次抽检方案。

（4）序贯抽检方法：相当于多次抽检方法的极限，每次仅随机抽取一个单位产品进行检验，检验后即按判定规则作出合格、不合格或再抽下个单位产品的判断，一旦能作出该批合格或不合格的判定时，就终止检验。

3．按抽检方法形式分类

抽检方法首先可以分为调整型与非调整型两大类。调整型是由几个不同的抽检方案与转移规则联系在一起，组成一个完整的抽检体系，然后根据各批产品质量变化情况，按转移规则更换抽检方案即正常、加严或放宽抽检方案的转换，ISO 2859、ISO 3951 和 GB 2828 标准都属于这种类型，调整型抽检方法适用于各批质量有联系的连续批产品的质量检验。

非调整型的单个抽样检查方案不考虑产品批的质量历史，使用中也没有转移规则，因此它比较容易为质检人员所掌握，但只对孤立批的质量检验较为适宜。

10.3.3 质量控制

对于抽样检验得到的数据，往往需要借助某些工具对其进行综合分析，得出整体的质量检验结果。常见的质量控制方法有老 7 种手段和新 7 种手段，这些方法简单易行，可以直观地反映抽样检验的数据，因而在采购质量控制中有很好的应用。

1．老 7 种手段

老 7 种手段是指：查核表、分层法、帕累托排列图、因果图、直方图、控制图、散点图。

1）查核表

查核表（check sheets），也称统计分析表或查检表，是用来记录事实和分析事实的统计表。查核表用简单的数据和容易理解的方式制成图形或表格，必要时再记上检查记号，并加以统计整理,目的是要记录和统计某种事件发生的频率,用于进一步分析或核对检查。表 10-1 是查核表的一个举例。

表 10-1　不良品查核表

检查日期	检查数	合格数	不　良　品			不良品类型			
			废品数	次品数	返修品数	废品类型	次品类型	返修品类型	合格品率/%

2）分层法

分层（stratification）就是把所收集的数据进行合理的分类,把性质相同、生产条件相同或某些相关因素相同条件下收集的数据归在一组,把划分的组称为层。通过数据分层可以将错综复杂的影响质量的因素分析得更清楚。

常用的分层依据包括作业条件、材料、机械设备、人员、时间、环境气候、地区和产品等。

3）帕累托排列图

帕累托图（Pareto diagram）是以意大利经济学家帕累托命名的排列图,图形在坐标轴的纵轴有两种衡量尺度,左边是质量特性,右边是百分比。图 10-1 是酒杯质量问题的帕累托排列图,图中横轴表示质量问题种类,质量问题按其出现的频率从大到小排列。

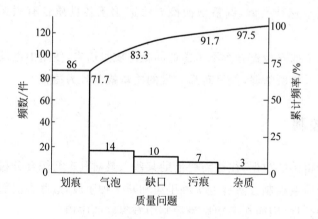

图 10-1　酒杯质量问题的帕累托排列图

来源：http://chinapmnet.com/knowledge/2008/0630/article_574.html

帕累托排列图是用来做重点管理的分析工具。所谓重点是指"数量只占全体的 20％,但影响度却占 80％"的那些问题。利用帕累托排列图找出关键问题的原理就是一般所说的 80/20 原理。

4）因果图

因果图（cause & effect diagram），也称为鱼骨图（fishbone diagram），是将一个问题的特性（结果），与造成该特性的重要原因（要因）归纳整理而成为图形。由于其外型类似鱼骨，因此一般俗称为鱼骨图。该图形是由日本品管大师石川馨先生发展出来的，故又名石川图。鱼头向右者为原因分析鱼骨图，而鱼头向左者为对策分析鱼骨图。

图 10-2 为原因分析鱼骨图，表示导致结果产生的各类直接和间接原因。鱼骨图的生成可由相关专业人员共同参与分析形成。

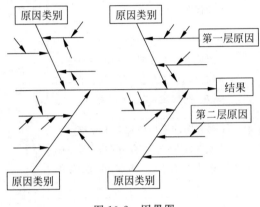

图 10-2　因果图

5）直方图

直方图（histogram）是将一组测量数据按其在各区间内出现的频率分布绘制成柱状图，以调查其平均值（集中趋势）与分布（离散趋势）的范围。主要有常态型（正常分布情形）、锯齿型（由于分组及组距测定有误差所造成）、右高或绝壁型（由于某种规格限制所造成）、双峰型（两个不同群体混合所造成）、高原型（数个平均值差异不大的群体混合所造成）、离岛型（不同群体混入造成之异常现象），见表 10-2。

6）控制图

控制图（control chart）由美国的贝尔电话实验所的休哈特（W. A. Shewhart）博士在1924 年首先提出控制图并使用后，控制图就一直成为科学管理的一个重要工具，特别在质量管理方面成了一个不可或缺的管理工具。它是一种有控制界限的图，用来区分引起质量波动的原因是偶然的还是系统的，可以提供系统原因存在的信息，从而判断生产过程是否处于受控状态。

控制图按其用途可分为两类：一类是供分析用的控制图，用控制图分析生产过程中有关质量特性值的变化情况，看工序是否处于稳定受控状；另一类是供管理用的控制图，主要用于发现生产过程是否出现了异常情况，以预防产生不合格品。

表 10-2　常见的直方图

形 状 名 称	形 式 说 明	可 能 原 因
（1）　　　　常态型	频次在中心附近出现最多,离开中心逐渐减少,左右大致对称	一般常态出现的形状
（2）　　　　缺齿型	按区间间隔频次数上下波动,如缺齿状	多半由于分组不当或检测数据不准而造成
（3）　左(右)偏向型	测量的均值相对于分布中心偏左(右),直方图左(右)侧较陡,右(左)侧较缓,左右不对称	1.　一些形位公差要求的特性值是偏向分布; 2.　加工者担心出现不合格品,在加工时往往偏小(大)造成
（4）　左(右)绝壁型	直方图的平均值相对于分布中心极端偏左(右),直方图左(右)侧很陡而右(左)侧缓和,左右不对称	将规格以下者全部剔除时会出现。核对测定有无作弊,有无检查失误,有无测定误差等
（5）　　　　高原型	各区间出现的频次数没什么变化,在中央部分呈现平坦的高原形状	通常是由于生产过程中缓慢变化因素的影响(如刀具磨损)造成
（6）　　　　双峰型	在中心附近的分布次数少而在左右呈现两高峰	把不同加工者或不同材料、不同加工方法、不同设备生产的两批产品混在一起形成的
（7）　　　　离岛型	在普通的柱形图右边或左边出现离岛	由于测量有误或生产中出现异常(原材料变化、刀具严重磨损等)

控制图是以统计方法计算中心值及控制界线,并据此区分异常变异与正常变异的图形。图 10-3 是利用控制图判异的 8 种标准,其中的任何一种情况出现,都表明有异常情况出现,要分析并找出原因。

7) 散点图

散点图(scatter diagram)是将一组对应的两种质量特性数据(x, y),点入 X-Y 坐标图中,以观测两种质量特性是否相关及其相关程度。从散点图可发现统计量 X 和 Y 大致有如

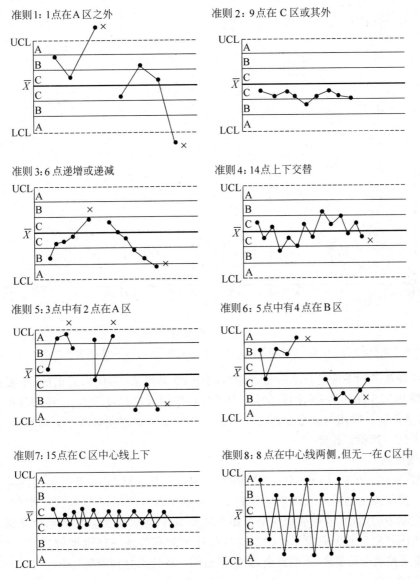

图 10-3 控制图的 8 种判异标准

来源：http://www.qdyongxin.com/yx/XXLR1.ASP？ID=216

下几种情形：强正相关、弱正相关、强负相关、弱负相关、无关，如图 10-4 所示。

2. 新 7 种手段

许多质量问题属于文字语言的表达，为了更有效地处理这些问题，质量管理手法亦随之发展演变，因而产生了所谓的新质量管理 7 种手段。新 7 种手段包括箭线图、关联图、KJ 法（亲和图）、系统图、矩阵图、矩阵数据解析法及过程决策计划图。

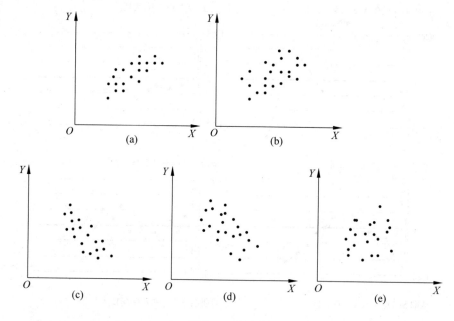

图 10-4　散点图

(a) Y 与 X 强正相关；(b) Y 与 X 弱正相关；(c) Y 与 X 强负相关；(d) Y 与 X 弱负相关；(e) Y 与 X 无关

　　质量管理新 7 种手段是日本质量管理专家于 20 世纪 70 年代末提出的，主要运用于全面质量管理 PDCA 循环的 P(计划)阶段，用系统科学的理论和技术方法，整理和分析数据资料，进行质量管理。常用的质量控制方法主要运用于生产过程质量的控制和预防，新的 7 种质量控制工具与其相互补充。

　　1) 箭线图法

　　箭线图(arrow diagram method，ADM)法，又称矢线图法，是双代号网络图在质量管理中的应用。箭线图中的箭线表示质量控制工作中的活动。图 10-5 是箭线图举例，其中箭线表示质量控制中的活动，节点表示活动开始或结束事件，箭线旁的数字表示该项活动需要的时间。箭线图是制订某项质量工作的最佳日程计划和有效地进行进度管理的一种方法，特别适用于质量控制活动繁多、关系复杂、衔接紧密的一次性质量管理项目上。

　　2) 关联图法

　　关联图(inter-relationship diagraph)是指用一系列的箭线来表示影响某一质量问题的各种因素之间的因果关系的连线图。质量管理中运用关联图要达到以下几个目的。

　　① 制订 TQC 活动计划；

　　② 制订 QC 小组活动计划；

　　③ 制定质量管理方针；

　　④ 制定生产过程的质量保证措施；

　　⑤ 制定全过程质量保证措施。

通常,在绘制关联图时,列出所有要素,用"○"圈起,用箭头将有因果关系的要素连接起来,表示因果关系,箭头从原因要素指向结果要素,其基本图形如图 10-6 所示。

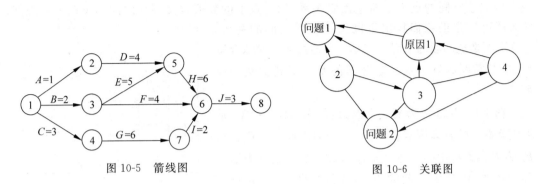

图 10-5 箭线图   图 10-6 关联图

3）KJ 法

KJ 法又称 A 型图解法、亲和图法（affinity diagram）,是日本专家川喜田二郎创造的,KJ 是他的名字的英文字母缩写。KJ 法针对某一问题广泛收集资料,按照资料近似程度和内在联系,进行分类整理,抓住事物的本质,找出结论性的解决办法。这种方法是开拓思路、集中集体智慧的好办法,尤其针对未来和未知的问题可以进行不受限制的预见、构思,对质量管理方针计划的制订、新产品新工艺的开发决策和质量保证都有积极的意义。

4）系统图

系统图（tree diagrams）是一种系统地寻找达到目的的手段的一种方法,其具体做法是将要达到的目的所需要的手段逐级深入,最上一级是系统目的和为实现该目的而设计的手段;第二级将上一级的手段作为目的,再进一步设计为实现二级目的的手段;依次递推,直到找到具体可实施的手段。

系统图广泛应用于质量管理,如质量管理因果分析、质量保证体系的建立、各种质量管理措施的开展等。

系统图由方框和箭头构成,形状似树枝,所以又称树枝系统图、家谱图、组织图等。在质量管理中,为了达到某种目的,就需要设计和选择某一种手段,而为了实施这一手段又必须考虑它的下一级相应的手段,……。这样,上一级的手段就成为下一级手段的行动目的,如图 10-7 所示。

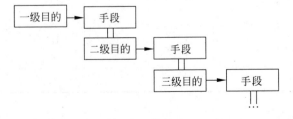

图 10-7 系统图

5）矩阵图

矩阵图（matrix diagrams）法运用二维或多维矩阵表格，用两组或多组因素构成的二维或多维因素空间的点表示对应因素关系，用该点上的数值定义因素之间的关联关系强度。

矩阵图可以帮助我们找出不同组别因素之间的关系，进而分析造成问题的原因。它是一种通过多因素综合思考，探索问题的好方法。矩阵图的基本形式如图 10-8 所示。

图 10-8 中的 A 为某一个因素群，A_1、A_2、$\cdots$、A_m 是 A 因素群中的具体因素；B 为另一个因素群，B_1、B_2、$\cdots$、B_n 为 B 因素群中的具体因素；i 行和 j 列的交点表示 A 和 B 中的 A_i 与 B_j 之间的关系，行和列的交点上用符号标明相应因素对是否相关联以及关联程度的大小。如

		A			
		A_1	A_2	$\cdots$	A_m
B	B_1				
	B_2				
	$\vdots$				
	B_n				

图 10-8　二维矩阵图

用◎、○、·等分别表示强正相关、正相关和弱正相关，用 ＊、×、※等分别表示弱负相关、负相关和强负相关，没有标记表示不相关。按照关联程度的性质和大小，可以帮助我们探索问题的所在和问题的性质，也可以从中得到解决问题的启示。

6）矩阵数据分析

如前面介绍的矩阵图中，行和列是相同的因素向量 $F = (F_1, F_2, \cdots, F_n)$，则矩阵表中 i 行和 j 列交点上的元素标明 F_i 与 F_j 之间的关系。若再用数值表示 F_i 与 F_j 之间的对比关系，则这样的分析因素关系的矩阵图法就是矩阵数据分析法（matrix data analysis）。对比关系可以用 1、2、3、4、5（或 1、1/2、1/3、1/4、1/5）分别表示对应的因素同等重要、稍微重要、比较重要、很重要、非常重要（或反之），显然，比较结果矩阵中的元素是"倒数对称"的。对矩阵中的数据简单处理后，就可以得到各因素的相对重要性程度。

表 10-3 是矩阵数据分析法的一个应用例子。

表 10-3　利用矩阵数据分析法分析各质量因素的相对权重

	易于控制	易于使用	网络性能	软件兼容	便于维护	总分（行和）	权重/%
易于控制	0	4	1	3	1	9	26.19
易于使用	1/4	0	1/5	1/3	1/4	1.03	3.00
网络性能	1	5	0	3	3	12	34.93
软件兼容	1/3	3	1/3	0	1/3	4	11.64
便于维护	1	4	1/3	3	0	8.33	24.24
合　　计						34.36	100

7）过程决策计划图

过程决策计划图（process decision program chart，PDPC）法，是将运筹学中所运用的过

程决策程序图应用于质量管理。PDPC 法是指在为给定目标制订实施计划时,通过全面分析,事先尽可能全面地预测可能发生的障碍(不理想事态或结果),从而设计出一系列应对措施,以最大的可能引向最终目标(达到理想结果)。该法可用于防止重大事故的发生,因此也称之为重大事故预测图法。

PDPC 法可以在一种预计方案不可行,或执行效率不高,或出现质量问题时,采用第二、第三、……预案,以确保最佳效果。PDPC 法适用于制订质量管理的实施计划以及预测系统可能发生的问题并预先制订措施控制质量管理的全过程。图 10-9 是 PDPC 法示意图,该图说明了从 A_0 到 Z 的各种可行路径,当在某路径上遇到障碍时,可以寻求其他的备选路径。其中的每一条路径都可以视为其他路径的备选方案。

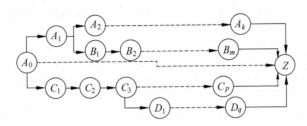

图 10-9　PDPC 法示意图

10.4　供应商的质量管理

在采购管理中,为了保证采购质量的持续改进,需要将采购质量管理体系延伸到供应商。在采购部负责对供应商生产和产品质量进行检验的人员,称为采购质检工程师。从工作性质上,采购质检工程师的工作应属于质量保证部门的业务范畴。但因为采购部是企业唯一有权直接同供应商打交道的部门,在工厂检验工作量比较大的情况下,把采购质检工程师放在采购部更便于与供应商的协同工作。采购质检工程师受采购事业职能部门和质量管理业务部门双重管理和领导。采购质检工程师在日常业务工作中接受采购经理领导,而质量保证部经理要对他(她)进行专业职能上的领导。这里,专业职能上的领导的含义是质量保证部依据企业的质量保证方针和体系,协助采购部经理,对采购部采购质检工程师进行必要的业务监督、指导和协助。

1. 质量保证级别

在采购工作中,采购质检工程师要协同技术部门制订该项申购的质量保证级别以及质量检验的见证点和停检点。企业可以用于质量保证的资源是有限的。要尽可能把有限的人力、物力和财力投入到最需要它们的关键任务中去,以实现最佳的投入和产出比。这就是为什么要制订采购任务的质量保证级别。

供应商质量保证级别是对供应商的质量等级认证,一方面可以激励供应商自觉提高产品质量,同时,由于级别认证是供应商产品质量的识别信息,也可以简化采购过程中的质量管理负责程度。一般化的质量保证级别如表10-4所示。

表 10-4 质量保证等级

零级	不需进行供应商检验
一级	离厂起运前需进行最终检验
二级	有限度的供应商检验。这一级别要求项目现场检验员(代理)仅在接到通知后进行某种事先约定的现场检验
三级	全程供应商现场检验。这一级别要求除执行接到通知后进行的现场检验外,还要求项目现场检验员(代理)定期访问生产地,并监督工作进展。访问频率视合同情况和供应商以往质量绩效而定
四级	驻厂检验。当某一供应商处于不间断的生产项目重要设备或材料时,应使用这一检验级别,以确保生产的不间断。驻厂检验将由特别指定的现场检验员(代理)执行

采购任务质量保证级别与费用成正比。零级的费用可以认为是零,但零级只有在采购方与供应商经过长期合作,双方建立起质量的绝对信任之后方可采用。联想到企业的供应商关系处理问题,零级质保可以算是企业注意培养关键供应商的伙伴关系的一种金钱上的回报。

在决定采购任务质量保证级别时,必须至少考虑以下几个因素:

(1) 产品的复杂程度(通常检验工作要比标准产品复杂)。

(2) 产品的功能(涉及安全程度和可靠性)。

(3) 供应商以往的产品质量表现。

(4) 产品生产地和最终安装、使用地的相对地理位置。

在通常情况下,尤其是在企业素质普遍还不高的情况下,对于企业重要原材料和半成品及成品的采购中,使用零级质保要非常慎重。即使是企业的长期合作伙伴,也还是应以一级质保为最低质量保证要求。第四级质保的费用最高,为了控制管理成本,如要安排第四级质保,要征得采购质检工程师、采购经理和采购经理下一级管理者的共同批准。这些原则要求可以作为企业的质量保证政策写入企业的质量保证手册或质量管理程序中。

考虑到企业的管理成本,全过程质量管理并不意味着采购方人员要亲自、全过程地参与供应商产品的质量监督和管理,而是要通过参与对产品关键质量检验环节的监督和管理来加以控制。非关键的环节可以通过事后审核检验报告或其他质量文件的方式加以控制。对关键环节的控制方式是相应地将这些环节指定为采购方的质量检验见证点和停检点。所谓见证点是在某一环节执行前,供应商书面通知采购方在约定时间内到生产现场监督检验,如采购方人员未在约定时间到场,供应商可以检验,确认合格后可继续下一道工序。所谓停检点是在某一环节执行前,供应商书面通知采购方在约定时间内到生产现场监督检验、没有采购方人员的现场监督检验,供应商不得进行这一环节的工作或越过这一环节进行其他工序的工作。从定义中可以看出,停检点比见证点要严格,停检点要求必须有采购方到场的情况下才可以开始工作。在复杂设备和材料采购中,根据具体情况,设计图纸最终交付生产,主体设备的水压实验、联机测试、性能测试,最终设备和材料的包装、防护措施都可能被指定为停检点。

在编制申购文件的阶段,采购质检工程师要协助技术人员考虑该项采购任务的质量保证级别以及见证点和停检点要求,并把相应的要求加入到对供应商的询价中。供应商通过投标中的技术部分对采购方的质保考虑和要求作出反应。双方在中标阶段针对采购方的考虑和要求与供应商的回应和建议进行商讨和澄清,直至双方最终达成一致意见。最终达成的一致质量保证意见和要求必须成为合同文本的一部分,具体形式上可以作为合同的一个技术附件。以上均为合同签署前的产品质量保证工作。

在合同签署后,开始生产制造前,供应商应按合同要求编制质量计划,其中包括检验计划。质量计划和检验计划要报采购质检工程师审核批准。供应商质量计划至少应包含以下内容:

(1) 按逻辑顺序排列的,与材料、部件和组装制造有关的所有质量活动清单。

(2) 应注明负责每一质量活动的部门和专业职能组,以及所适用的规范或程序。

(3) 应注明质量活动结果的记录方式,反映出合同计划的阶段。

(4) 不符合规范要求而需重新进入作业程序的返工办法及相关的报告和记录办法。

(5) 如有需要由供应商分包商承担的质量活动,供应商质量计划应对此加以说明,并附供应商对分包商的质量管理细则。

作为采购方对供应商质量控制的一个重要环节,采购方的采购质检工程师将最终核准供应商质量计划中的见证点和停检点。经采购方批准的供应商质量计划将作为产品生产和质量检验的依据,在双方工作中得到不折不扣的执行。

2. 现场检验

工厂检验同催交一样,同样存在需要派人赴供应商生产地现场工作的问题。不同的是赴工厂检验不但是采购方的权利,也是采购方的合同义务。例如,如果停检点采购方人员不到场,供应商按合同规定就无法进一步开展工作。假设供应商已适当地履行了其通知的义务,采购方人员未到场所造成的时间延误和其他损失,将只能由采购方承担。有需要赴供应商生产现场工作的问题,就会出现因供应商生产地点过远需要聘请当地检验代理机构的问题。

现场检验人员在进行完一项工厂检验任务后要向采购质检工程师提交一份详尽的工作报告。我们称这个报告为现场检验报告。现场检验报告一般包括以下几个部分:情况概述、技术规范和图纸、材料、外观和尺寸检验、功能和性能测试、特别工序、标识和包装、文件、接收和拒绝标准、相关附件清单。

3. 不符点问题处理

在实际的检验工作中,检验人员会发现供应商产品质量的瑕疵或缺陷。这种瑕疵或缺陷在质量检验术语中称为不符点,它是供应商产品的一种内在的或文件上或程序上的缺陷,这种缺陷导致产品质量无法接受或无法确定是否可以被接受。供应商不符点有以下几种形式:

(1) 物理缺陷;

(2) 试验失败;

(3) 文件错误或不充分;

(4) 偏离规定的流程、检验或试验程序。

在发现和注意到供应商不符点后,采购方的现场检验人员应与供应商讨论并努力确定导致缺陷的原因和其影响范围,然后详尽、完整地填写供应商不符点报告。供应商不符点报告中应至少明确以下内容:

(1) 发现和证明缺陷的依据;

(2) 缺陷的类别和性质;

(3) 涉及哪些硬件和文件规范。

如果采购方现场检验人员确定发现的缺陷性质严重,应立即与采购质检工程师取得联系,告知现在的问题和情况以及所采取的试图解决问题的行动。

发现问题后要对问题进行追踪和解决。采购方检验人员要对供应商解决不符点所采取的行动进行核实和印证。当不符点问题被圆满解决后,采购方核实和印证人(不一定是供应商不符点报告的出具人)要在供应方不符点报告上签字认可,关闭不符点问题。根据实际情况,供应商不符点的追踪行动可以是直接在供应商的设施内完成,也可以间接通过审核客观的书面证据来完成。

小结与讨论

采购质量控制是采购业务中保证采购结果符合需求的关键环节,也是生产质量控制的第一道环节。

本章介绍了采购质量的内涵、采购质量保障体系和质量检验方法。质量是满足客户"明确和隐含需要的能力和特性的总和",质量是产品(包括服务)的内在属性,反映了产品的性能水平,而质量检验是对产品的这种特性作出符合度的判定。对大批量的产品的检验,抽样检验是常用的有效方法,是对总体质量水平的统计特征的反映,可以得到具有较高可靠性的检验结果。

新、旧 7 种手段是生产质量控制中常见的方法,在采购质量控制中,仍然可以使用,可以简单、直观地反映样本的质量特性。统计过程控制是质量控制中一种比较有效的方法体系,借助于控制图可以很好地诊断质量波动因素,预测质量趋势,用于质量控制,是对质量检验方法的有效补充。

习题与思考题

1. 简述什么是质量。
2. 简述采购质量控制的意义和原则。
3. 质量控制的方法有哪些?
4. 统计过程控制的实质是什么?

第 11 章 供应商绩效与关系管理

供应商绩效评价是对正在与采购企业合作的供应商的供应表现所进行的监控和考核。评价结果一方面可以审核供应商执行合约的合意程度,若期间出现偏差或纰漏可以及时修正;另一方面也为企业后续供应商选拔或淘汰以及采购量在多个供应商间分配提供指导。与企业签订供货或者服务合约的企业都是采购企业的供应商,他们所提供的产品或服务对企业的重要程度各不相同,如何管理企业与不同供应商之间的关系,使其向着改善企业采购和运营绩效的目标发展也是本章的一项重要内容。

11.1 供应商绩效评价准则

供应商绩效考核的主要目的就是跟踪供应商供应产品或提供服务的整体质量,在考核其与供货协议中约定条件的相符情况的同时比较提供相同产品和服务的供应商,以便增加与优秀供应商的合作,减少甚至淘汰绩效差的供应商。如今,合作和战略联盟的采供关系逐渐取代了传统的买卖和竞争关系,在这种供应商关系下,供应商绩效评价的另一主要目的是发现供应商提供产品和服务过程中存在的各种不足或者称作改善潜力,然后在采购企业的帮助下寻找出现问题的根源并在生产和服务的过程中不断消除。这是精益思想在采供关系中的运用,不仅供应商对该采购商的供货水平得以提高,供应商的生产运作管理水平也相应提高,这对供应商而言还是核心竞争力的培养和发展过程。

实施供应商绩效评价的首要任务是确定评价的准则或者说指标,并制订一套适用于不同物资或服务的供应商的考评办法和程序。不同产品或服务的供应商的考评准则自然不同,相同产品或服务的供应商为企业提供物资或服务的量不同(采购企业经常在几个同类产品供应商间分配采购量,从而保持适当竞争以随时得到合理价格并降低风险),相应地,评价方法和程序也不是完全一致的。

供应商应该对采购企业对其考核的准则、方法和程序有清楚的了解,采购企业绩效评价人员要将评价获得的量化数据和分析结果及时通报给相应供应商。必要的时候,如质量或者交货准时程度偏离协议较多,采购企业就应联合供应商分析问题所在并积极寻求解决方案。供应商还应了解同类产品供应商的绩效,对比自身的不足以便在后续的合作过程中加以改正。约翰·迪尔的供应商开发和管理理念中有一条:任何一个供应商都是可以培养的。供应商的服务出现不尽如人意的地方,如果采购企业只是简单粗暴地对供应商进行惩罚或者中断合约,那肯定会打击所有供应商的积极性。问题被发现了不是最糟糕的,认真细致地分析造成问题的根源(有时候外来因素也会对供应商的绩效造成影响),及时将绩效考评结果以及存在的问题和差距通报给供应商,并帮助其实施改善才是明智的。这与当前为企业所广泛接受的供应商关系管理的理念也是相符的。

为了客观公正科学地反映供应商供应活动的运作情况,应该建立与之相适应的供应商绩效考核准则体系。一般说来,评价供应商绩效的准则因素主要包括质量、价格、交货准时程度、供应柔性、售后服务、参与新产品开发的表现等。这些准则和采购企业选择供应商时的评价标准在很大程度上都是一致的,区别仅在于供应商选择评价是根据企业对供应商在上述因素上的综合能力进行评价,而供应商绩效评价过程则是对供应商与企业的实际合作过程进行的评价。

不同企业生产经营的范围不同,合作供应商供应的产品和服务各异,相应的考评准则和程序也不尽相同。最初的供应商绩效考核着重考核供应商所交付货物的质量以及准时交付的程度。较为先进的绩效考核系统则要包括供应商的支持与售前、售中、售后服务,供应商参与采购企业新产品开发的参与度等指标。目前,世界级企业的采购关注下列所有方面:

(1) 评价所有参与供应的供应商,并且用文件的形式规定评价的内容、时间、方法以及实施评价的人员。

(2) 制定各种产品、服务、各类供应商的绩效考评准则,并运用信息系统自动统计评价的绩效结果,有能力的企业还将数据挖掘技术引入信息系统并运用到历史考评数据中,以发现供应商绩效数据的潜在规律,为下一步的供应商选择提供依据。

(3) 评价的准则要明确、科学,着重体现功能理念,并与企业的采购和运营战略等保持一致。

(4) 评价的准则要具有较强的可操作性,便于理解和量化。

(5) 绩效评价结果及时反馈给供应商,并通报到企业内所有相关人员。

(6) 随时组织供应商会议或与单个供应商进行接触,密切跟踪相应的改善活动和成果,改善的长短期目标也应明确。即使是供应源中表现最优秀的企业也应该设定改善的目标。标杆企业可以是采购企业的供应商中最好的,也可以是同行业在国内甚至国际上的最优秀企业。

概括起来,绩效评价的准则大体可分为 4 个方面:供应商提供的产品或服务的质量、供货及时性和柔性、价格方面以及配合与服务准则。

1. 质量

供应商供货质量准则是供应商绩效评价中最基本、最核心的指标,一般包括批次合格率、来料抽检缺陷率、来料在线报废率以及供应商来料免检率等。批次合格率是其中最为常用的质量评价准则。

来料批次合格率 ＝（合格来料批次／来料总批次）×100％

来料抽检缺陷率 ＝（抽检缺陷总数／抽检样品总数）×100％

来料在线报废率 ＝（来料总报废数（含在线生产时发现的废样品）／来料总数）×100％

来料免检率 ＝（来料免检的种类数／该供应商提供的产品总种类数）×100％

供应商的上游供应商、相关的质量信息以及供应商在质量控制中如何使用 SPC（statistical process control，统计过程控制）也经常被纳入到供应商质量考评的体系之中。有些采购企业要求供应商在提供产品的同时提供相应的质量文档，如过程质量检验报告、出货质量检验报告、产品成分性能测试报告等。越来越多的管理者认为，从供应链的角度看，质量控制和检验应该是供应商的工作，而采购企业的复检实际上是一种非增值的活动。在采供双方建立合作或者联盟关系的过程中，这种以检验为手段的质量控制应逐渐被互信共赢的供应商自律控制所取代。

2. 供货及时性和柔性

与供应商的供货及时性及柔性水平相关的评价准则主要包括准时交货率、交货周期、订单变化接受率等。

准时交货率 ＝（按时按量交货的实际批次／订单确认的交货总批次）×100％

交货周期是自订单开出之日到收货时的时间长度，常以天为单位。

交货周期并不是越短越好。零售巨头沃尔玛为供应商开设交付时间窗。供应商必须在规定的时间范围内交付，提前和推迟都是不被允许的。也就是说，交货周期考核的是订单约定交货期与实际交货期之差，像沃尔玛的时间窗是精确到分钟的。

订单变化接受率 ＝（订单增加或减少的交货数量／订单原定的交货数量）×100％

订单变化接受率是衡量供应商对订单变化作出反应的一个柔性或者说是灵活性指标，指在双方确认的交货周期中可接受的订单增加或减少的比率。供应商能够接受的订单增加接受率与订单减少接受率一般并不相同，前者取决于供应商生产能力的弹性、生产计划安排与反应柔性以及供应商安全库存的大小及状态；后者则取决于供应的反应、库存（包括原材料与在制品）大小以及因减单带来损失的承受和消化能力。如果采供关系超越单纯交易上升到合作、联盟的高度，供应商可以共享或部分共享采购企业的生产计划变更及订单的增减，这就为供应商增加物资供应量或转移销售剩余物资赢得了时间，其订单变化接受能力也会相应增强。

此外，供应商能否提供 JIT 供应、能否为采购方提供 VMI 服务、能否与采购企业分享生产计划信息等都在供应绩效的考核范围之内。

3. 价格

采购的价格是与供应商的成本息息相关的，是非常重要的考核指标。相关的评价点包括以下几个方面。

（1）价格水平：将采购企业所掌握的市场行情与供应价格比较或根据供应商的实际成

本结构及行业利润率进行判断。

（2）报价是否及时，报价单是否客观、具体、透明（分解成原材料费用、加工费用、包装费用、运输费用、税金、利润等，说明相对应的交货、折扣与付款条件）。

（3）降低成本的态度和能力：供应商是否具有降低成本的潜力，成本的下行空间有多大；是否真诚地配合本公司或主动地开展降低成本活动，制订改进计划并积极地实施改进行动，是否主动地定期与采购企业探讨价格。这一点受到约翰·迪尔供应商管理人员的高度重视。相比能力，他们更看重积极的改进态度，他们认为没有供应商是不可以被改造好的，只要耐心地帮助都能改善。

（4）分享降价成果：能否将成本降低的利益及时地与采购企业共享。

（5）付款条件：是否积极配合响应采购企业提出的付款条件，在采购方出现暂时资金短缺时能否允许货款延迟支付，这取决于供应商的财务及流动资金实力。

4．配合与服务

考核供应商在支持、配合以及服务方面的表现大都是定性的，一般是一季度一次，但也不尽然。相关的指标有反应与沟通、合作态度、参与采购企业改进与开发项目、销售全程及售后服务等。

反应表现：对采购企业的订单、交付、质量投诉等反应是否及时、迅速，答复是否完整有价值，对退货、挑选等是否能及时地办理。

沟通手段：是否有相关的人员与采购企业进行沟通，沟通手段和便捷程度。

合作态度：是否重视与本企业的合作，供应商高层领导或销售团队是否重视采购企业的具体需求，供应商内部沟通协作（如市场、生产、计划、工程、质量等部门）是否能透彻理解并满足采购企业的要求，供应企业能否按照采购方的要求和指导持续不断地改善生产技术和运营水平。

共同改进：是否积极参与采购企业相关的质量、供应、成本等改进项目，或推行新的管理理念等，是否主动组织参与采购企业召开的供应商绩效改善会议、配合采购方开展的质量体系审核等。

售后服务：是否主动征求本公司的意见，经常主动地访问本公司的采购部门并主动地解决或者预防供货中可能出现的问题，能否积极热情地帮助采购方解决产品或系统使用中出现的所有问题等。

参与新产品的开发：是否有能力与意愿参加采购企业的各种相关新项目新产品的研发。

其他支持：是否积极接纳本公司提出的有关参观访问事宜，能否保证采购方的相关机密资料、文档不会泄露，是否保证不与影响到采购企业切身利益的相关公司合作（这并不代表供应商不能向采购方的竞争对手供货）。

11.2　供应商绩效评价方法

供应商绩效的评价工作一般是由供应部门工作人员组织,质量检测、生产、研发以及企划等部门人员共同参与。评价依据的准则已在 11.1 节中进行了介绍,质量准则和供应及时性和柔性准则中的子项大多可以量化,价格准则和支持与服务准则则主要依靠评价人员的主观判断给出分数或者档次评级。

在得到供应商在各个准则下的得分情况,或者说等级情况后,对供应商的综合绩效评价方法与供应商选择方法非常类似,像加权综合评价法、平衡计分卡法、ABC 成本法等都可以运用到供应商绩效评价过程中去。具体的供应商评价技术可以参见第 5 章中的有关内容。

除此之外,越来越多的研究人员和企业将数据挖掘技术应用到了供应商的绩效评价和动态管理中。数据挖掘技术特有的发现隐藏信息的功能,或者说探索性数据分析、数据驱动发现和归纳学习的功能在分析采购企业保留的海量供应商供货数据方面发挥了强大的作用。通过历史资料的分析归纳,旨在尽早识别优秀的、有潜力的供应商或者合作不成功的供应商,为下一阶段甚至更长期的合作提供参考资料。

11.3　供应商关系管理

为了赢得市场竞争优势,企业寻求合作的意识不断增强,越来越多的企业正在经历着一场从低成本和差异化竞争优势向基于资源的竞争优势的转变,赢得或失去竞争优势,取决于企业如何管理上游的供应商、下游的客户和横向的竞争合作伙伴等外部供应链网络上的链接关系以及企业内部流程与外部流程的有效链接水平。

在当前金融与经济危机的大背景下,企业仅凭自身实力生存发展的压力很大。针对这一情况,浙江省省长吕祖善认为:制造企业若与原料供应商、研发、经销商、物流商达成联盟,将竞争个体扩展为供应链,直面最终消费者,则优势要大很多(2009 年 1 月 14 日,浙江省省长吕祖善在央视网"我有问题问省(部)长"栏目中的发言)。从这段话不难看出,供应商关系管理不但提升了企业的采购绩效,而且能显著加大企业的持续竞争优势,在艰难的经济危机时期,供应链上企业更应加强协作,共渡难关。

11.3.1　供应商关系管理基础

供应商关系管理是市场营销中关系营销思想在供应链环境下的应用。它摒弃了传统的以价格为驱动的竞争性采供关系,以共同分享信息,实现共赢为导向,实现采供双方以合作为基础的共同发展。供应商关系管理通过对双方资源和竞争优势的整合来共同开拓市场，扩大市场需求和份额，降低产品前期的高额成本，实现双赢；同时它又是以多种信息技术为支持和手段的一套先进的管理软件和技术，它将先进的电子商务、数据挖掘、协同技术、ERP、MRP 等信息技术紧密集成在一起，为企业的新产品设计开发、供应资源获取、采购方式选择、采购成本控制、供应绩效考核以及相应的合同、招投标、文档等过程提供科学的管理策略。

1. 供应商关系管理的概念

供应商关系是指采购方基于不同的管理目标、不同的市场条件，与供应商之间建立并保持的供求竞争或合作的业务联系的性质和形态。供应商关系管理（supplier relationship management，SRM）是用来改善与供应链上游供应商的关系的，应用于企业采购活动相关的所有领域，旨在建立恰当、密切的新型采供关系的管理机制。它以多种信息技术为支持和手段，在对企业的供应商（包括原材料供应商、零部件供应商、设备及其他资源供应商、服务供应商等）和供应信息科学有效的管理与运用的基础上，内容涵盖如何对供应商、产品或服务沟通、信息交流、合同、资金、合作关系、合作项目以及相关的业务决策等进行全面的优化管理与支持。在这种以合作为基础的采供关系中，采购方处于主动地位，在掌握了供应商的业务水平后，采购方可根据企业实际需要对供应商帮扶改造。采供双方在共同利益最大化的角度解决问题，所获收益共享。

Hermann 和 Hodgson 对供应商关系管理的定义为：管理评估已经选择供应商的绩效、寻找新的供应商、积累供应商管理经验并确保从供应商伙伴关系中获利。当企业认识到供应商关系作为参与市场竞争武器的价值时，供应商关系管理就成为实施供应链变革的最重要的投资。

著名咨询公司 Garener 对供应商关系管理的定义为：供应商关系管理是用于建立商业规则的行为，以及企业为实现盈利而对于和不同重要性的产品/服务供应商进行沟通的必要性的理解。根据 Garener 的观点，企业采用供应商关系管理能带来如下好处：

（1）优化供应商关系，企业可以依据供应商的性质以及其对企业的战略价值，对不同供应商采取不同的对待方式。

（2）建立竞争优势，并通过合作，快速的引入更新、更好、以顾客为中心的解决方案，来增加营业额。

（3）扩展、加强与重要供应商的关系——把供应商集成到企业流程中。

（4）在维持产品质量的前提下，通过降低供应链与运营成本来促进利润提升。

2. 供应商关系的发展

1）传统的买卖关系

传统的采购商与供应商之间的关系就是纯粹的买卖关系，这是一种短期的、松散的、互相竞争的关系。在这种基本关系中，采供双方竞争的核心就是价格。双方的交易如同零和博弈,一方的获利就是另一方的损失。采购方试图用最低的价格买到一定数量、质量达标的物资,而供应商则会以特殊的质量要求、特殊服务和订货量的变化等为理由尽量提高价格。价格谈判过程中哪一方能够占据上风取决于采购商与供应商的议价能力,它是由市场供求结构、采购量占供应商销售量的比重、转换供应商的成本、技术专属情况、信息不对称状况等多种因素共同决定的。如果市场供不应求或有此种预期,订单量小且占供应商销售量很小比重,采购企业转换供应商成本高昂,供应商生产技术有专利保护,采购商无法掌握供应商的产品成本信息时,供应商就处于价格谈判上的优势,而采购商相对就处于劣势。

　　传统的买卖关系注重多货源订货,尽可能减少对某个供应商的依赖,以免供应商借机抬价。如果不存在转换成本,一旦出现价格更低的供应商时,采购企业会立刻中断与原来供应商的采供关系转而向价格低的供应商采购。尽可能的低价是买卖关系下采购商与供应商交易谈判的核心。对这种供应商管理的传统观点,迈克尔·波特描述如下:"因此,购买的目标就是寻找、排除或克服这些供方实力的办法。"①

　　如果条件允许,采购商一般都是同时向多个供应商采购相同的物资,并将物资所需采购的数量在选择的供应商之间分配。这样做的目的是通过供应商之间的竞争而在价格上获得优惠和质量稳定性,同时还能规避依赖单一供应源的断货风险,保持供应的连续性。采购商与供应商保持的是一种短期合同关系,这种关系脆弱易断。在这样的交易中,焦点更多地集中在降低成本并保证供应上,合作以创造更大的利润空间不被考虑。谈判永远围绕着削价和加价,买卖双方间是一种敌对的氛围。

　　采供双方信任程度低、信息的不对称、不共享也是买卖型采供关系的特点。采购商和供应商为了保护自己在讨价还价过程中的议价能力并防止产品生产机密外泄,经常会对诸多信息予以保密。这种信息不对称以及不共享的交易模式很容易引起交易成本的上升,牛鞭效应即是一例。

　　这种距离型的供应商关系一度被认为是最有效的供应商关系管理办法。直到日本汽车制造企业采用合作型采供关系取得成功,人们才慢慢认识到传统竞争模式的局限,与供应商建立长期合作关系的优势才逐渐为业界所认可。

　　2) 合作关系

　　全球经济一体化,企业经营全球化,以及高度竞争造成的高度个性化与迅速改变的客户需求,令企业在提高产品质量,降低产品成本,加快产品更新换代以响应全球市场需求变化方面面临来自市场层面持续不断的压力。随着供应链思想的快速发展,竞争模式已由企业个体间的竞争转为供应链间竞争的理念已为大多管理者所广泛认可。在此过程中,企业作为供应链上的采购商不断地认真审视自己与供应商之间的关系,大多数企业认识到,单纯的买卖关系已经不能适应现代市场发展的要求,必须与供应商发展长期、稳定、互利互惠的合作关系。

---

　　① 迈克尔·波特著,陈小悦译.竞争战略.北京:华夏出版社,2005:86

供应商合作伙伴关系萌芽于 20 世纪 70 年代后期的日本汽车业,发展成熟于 20 世纪 80 年代中后期。随着质量管理、精益生产和即时生产(JIT)过程的实施,日本汽车制造商通过与供应商发展长期稳定的合作型采供关系获得了运营的成功。经过对比日本汽车制造商采用的合作型采供关系与美国汽车制造商信赖的买卖型采供关系,研究人士将"精益"生产方式和日本式合作伙伴关系的突出优势揭示了出来。这种日本式的伙伴关系定义为一种排他的(半排他的)采供关系,它集中关注最大化整个供应链(价值链)的效率。总结日本汽车工业中的伙伴关系特点如下:

(1) 合作关系长期稳定,制度化日常沟通的频率和内容,不断降低企业间的交易成本,提高生产效率。

(2) 互相帮助多于互相抱怨,共同寻求改善质量降低成本的方法以减少总的价值链成本,而不仅仅是一个企业的生产成本。

(3) 分享有价值的生产计划、市场状况、技术等多方面信息,愿意为对方进行工厂、设备及人员方面的定制化投资。

(4) 双方可以平等地分享合作过程中各项改善措施带来的利润增加部分。

(5) 相互信任,这一点比任何一点都重要,联盟崩溃的常见原因就是互相猜忌、缺乏信任。两个企业高度的目标一致,像一个企业那样去行动。

供应商合作关系最初的表现是采购商的注意力由关心成本到不仅关心成本,更注重供应商的产品质量和交货的及时性。而供应商管理进入真正意义上的合作伙伴甚至战略联盟阶段的标志则是采购商主动帮助、督促供应商改进产品的质量、设计以及在交付中存在的问题,敦促供应商主动为采购企业的新产品或新项目的研发提供设计和技术支持。

3. 供应商合作伙伴关系的特点

供应商合作伙伴关系是一种长期的、相对稳定的依存关系,采供双方诚信公开公平地进行合作,风险共担,信息与收益共享。这种关系通常以合作协议的形式确定下来,且每个层次都有相应的沟通协调。具体说来,供应商合作伙伴关系有以下几个特点:

(1) 信息和知识共享。采购商和供应商共享与供应绩效相关的信息和知识。采购方向供应方提供自己的生产、库存、技术、计划、管理等方面的相关信息,而供应商也向采购商公开成本控制、质量控制、库存控制以及相关的管理资料。双方还应共享对方的生产计划、销售计划、采购和供应计划以及中长期的战略规划等。

(2) 供应商数量减少。相比买卖关系,供应商合作伙伴关系中每种采购物资的供应商数量只有少数几个甚至只有一家,这样可使供应商获得规模优势。当来自采购商的订货量比较大,且合同是长期而稳定的,那么供应商即会对采购企业的需求给予更多的关注。

(3) 降低成本,共享成本节约成果。采购商和供应商共享成本控制信息,共同分析成本并探索成本降低的方法,共享增加的利润。采购商应积极利用自己在技术、人员和管理方面的优势帮助供应商改进生产过程,消除浪费,节约成本。通过供应商降低销售价格,成本降低部分带来的利润由采供双方共享。供应商的整理运作能力和竞争力也同步得到了提高。

（4）持续质量保证和改善。能提供一次或者几次高质量的产品供应不是难事，难的是一直供应高质量的产品甚至不断提高产品质量。一旦出现质量问题，采购商和供应商应该共同分析问题所在，寻找根源和解决办法。双方在互相信任和合作的基础上积极及时地沟通产品的质量情况，最理想的状态就是质量控制完全由供应商生产检验系统实现，而采购商无需复检。

（5）准时交货。因为供应商了解采购企业的生产计划，供应商就可能为采购企业提供JIT式的交货或者提供VMI服务，以减少采购方的库存成本。

（6）高度的信任。这是合作伙伴关系得以存在的基础。高度信任使得采购企业愿意放弃风险分散的多货源订货方式转而削减供应商数目。高度信任使得采供双方冒着生产机密外泄的风险与对方分享很多核心的信息和资源。高度信任使得采供双方以系统利益最大化为目标，而不是单纯考虑自己的得失。

4. 建立长期合作伙伴关系的步骤

（1）采购企业的供应部门在市场调研的基础上对要采购的物资分类，根据预先设定的伙伴关系型供应商制定供应商分类模块，确定伙伴型供应商对象。

（2）根据对供应商伙伴关系的要求，明确具体的目标及考核指标，制订相应的行动计划。这些计划必须在采购企业内部的高层领导和相关部门之间进行充分的交流，取得一致意见，并获得供应商的参与认可，双方签字生效。

（3）通过供应商会议、供应商访问等形式针对计划实施进行组织和进度跟进，内容包括对质量、交货、成本、服务、新产品开发、新模具和新技术的开发等方面的改善进行跟踪考核，定期检查进度，及时沟通并协调行动。

（4）企业还要建立并通过供应商绩效阶段考评、体系审核等机制跟踪供应商的综合表现，及时反馈并提出改善要求。

建立起供应商合作伙伴关系仅仅是供应商关系管理的第一步，后续更重要的任务是在供应商管理过程中的维护、改进、巩固并发展合作关系，不断优化整体供应商的结构和供应配套体系。

5. 供应商关系管理的意义

良好的供应商关系管理对于生产企业增强成本控制、提高资源利用率、改善服务和增加收益起到了巨大的推动作用。实施有效的供应商关系管理可以大大节约时间和财力，更大程度地满足顾客的需要，为顾客创造价值。为了在竞争中立于不败之地，越来越多的生产企业，包括世界上许多著名的跨国公司，如IBM、Dell、沃尔玛、丰田和耐克等公司，都在通过科学的供应商关系管理来获得在国际市场领先的竞争优势。具体说来，供应商关系管理的优势主要包含以下几个方面：

（1）降低成本。企业从供应商推荐材料的使用方面，可以获得很多成本的降低；另外通过与供应商良好的沟通可以降低产品开发成本、质量成本、交易成本、售后服务成本等。据有关资料表明，运行供应商关系管理的解决方案可使企业采购成本削减 20%。

（2）减少风险。企业及时、安全地获得关键性原材料，可以降低企业及供应链中的潜在供应风险和不确定性。通过开展供应商关系管理，企业可通过供应商开发新的产品、技术，从而降低其未知技术领域的风险；同时供应商的资产投资专用于双方合作领域，企业的投资风险也将得以降低。

（3）规模经济。在某些领域，采购方企业研究开发的庞大费用使其望而却步，企业无法单独承担起开发和生产的全过程，采购方可以通过把没有能力投资的部分技术转包给专业供应商，这样在可以加强供应商力量的同时，通过合理分配技术投资任务，专注于开发核心技术，在其核心领域追求卓越从而达到规模经济的效果。

（4）互补技术和专利。与供应商共同研究开发，企业间技术人员的相互协作，使双方的技术和发明专利互补应用于生产。这种思路使得采购企业和供应商联手进行技术创新成为可能，可以协助企业比竞争对手更快、更早地向市场推出新产品。

（5）提高客户满意度。供应商关系管理，使企业产品质量、交货时间，供货准时率等方面得到了很大程度地改善，从而大大提高了顾客的满意度和忠诚度。

6. 供应商关系管理的关键技术

1）数据仓库

数据仓库（data warehousing）是供应商关系管理的基础，可以满足系统对各方面数据的要求。传统的数据库技术是以单一的数据资源，即以数据库为中心，进行事务处理、批处理、决策分析等各种数据处理工作，主要划分为两大类：操作型处理和分析型处理（或信息型处理）。操作型处理也叫事务处理，是指对数据库联机的日常操作，通常是对一个或一组记录的查询和修改，主要为银行业务服务，注重响应时间、数据的安全性和完整性；分析型处理则用于管理人员的决策分析，经常要访问大量的历史数据。

传统数据库系统已经无法满足数据处理多样化的要求，也无法满足供应商关系管理对业务的运作以及整个市场相关行业的情况进行分析，而做出有利的决策的需要。这种决策需要对大量的业务数据包括历史业务数据进行分析才能得到，而数据仓库就是一个决策支持系统和联机分析应用数据源的结构化数据环境，所要研究和解决的问题就是从数据库中获取信息。

2）数据挖掘

在数据仓库中进行数据挖掘（data mining）是供应商关系管理系统接口的核心，是供应商关系管理中实现数据分析的技术基础。数据仓库中信息数据量非常大，这些数据中大部分用于内部统计和账务核算，想找出与供应商相关的有价值的信息，找出这些信息的关联，就需要从大量的数据中经过深层分析，从而获得有利于采购业务运作和采购绩效管理的信息。数据挖掘正是从海量数据中抽取潜在有价值的知识、模型或规则的工具，它是供应商关系管理最关键的技术之一。

3) 联机分析处理

联机分析处理(online analytical processing,OLAP)是共享多维信息的、针对特定问题的联机数据访问和分析的快速软件技术。OLAP 是使分析人员、管理人员或执行人员能够从多角度对信息进行快速、一致、交互地存取,从而获得对数据的更深入了解的一类软件技术。OLAP 的目标是满足决策支持或者满足在多维环境下特定的查询和报表需求。OLAP 专门设计用于支持复杂的分析操作,侧重对决策人员和高层管理人员的决策支持,可以根据分析人员的要求快速、灵活地进行大数据量的复杂查询处理,并且以一种直观而易懂的形式将查询结果提供给决策人员,以便他们准确掌握企业(公司)的经营状况,了解对象的需求,制定正确的方案。

4) 电子数据交换

与供应商之间的电子数据交换(EDI),是供应商关系管理系统的基本功能。企业的 CRM 与 SRM 应当包含接口功能,支持标准化的数据交换与业务规则,二者分别与上游及下游伙伴的系统连接,就构成了完整的、企业间集成的供应链管理系统。

11.3.2　供应商分类

供应商分类是指在供应市场上,采购企业依据采购物品的金额、采购商品的重要性及供应商对采购方的重视程度和信赖度等因素,将供应商划分为若干个不同的群体。供应商分类是对不同供应商进行分别管理的首要环节,只有在供应商细分的基础上,采购企业才能依据供应商的不同类别实施恰当的供应商管理策略。任何一个企业都不应该用同一模式去管理所有的被采购物资和供应商。为了将供应商管理的有限精力在不同供应商间合理分配,加强管理的针对性,提高管理的效率,采购企业应根据自身特点将供应商分类,并依据类别进行切实的关系管理。下面分别介绍几种不同的供应商分类方法。

1. 80/20 原则和 ABC 分类法

ABC 分类法是将采购企业的采购物资进行分类的方法,而不是针对供应商分类的,但是将采购物资分门别类自然就可以将提供这些物资的供应商相应地区别开来,相应地,采购精力分配也应有所侧重,针对不同重要程度的供应商采取不同的策略。ABC 分类法的思想源于 80/20 原则,大意是采购数量仅占 20% 的物资的采购价值常常占到 80%,而剩余采购数量为 80% 的物资的采购价格却只有 20%。

80/20 原则将供应商按照物资的重要程度划分为两类:重点供应商和普通供应商,即占 80% 价值的 20% 的供应商为重点供应商,而其余只占 20% 采购金额的 80% 的供应商为普通供应商。对于重点供应商,应投入 80% 的时间和精力进行管理与改进。这些供应商提供的物资为企业的战略物品或需集中采购的物资,如汽车制造企业需要采购的发动机和变速器,电视机制造企业需要采购的彩色显像管以及一些价值高但供应保障不力的物品。而对于普通供应商则只需投入 20% 的时间和精力就足够了。因为这类供应商所提供的物品的运作对企业的成本、质量和生产的影响较小,例如办公用品、维修备件、标准件等物资。当然,根据 80/20 原则细分的供应商种类并不是一成不变的,随着企业生产结构和产品线的调整,企业要适时地重新划分。例如随着液晶电视的日益普及,电视制造企业原来重点采购的显像管可能慢慢地就会成为普通物资,而该类供应商可能就会由重点供应商降级为普通供应商。

2. 按照物资重要程度和供应市场复杂度分类

不同物资对企业生产建设的重要程度不同,所产生的影响也不同。在整个物资采购网络中,企业应该针对不同物资的重要程度,选择不同的供应商关系管理模式。清华大学刘丽文教授提出了根据采购物资本身的重要程度和供应市场复杂度两大依据对物资进行分类的方法。按照这种分类方法把各种物资分成战略物资、重要物资、瓶颈物资和一般物资 4 类,如图 11-1 所示。

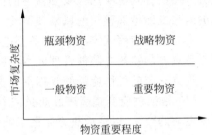

图 11-1　物资重要程度和供应市场
复杂度分类示意图

（1）战略物资:需求量大,价值昂贵,属于生产经营关键物资,其质量、价格和供应的可持续性对企业生产经营有重大影响。能够提供战略性物资的合格供应商不多。企业要想改为自制也不是短时间能够做到的。

（2）重要物资:对企业生产经营很重要,价值昂贵、库存占有资金大,市场供应充足,企业选择余地大。

（3）瓶颈物资:企业对该类物资需求量不大,但是其质量的好坏对企业的生产影响很大,而且企业对该类物资没有多少讨价还价余地。

（4）一般物资:物资本身价格不高,种类繁多,供应市场上也容易获得。

3. 二元分类法

二元分类法将供应商分为产品型供应商和服务型供应商。产品型供应商是指在产品设计、生产及价格等方面具有突出优势的供应商,而服务型供应商是指在产品质量、售后服务、交货及信息沟通上具有突出优势的供应商。对同样作为制造商的买方来说,二元分类能体现供应商间最本质的区别,同时管理成本也较低。

产品型供应商提供的产品在设计上具有较高的可靠性、实用性以及创新性,能提供柔性程度高的产品以配合不同下游制造企业在不同生产及市场情况下的需要。最为关键的是,产品型供应商所提供的产品在价格上具有相当的竞争力。研究表明,价格是企业采购时最为关注的指标,因此产品型供应商的竞争优势在于其提供的价格相对较低,且产品特性突出,因而符合制造商或终端客户的需求。一般而言,成本领先以及标新立异是产品型供应商的竞争战略。

服务型供应商与产品型供应商不同,其最大的优势在于产品质量高,符合对产品质量要求严格的买方需求,同时其在保养、维护等售后服务上令买方更为满意。为提高买方的满意度,服务型供应商在交货时间上更加配合买方需要,例如提供 JIT 或 VMI 等价值增值活动。

同时服务型供应商与买方建立高效、准确的信息沟通渠道,及时了解买方的需求变化并对此作出快速反应。

产品型供应商与服务型供应商之间并不存在对抗性的非此即彼的选择压力,不同的供应商能在买方价值链的不同接触点上产生相应的正向作用。例如在汽车制造业中,发动机、离合器等关键构件对于制造商来说具有重要意义,出于产品质量及歧异性的考虑,制造商对供应商的选择主要是基于质量。由于其单位价值较高,制造商为降低持有成本会要求供应商尽量采取 JIT 供货方式。但对于汽车内饰等构件,制造商一般会选择能提供价格相对较低且产品设计具有实用性及创新性的供应商,它们能帮助制造商降低整车成本,并且新颖实用的内饰也能增加整车的风格独特性,从而提高顾客价值。

买方对供应商就产品型、服务型进行分类的目标是实施针对性的管理(或合作)策略,以此提高双方的绩效并降低管理成本。针对不同类型的供应商,买方应采取不同的管理策略。

买方对产品型供应商的管理重点主要集中在:

(1) 帮助供应商提高产品质量或共同设计生产流程,制定模块化标准使其提供标准化程度更高的产品,以适应买方制造工艺的需求;

(2) 与供应商一起设计、改进物流系统,尽可能提高供应商在物流方面的绩效表现;

(3) 建立与供应商间的良好信息沟通渠道,及时交换双方对于产品的使用信息,并提高信息传递的精确性,缩短信息反馈时间。

买方对服务型供应商的管理重点主要集中在:

(1) 帮助供应商分析其供应链流程或生产工艺,在保证产品质量基本不变的前提下削减成本;

(2) 及时将使用及需求信息反馈给供应商,与其共同就产品改进、新产品开发进行合作,提高其产品新异性和柔性;

(3) 及时沟通需求信息,加大需求信息提前通知时间,以弥补由于工艺、计划等因素造成的供应商数量柔性不足的劣势。

4. 按照合作关系的深浅分类

按照采供双方的合作关系由浅到深的次序,将供应商分为短期目标型、长期目标型、渗透型、联盟型和纵向集成型 5 类。

1) 短期目标型

短期目标型是指采购商和供应商之间是交易关系,即一般的买卖关系。双方的交易仅停留在短期的交易合同上。双方最关心的是如何谈判、如何提高自己的谈判技巧和议价能力使自己在谈判中占据优势,而不是如何改善自己的工作而使双方都获利。供应商根据合同上的交易要求提供标准化的产品或服务,保证每一笔交易的信誉。当交易完成之后,双方的关系也就终止了,双方的联系仅仅局限在采购方的采购人员和供应方的销售人员之间,其他部门的人员一般不会参加双方之间的业务活动,双方也很少有业务活动。

2) 长期目标型

长期目标型是指采购方与供应商保持长期的关系,双方可能为了共同的利益对改进各自的工作感兴趣,并以此为基础建立起超越买卖关系的合作。长期目标型的特点是建立了一种合作伙伴关系,双方工作的重点是从长远利益出发,相互配合,不断改进产品质量与服务质量,共同降低成本,提高共同的竞争力。合作的范围遍及各公司内部的多个部门。例如,采购方对供应商提出新的技术要求,而供应商目前还没有能力实现,在这种情况下,采购方可能会对供应商提供技术上和资金上的支持。当然,供应商的技术创新也会给采购方的产品改进提供契机,采购方向供应商提供支持的原因也在于此。

3) 渗透型

渗透型供应商关系是在长期目标型基础上发展起来的,其指导思想是把对方公司看成自己公司的一部分,对对方的关心程度较之上面两种都大大提高了。为了能够参与对方的活动,采购企业甚至会在产权上采取一些恰当的措施,如相互投资、参股等,以保证双方利益的共享与一致性。同时,在组织上也应采取相应的措施,保证双方派员加入到对方的有关业务当中去。这样做的好处是可以更好地了解对方的情况,供应商可以了解自己的产品在采购方企业中起到了什么作用,便于发现改进的方向;而采购方也可以了解供应商是怎样制造那些物资的,从而提出可行的改进意见。

4) 联盟型

联盟型供应商关系是从供应链角度提出的,其特征是在更长的纵向链条上管理成员之间的关系,双方维持关系的难度更高了,要求也更严格。联盟成员的增加往往需要一个处于供应链上核心位置的企业出面协调各成员之间的关系,它常被称为供应链上的核心企业。

5) 纵向集成型

纵向集成型供应商是最复杂的关系类型,即把供应链上的成员企业整合起来,像一个企业一样。成员企业仍然是完全独立的企业,决策权属于自己。在这种关系下,每个企业都要充分了解供应链的目标、要求,在充分掌握信息的条件下,自觉地作出有利于供应链整体利益而不是企业的个体利益的决策。这一类型的供应商关系目前还只停留在学术讨论层次,实践中案例极少。

5. 模块法

供应商分类的模块法是依据供应商与本企业的相互重要性程度构造的分析矩阵来分析供应商类型的方法。根据供应商分类模块法将供应商分为商业型、重点商业型、优先型和伙伴型供应商四种类型,如图 11-2 所示。

(1) 重点商业型供应商:供应商认为采购方的采购业务对他们来说无关紧要,但该业务对本单位却是十分重要的,这样的供应商就是需要注意改进提高的"重点商业型供应商"。

(2) 商业型供应商:对于供应商和采购方都不是很重要的采购业务,相应的供应商可以很方便地选择更换,那么这些采购业务对应的供应商就是普通的"商业型供应商"。

图 11-2　供应商分类模块法

(3) 伙伴型供应商：供应商认为本采购企业的采购业务对于他们来说非常重要，供应商自身又有很强的产品研发能力等，同时该项采购业务对本企业也很重要，这些业务对应的供应商就是"伙伴型供应商"。

(4) 优先型供应商：供应商认为采购方的采购业务对他们来说非常重要，但该项业务对于本企业来说却并不是十分重要，这样的供应商无疑有利于本企业，即为"优先型供应商"。

各类供应商的特征及具体的发展要求如表 11-1 所示。

表 11-1　供应商的特征与发展要求

特征属性 ＼ 供应商类型	商业型	伙伴型		优先型
		供应伙伴	设计伙伴	
关系特征	运作联系	战术考虑	战略考虑	运作联系
实践跨度	1 年以下	1～3 年	1～5 年	1 年左右
质量	按顾客要求并选择	供应商保证；顾客审核	供应商保证；供应商早期介入设计及产品；质量标准；顾客审核	顾客要求；顾客与供应商共同控制质量
供应	订单订货	顾客定期向供应商提供物料需求计划	电子数据交换系统	年度协议＋交货订单
合约	按订单变化	年度协议（1 年）质量协议	设计合同；质量协议等	年度协议
成本价格	市场价格	价格＋降价目标	公开价格与成本构成，不断改进，降低成本	价格＋折扣

6. 供应商关系谱

供应商关系谱是将供应商分为不可接受的供应商、可接受的潜在供应商及 5 级不同层次的已配套的供应商，如表 11-2 所示。

表 11-2　供应商关系谱

	层次	类型	特征	适合范围
供应商关系	5	自我发展型的伙伴供应商	优化协作	态度、表现好的供应商
	4	共担风险的供应商	强化合作	
	3	运作相互联系的供应商	公开、信赖	
	2	需持续接触的供应商	竞争游戏	表现好的供应商
	1	已认可的、触手可及的供应商	现货买进方式	方便、合理的供应商

第 1 层次的供应商为触手可及的关系，因采购价值低，它们对采购企业显得不很重要，因而无需与供应商或供应市场靠得太紧密，只要供应商能提供合理的交易即可。处理这类

供应商的关系可采取现货买进方式。

第 2 层次的供应商要求企业对供应市场要有一定的把握,如了解价格发展趋势等。采购的主要着力点是对供应市场保持持续接触,在市场竞争中买到价格最低的商品。

第 3 层次的供应关系必须做到双方运作的相互联系,其特征是公开、互相信赖。一旦这类供应商选定,双方就以坦诚的态度在合作过程中改进供应、降低成本。通常这类供应商提供的零部件对本单位来说属于战略品,但供应商并不是唯一的,本单位有替代的供应商。这类供应商可以考虑长期合作。

第 4 层次供应商的关系就成为一种共担风险的长期合作关系,其重要的特征是双方都力求强化合作,通过合同等方式将长期关系固定下来。

第 5 层次是互相配合形成的自我发展型的伙伴供应商关系。这种关系意味着双方有共同的目标,必须协同作战,其特征是为了长期的合作,双方要不断地优化协作,最具代表性的活动就是供应商主动参与到采购方的新产品、新项目的开发业务中来,而采购企业亦依赖供应商在其产品领域内的优势来提高自己产品开发的竞争力。

除此之外,供应商分类方法还有很多。比如按供应商的规模和经营品种进行供应商的细分,按照物资相对采购企业的重要性与风险共担程度进行供应商细分等。一个企业应该采用哪种分类方法管理供应商,应视具体情况而定。

11.3.3　供应商开发

1. 供应商开发的定义

对于供应商开发的概念,不少文献将其定义为优秀供应商合作伙伴的发掘,即与供应商选择的概念混淆。这里,供应商开发(supplier development)指的是采购企业为满足其长期或短期的供应要求而帮助供应商提高其绩效和能力所进行的一切活动。这些活动包括:寻找新的有能力的供应商,评价现有供应商的运作,为提高供应商的供应表现制订切实可行的激励措施,引导供应商之间展开良性竞争并直接和供应商合作,通过培训或直接到供应商的企业去提供技术指导以及其他一些方式。具体说来,开发的内容包括生产运作、采购供应、质量监控、技术和人力开发等方面。开发的内容涵盖了一切影响制造商和供应商的业务能力和绩效水平的工作。采购商致力于供应商的开发是一种有价值的风险投资,因为供应商的绩效会对制造商所生产的产品和提供的服务在质量、成本、技术、交货期、利润等方面造成很大的影响。如有必要,供应商开发甚至会越过第一级供应商而延伸到第二级或者第三级供应商,在某些极端情况下还可能一直延伸到源头供应企业。

供应商开发是采购企业和供应企业在共同目标的指引下相互协作的过程。约翰·迪尔公司中国天津区的供应商管理官员称:供应商在业务上和绩效上可能存在很多的缺憾,但是他们积极配合采购企业实施改进的态度必须是完美的。这种观点恰恰说明了采供双方积极协作的态度在供应商开发过程中的核心作用,道理是显而易见的。采供双方把财务、资本、技术和人力资源等共同投入运作，及时共享机密、核心而又敏感的信息，如果采购方不能确信这种投入可以收到超额的回报，或者供应商不认为他们为改善供应绩效做出的努力能为企业带来更多的订单和利润，那么，这种以合作为基础的供应商开发过程就无法持续。

供应商开发的过程是以设定的指标为度量标准，不断发现供应商的供货系统存在的问题和不足，并帮助他们寻找解决的方案。但是，采购企业的供应商开发工程师并不会永远驻扎在供应企业内帮助他们，相比解决具体问题的能力，供应商开发过程更重视培养供应商的学习能力。一旦供应商掌握发现问题、并持续改进生产系统的思路，他们就可以自行完善，并应用相似过程和方法去管理他们的供应商。这种效应沿着供应链逐级向上传递，提高供应链的整体竞争能力并将实现持续改进。

2. 供应商开发的典型案例

约翰·迪尔公司是专业生产农业设备的世界级领导企业，它生产的建筑、林业、草场以及跑马场生产的维护设备在同行业中都处于领先地位。约翰·迪尔(天津)有限公司是迪尔公司继 2000 年合资拥有约翰·迪尔天拖有限公司和 2004 年独资拥有约翰·迪尔佳联收获机械有限公司之后，首次在中国兴建的全新制造企业。约翰·迪尔(天津)有限公司位于投资环境优越、交通条件便利、基础设施完备和人力资源丰富的天津泰达经济开发区。厂房将严格遵循迪尔全球统一的厂房规划、设计和建设标准。厂房将配备先进的空气调节、噪声控制、节能、环保和消防设备系统，以创造良好的工作环境。约翰·迪尔(天津)有限公司将采用最先进的技术、设备和工艺大规模制造与全球约翰·迪尔系列拖拉机相配套的变速箱动力传输系统。约翰·迪尔(天津)有限公司泰达工厂将成为迪尔公司全球制造系统中的重要组成部分，今后向迪尔公司旗下的美国、德国、巴西、中国等生产制造企业提供与拖拉机相配套的变速箱动力传输产品。

2007 年 11 月，笔者和约翰·迪尔(天津)有限公司供应商品质管理工程师和供应商开发工程师进行了座谈，重点交流了该企业在供应商开发过程中的做法和经验。概括起来，约翰·迪尔在供应商开发过程中有以下几个要点：

(1) 相信每个供应商都是可以被改造的，不轻易放弃。约翰·迪尔视每一个供应商为合作伙伴，并不遗余力地帮助他们不断改善生产、配送以及服务过程中的不足。即使出现另外一家非常有竞争力的供应商要求与其合作，约翰·迪尔也不会轻易地抛弃原有供应商，他们会帮助现有供应商寻找与行业其他竞争伙伴的差距所在，共同寻找解决方案。他们相信，只要他们有足够耐心和不断的努力，任何一个供应商都是可以被改造的，轻易放弃或者改换供应商是不道德的。这种做法大大增强了供应商的合作意愿，他们与约翰·迪尔共同进步、共渡难关、共享成果的信心就会愈加坚定。

(2) 确信供应商愿意接受约翰·迪尔的改造。对于约翰·迪尔的供应商开发人员来说,供应商有很多问题并不是最可怕的,最糟糕的是供应商对于约翰·迪尔提供的改造计划不感兴趣,对问题发现和解决的工作不给予积极的配合。约翰·迪尔(天津)有限公司的采购总监 Steven 谢博士说:"态度才是最重要的"。

（3）供应商开发工程师和供应商品质工程师的培训。在和一个新供应商合作的初始阶段,约翰·迪尔会把供应商开发团队派驻到供应商的生产现场,该团队由供应商品质工程师和供应商开发工程师组成。在把供应商开发团队送到供应商的公司之前,团队成员都要完成一个严格的 6 西格玛培训项目。在供应商开发的过程中,有时供应商会和约翰·迪尔的供应商开发团队一起参加培训,但是大多数的供应商培训还是在供应商开发项目中进行的。这些针对供应商的培训成本大都由约翰·迪尔公司承担。

（4）派遣工程师帮助供应企业发现问题,实施改造。一旦供应商与约翰·迪尔签署供货协议,约翰·迪尔就会派驻训练有素的供应商品质工程师和供应商开发工程师到供应商厂房现场。供应商的生产工艺和质量水平的最高境界能达到约翰·迪尔的要求还远远不够,约翰·迪尔的工程师们会帮助供应商发现工艺、技术、流程、管理方法中的不足,使供应商能以持续稳定的高质量水平生产约翰·迪尔所定制的零部件。有生产高质量部件的能力不是目标,将生产高质量部件的工艺和流程固定下来以持续提供品质统一的部件才是约翰·迪尔对供应商的要求。若约翰·迪尔同时向两个或两个以上的供应商采购相同零部件,那么品质最好的供应商就会成为其他企业的标杆。即使只有一个供应商,行业生产工艺的最高水平或明星企业的质量水平也会成为约翰·迪尔改造供应商的目标。

（5）提高供应商的学习能力,实现长期自我改善。约翰·迪尔派驻工程师到供应商企业的生产现场去,但是这种手把手的帮扶并不是长期的。工程师们帮助供应商发现生产过程中存在的不足并帮其寻找改善方法的同时,也教会供应商发现问题寻找改善途径的方法。在这一过程中,供应商的业务水平和学习能力同时得到提高,为今后约翰·迪尔工程师撤离生产现场之后供应商自我改善奠定了基础。此外,供应商掌握了这些工艺管理和供应商管理的方法后,可以将其应用到自己上游供应商的管理过程中。这种效应一级级向上传递,供应链整体的运作能力和竞争力水平都不断得到提高。

（6）系统改善实现的效益双方共享。约翰·迪尔帮助供应商实施改善获得的成本节约或者收益增加由约翰·迪尔和供应商双方共享,约翰·迪尔不会要求独占这部分利润。这也是约翰·迪尔的供应商激励方案的一部分。它提出了一个"简单价值命题",即将改良方案带来的节约五五分成。如果有节约,供应商一方面增加利润,另一方面要降低对约翰·迪尔的价格。如果没有实现节约,进货价格就保持不变。如果实施供应商开发方案需要先期投入资金,约翰·迪尔可以先不要节约的份额,直到这种投资在生产中被分期偿还为止。通过这种方法,约翰·迪尔降低了供应商的财政障碍和风险。当约翰·迪尔对供应商的财务支出提供帮助,而供应商只负责自己的员工时间和工作强度时,这种无风险的激励措施就极大增加了供应商的参与积极性。

11.3.4　供应商关系维护

供应商关系维护是采购企业与供应商合同、合约的执行过程中,为巩固并不断发展完善供货、合作甚至联盟关系而做出的所有努力。采供双方签订合作协议之后,供应商开发过程只是刚刚开始,在此基础上的供应商关系维护对于保证采购物资的高质量供应有着非常重要的作用。关系维护涵盖的范围很广,比如采供双方的技术交流、双方管理者互访和座谈、采购人员与供应企业的销售人员组织的联欢、趣味竞赛等旨在增进友谊、促进了解的节目。

采供双方一旦签订供货或者合作协议,两者就成为一条供应链上的两个利益相关结点。如果其中一方在生产经营、资金运作、人力资源等领域遇到困难,那么另一方应给予最大可能的支持帮助。这种帮助也是对双方合作关系的一种投资,既有资本上的,也有感情上的。这种互惠互助的关系对双方合作的忠诚度和诚信程度都有很大帮助,尤其在中国这个讲究非结构化合作关系的国家尤其如此。在合作的过程中,若曾经施与帮助的一方遭遇类似或者其他需要对方协助的问题时,对方一般都会在前期合作关系的基础上给予相应的帮助作为回报。

采购方的业务人员与供应商的相关部门之间定期或不定期的技术与信息交流对维护双方关系也是大有裨益的。供应商在供货过程中表现优秀的方面、不尽如人意的地方甚至出现的纰漏和造成的损失,采购方都有义务以平和的心态与供应商进行及时有效的交流。这种信息的交流有助于改善供货绩效并提高供应商的竞争能力,对双方都是有利的。

除了业务层面的交流之外,双方高中层管理人员的定期互访对于增进双方的信任和感情都是必要的。此外,采购商组织的文化、娱乐项目等都能增进采供双方人员的相互了解和友谊,对于长期稳定的合作关系都是有百利而无一害的。

11.3.5　友好结束采供关系

采购商与供应商之间的关系不是永恒的。当采购企业决定停止或暂时停止某种产品的生产时,当采购企业转换生产产品的品种时,当供应商提供的物资或服务不尽如人意时,或当采购方寻找到了更优秀的供应商时,原来的采供协议和合作关系都不得不被考虑终止。无论是出于什么原因终止采供关系,采购企业与供应企业之间都不该在敌对的气氛下拆伙,应采用恰当的、友好的以及专家应有的态度终止合作。因为采供关系当前被终止并不一定意味着两家企业在未来没有合作的可能。说不定某天出于某种考虑,采购企业会重新启用已终止合作的供应商。如果采购企业简单粗暴地停止与偶尔出现纰漏的供应商的合作关系,并给予其相应的惩罚,甚至发誓永远不与其有任何合作。而这家企业的 CEO 可能跳槽到其他企业,而这家公司恰恰是采购企业所倚重的,那么采购企业给这位 CEO 所留下的糟糕印象可能会对以后与倚重企业的合作阻碍重重。采购企业对少数供应商的恶劣态度还可能影响与现有合作伙伴的感情,使他们对合作前景怀有不必要的担心和恐慌。

因此,采购企业转换供应商这一过程也应尽量做到完美,在不损害企业采购绩效、运营绩效和名誉的基础上,尽量采取协商、调解以及规劝为主的温和拆伙方式,最大限度地保护供应企业的名誉和感情。

1. 拆伙的原因

导致采购双方拆伙的原因可能有很多种,从采购企业的角度来看,可以分为自愿拆伙和非自愿拆伙两种。

自愿拆伙的原因中最常见的是对供应商的供货表现不满。不满可能来源于供应商未能按照合同规定的标准来提供供货或服务。例如供应商所交付的货物质量达不到要求,而在采购企业连续多次向对方派出工程和品质管理人员组成的质量小组以帮助对方解决重复性问题之后,对方却没有作出相应的改变,或者没有积极的配合态度,退货继续不断地发生,最终采购企业不能不放弃合作转而去寻找一家能作出积极响应或能提供符合质量标准物资的供应商。交货时间的频频延迟或缺乏积极的售后服务等原因都会迫使采购企业自愿终止合作关系。采购商不满还可能是对现在供应商与供应商所在行业的其他企业相比缺乏优势这一原因造成的。如果同类产品的生产商愿意以更低的价格提供质量相当的产品,采购企业出于降低成本的目的自然会向现有供应商提出降价要求,或者帮助他们寻找成本控制过程中存在的问题,以期将采购价格降到理想水平。如果这一要求遭到供应商的拒绝,那么采供商提出终止采供关系就不足为奇了。

非自愿拆伙大多由供应商破产或遭遇无法预测的风险所引起的,这种拆伙也可能是供应商被别的企业收购导致企业所依靠的工厂或生产设备行将关闭或转让而不得不作出的反应。这种拆伙也是采购企业在选择供应商时必须考虑到的,它可能会导致断货,给企业正常运营带来风险。采购企业生产计划的突然调整也会导致采供关系的断裂。

除此之外,采供双方失去了对彼此的基本信任也是导致供应商伙伴关系破裂的一个普遍原因。采购商与供应商的沟通不足,尽管双方都不是故意损害合作关系,但是却直接影响了双方的互相信任程度。为了公司的利益,为了使彼此的伤害最小,在任何情况下(即使在采购企业的供应人员极度气愤的时刻)都应尽可能地减少对供应商的敌意和讽刺,这样才能在转换供应商的过程中得到他们的协作,才不会伤害其他正在合作的供应商的积极性。

2. 终止合作的途径

在与供应商的合作过程中,采购企业要及时监控供应商的表现,对供应商的绩效考核结果也要及时地通报给供应商。尤其是供应商的表现不尽如人意的时候,采购人员更要密切关注供应商的生产供货过程,提出改进要求、建议甚至终止合约的口头警告。除非事发突然,否则企业不应该在事先没有通知对方的前提下突然以某种理由提出终止合作;或者虽然有理由但是更像是借口比如"你做得不够好""配合得不积极",甚至用不光彩的手段来结束采供关系。所有这些做法都会使供应商充满敌意,同时也会打击现在的供应商和新的供应商的积极性。他们会觉得以后自己也可能会遭遇相似的对待,采购企业在供应商管理上的声誉也就受到了损害。

如何才能平静而友好地结束与供应商的合作关系呢? 简要地说,在供应合约签订的初期,采购企业就应该和供应商们沟通好终止合约的各种情况。在供货合约的执行过程中,企业有监控并告知供应商表现的义务,在供应商的表现、管理、成本或者态度接近临界范围时,采购人员要坦率并真诚地给出警告信号,先是口头警告再是书面的警告,如果一直隐瞒不满而在某时单方面提出终止合约,供应商就会感到不合理。下面的 3P 原则就可以帮助企业在与供应商拆伙时减少对方的敌对情绪。

(1) Positive Attitude(态度积极)。与其面对无休止的挫折,不如先结束合作,等双方情况改善后再寻找合作的机会。

(2) Pleasant Tone(语调平和)。即使对方的行为让人很失望,也不要从专业或者个人的角度去讽刺或侮辱对方。如果丧失了对彼此的信任,终止合作就已经足够了,没有必要再对对方施以惩罚性或单纯出气性的言语打击。这对企业的采购绩效提高没有任何帮助,也不是一个有素养的专业人士应该做的。

(3) Professional Justification(理由专业)。结束合作不是个人的问题,采购企业的采购人员要耐心且明确地告诉供应商终止合同或合约的理由是什么,其职责是为公司节约采购成本、提高采购绩效并为公司创造价值,帮助企业吸引并留住现在的客户。

3. 友好拆伙的过程

即使合作因为种种原因不得不终止,但是谁也不能保证将来没有合作的机会,何况拆伙的过程还体现着采购企业对供应商的尊重和爱护,对其他供应商的积极性和采购方的声誉都有重要影响。拆伙的基本态度应该是友好的。

采购人员应向供应商解释拆伙的原因,并阐明拆伙在目前的情况下对双方都是最好的选择,然后再寻求迅速公平可行的转换方式使拆伙对双方的伤害降到最小。采购商应该清楚且合情理地列出供应商应该做什么,比如供应商应该按照指示停止相关的生产工作,并同意终止合约,如果供应商还分包了合约,那他还要负责终止分包合约,将采购方的资产和设备送回,依照有关法律以最低的成本处理现有库存。与此同时,采购方也应尽量满足即将拆伙的供应商的合理要求,比如给出拆伙的合理解释、尽快结算已经发生的费用、协调处理现有的库存。

拆伙过程不是一蹴而就的,双方要在协商的基础上确定转换过程的时间表,并拟定一份出清存货合同清单,正规地回顾合作过程中的细节,申明双方的职责和最终的结束日期。友好拆伙过程期望达到的效果应该是:

(1) 在友好的气氛中有秩序地转换;

(2) 不损害采购企业客户的利益;

(3) 最低的浪费和成本开支;

(4) 双方都认可的、清晰的结算记录;

（5）双方对拆伙原因都清楚且有一致认识；

（6）给相关的人员一次教训，以后不再犯已经犯过的错误；

（7）其他供应商的积极性和采购企业的声誉不受伤害。

小结与讨论

本章首先对供应商绩效评价准则进行了详细的介绍，主要评价指标包括质量、供货的及时性和柔性、价格、配合与服务等方面。简要回顾了供应商绩效评价方法。随着供应链管理的重要性以及供应商对采购企业的成功发挥着越来越重要的作用，与主要供应商发展紧密合作关系显得越来越重要。本章重点对供应商关系管理进行了详细的介绍，分析了供应商关系管理的基础，内容包括供应商关系的发展过程、供应商合作伙伴关系的特点以及建立长期的合作伙伴关系的步骤。详细介绍了供应商分类的主要方法，通过案例阐述了供应商开发的意义及要点。简要介绍了如何能够维护供应商关系，以及在不得已情况下如何终止与供应商的合作关系。

供应商管理不仅仅体现在如何发现好的供应商，而且更重要的是如何维持与供应商的关系，并且与供应商一起发展，使供应商的供货绩效不断改进是供应职能的重要方面。通过本章的学习，希望能够使读者体会到对供应商进行绩效考核和供应商关系管理的重要性，以及掌握一些切实可行的操作技术和方法。

习题与思考题

1. 简要说明供应商绩效考核的主要指标。

2. 企业采用供应商关系管理能够带来哪些好处？

3. 供应商关系管理需要哪些关键技术？

4. 简要说明二元分类法的概念及其主要内容。

5. 图示说明供应商分类的模块法。

6. 供应商开发的定义是什么？

第 12 章　国际化采购

　　全球网络化制造,一定意味着在全球配置资源,也就是在生产中实施国际化采购。国际化采购(或全球采购),就是指在供应链思想的指导下,利用先进的技术和手段,在全世界范围内寻求最佳的资源配置,寻找最佳供应商,采购性价比最好的原材料和服务,以更有竞争力地满足客户的需求。

　　随着科技的不断进步和经济的不断发展,全球化信息网络和全球化竞争市场逐渐形成。国际化采购已经成为各国企业充分利用分布于世界各地的资源,降低成本,增强企业核心竞争力,争取最大程度地获取利润的重要手段。

12.1　国际化采购产生的背景和原因

12.1.1　国际化采购产生的背景

　　20 世纪 90 年代以来,随着科学技术的发展和冷战的结束,经济全球化出现了加速发展的势头,这对世界各国的经济生活都产生了非常重要的影响。国际化采购快速发展的背景主要表现在以下 4 个方面:

　　(1) 现代科学技术快速发展。信息通信技术与交通技术的发展,缩小了地区之间的距离,也改变了人类的生产和生活方式,扩大了人类的活动半径。

　　(2) 不可遏制的经济全球化进程。信息通信技术促进了人类社会的相互了解,人类文明的发展打破了宗教与文化差异的障碍,这些变化加速了经济全球化的进程。

　　(3) 成功企业的示范作用。20 世纪 90 年代以来,一些企业,如 1984 年成立的 Dell 等,利用国际化采购,建立全球供应链,使其仅用了二十几年的时间获得了巨大的成功和迅猛的发展(其创始人迈克尔·戴尔 2008 年个人财富世界排名第 8 位,世界 500 强企业排名第 25 位)。这些企业的成功,起到了明显的示范效果,使得有条件的跨国企业纷纷效仿。

　　(4) 在更广泛的地域内配置资源成为可能。先进的信息通信技术和交通的发展,使得企业在全球范围内获取资源的信息更加畅通,成本更加低廉,在更广泛的地域内配置资源成为可能。

12.1.2　国际化采购产生的原因

上述背景只是国际化采购在更多的企业中产生的条件。真正促使越来越多的企业在全球范围采购原材料和服务还有如下动因：

（1）资本寻求最佳资源配置和更大利润的内在动力。追逐利润是资本的原动力，一旦在更大的范围内寻求更优化的资源配置成为可能，资本一定会跨越国界和地域的障碍，在更大的范围内寻求更好的资源。

（2）全球采购有利于企业在全球范围的竞争。经济全球化的一个重要内涵就是市场全球化。在市场所在地实施国际化采购有利于降低成本。同时，由于国际化采购为供应商所在国的经济发展带来了好处（如增加就业、增加 GDP 等），也有利于该国客户接受采购商所生产的产品，促进进入该国市场。

（3）企业的跨国投资促进了国际化采购。越来越多的企业为了打破贸易壁垒和寻求资源的比较优势，多采取跨国投资的生产经营模式。这也促进了国际化采购的进程。

（4）国际贸易的发展和经济一体化进程的加快。国际贸易的发展和经济一体化进程的加快，一方面使企业面临的竞争的激烈程度和范围都大大增加，另一方面也大大降低了国际化采购的交易成本。这就迫使企业在面临全球竞争的时候，要在全球范围寻求最优的资源，同时也使得企业较过去更容易在全球获得最优的资源。这就促进了国际化采购的增长。

（5）国际化采购可以享受供应商所在国的出口优惠政策。许多国家为了鼓励出口，往往都有出口退税的补贴。这会在一定程度上鼓励企业寻求国际上各个国家的出口优惠待遇，进而降低成本，获得其产品的成本优势。

12.2　国际化采购的特点、准备工作和一般流程

在分析国际化采购的准备工作和一般流程之前，需首先了解国际化采购的特点。

12.2.1　国际化采购的特点

1. 国际化采购具有更长的订货提前期

国际化采购选择的供应商跨越国家和地区的边界，因此在采购业务中，由于距离比国内供应商更远，所以需要更长的运输时间；由于要跨越国境，所以需要经过出口和进口的一系列海关报税和报检程序；由于要跨国交易，所以需要更多的文档传递；由于涉及与非本国供应商进行的采购活动，国际供应商的选择、评价及合同谈判、签订过程需要更多的时间。因此国际化采购往往需要更长的提前期。

2. 国际化采购需要了解 WTO 规则和相关的国际惯例以及对方国家的相关法律

跨国采购,需要遵守 WTO 规则、国际惯例和相关国家的法律法规。要学会利用相关法规制订对自己有利的策略。如果运输时间要求严格,那么就应该设有为防止延期运输的罚金或消除延期风险的条款。相应的违约条款也是必要的,或者由银行为指定的违约项目提供担保。由于起诉费用昂贵并且浪费时间,由国际仲裁机构来解决贸易争端的协议正在日益普及。《联合国国际销售货物合同公约》(CISG)于 1988 年 1 月 1 日成立,到 2002 年 6 月 15 日,包括加拿大、美国、法国、中国等共 61 个国家核准、参加或继承了该公约。CISG 的目的是为商品交易提供统一的国际标准,也是处理国际货物买卖关系和发展贸易关系的准绳。此外其他对国际合同产生影响的法律规范有《统一商法典》(UCC)、《1988 年多项贸易竞争法》(Omnibus Trade Competitiveness Act of 1988)的 Exxon-Florio 修正案、《国际武器交易规则》(International Traffic-in-Arms Regulations)、《联合抵制协议》(Boycott Agreement)和《外国禁止行贿法》(Foreign Corrupt Practices Act)等。

3. 国际化采购具有比国内采购更大的风险

由于是跨国采购,要跨越不同的国家、不同的文化、不同的政治经济制度,特别是对他国市场信息的了解远远少于国内市场信息,所以国际化采购通常都会面对比国内采购更大的风险。这些风险包括语言和文化差异带来的风险、外汇风险、贸易手续复杂性与多限制性带来的风险、时间差异带来的风险、运输成本带来的风险、交货准确性带来的风险、交货后服务困难带来的风险,本章在后面将进行详细论述。

4. 国际化采购需要掌握国际贸易的相关知识

国际化采购伴随的必然是交易双方进行的国际贸易,具备国际贸易的相关知识是进行国际化采购的必要前提。国际货物贸易除了交易双方之外,还需要运输、保险、银行、商检、海关等部门的协作,还涉及中间商、代理商以及为国际贸易服务的商检、海关、港口、仓储、金融、运输、保险等部门。协调和处理好企业内部、外部的经济关系,避免产生纠纷,需要国际贸易方面丰富的知识和经验。

5. 国际化采购受供应商所在国和国际环境的影响

国际化采购受交易双方所在国家的政治、经济、双边关系及国际局势变化等条件的影响,受供应商所在国政治经济环境(例如政府换届、工人罢工、经济波动等)的影响。同时,由于国家间的双边关系的变化,也会影响采购的价格和时间绩效。虽然有些干扰可以通过国际贸易法则协调解决,但对购买方的生产原材料供给仍将产生影响。

12.2.2　进行国际化采购的准备

企业在进行国际化采购之前,企业必须先建立国际采购管理制度,其步骤如图 12-1 所示。

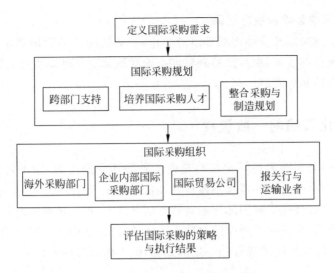

图 12-1　国际采购制度建立步骤

来源：王立志. 系统化运筹与供应链管理——企业营运新典范. 台中：沧海书局，2006

由图 12-1 可知，国际采购管理制度分为 4 个步骤。

1. 定义国际采购需求

当企业进行国际原材料采购时，先要根据企业的具体策略与目标，定义需要进行国际采购的原材料项目，并拟定采购所需的各项支持与协调事宜。

2. 规划国际采购工作

采购工作规划分为 3 部分：寻求跨部门的支持、国际采购人才的培养以及整合采购与制造规划。通过前面国际化采购特点可知，国际采购时原材料补给线拉长，采购复杂性增大，同时牵扯到企业各个不同部门，需要各部门共同规划和协调。因此在规划国际采购工作时，必须连同其他各部门明确在国际采购作业中的职责；国际原材料采购人员必须具有国际贸易领域丰富的知识和经验，能够应付国际采购过程中由于补给线拉长而产生的不确定突发情况，了解各国法令规章的不同，熟悉进出口业务，并具有与不同文化、语言背景下沟通的能力；采购系统必须与制造系统紧密结合，制造系统所需的原材料信息必须正确地传递到采购系统，让采购系统得到正确的需求信息，企业才有机会保持原材料存货的最低水平。

3. 成立国际采购组织

不论企业进行偶然的国际采购活动还是长期性的从事国际采购，都需要建立一个专门处理国际采购事物的组织。该组织应当包括企业内部的国际采购部门以及海外采购部门。并且，该组织需要与国际贸易公司、报关行、运输业者进行紧密联系，形成联盟，形成全球性的原料采购体系。

4. 评估国际采购策略和执行结果

随着企业采购策略以及国际市场环境的变化,企业的国际采购规划小组需要持续评估和检查国际采购执行的效果,根据经验环境和企业战略演变及时调整采购策略,以确保企业持续竞争优势的保持和提升。

12.2.3　国际化采购的一般流程

在许多情况下,公司涉足国际化采购是迫于外部环境的压力,而不是事先制定好的策略。有时,这样的结果是公司的资源不能得到经济有效的利用,也不能很好地设计其战略。因此,高级管理人员必须在了解国际化采购特点的基础上,投入足够的时间和精力制订一套完善的全球采购流程,用于指导企业的全球采购活动,以保证全球采购活动的顺利进行。不同类型的企业的国际化采购流程存在一定的差异,但大体过程如下。

1. 收集相关数据

企业一旦推行全球采购战略,需要有完备的市场信息和数据作为其决策的依据,否则将很难在全球范围内作出正确的采购决策。这些数据和信息来源比较广泛,有的来自于公司本身,有的来源于专业机构,有的来源于供应商,主要内容应包括以下几点:

(1) 公司进行全球采购的历史数据(如果曾经有);

(2) 目前公司实际需要的采购量;

(3) 未来一段时间公司计划(或预测)的采购量,全球采购面临较长的提前期(一般为3~4个月),因而准确的市场预测是进行全球采购的前提;

(4) 目前公司已有的供应商、相互合作情况和其他特点;

(5) 目前公司潜在的供应商及相关情况;

(6) 目前整个供应商的市场环境和未来的发展趋势,对不同的行业应当定期进行必要的市场分析(可从有关专业机构处获得);

(7) 采购产品(或服务)的规格说明和技术要求,这关系到采购质量;

(8) 采购货款的外币选择、支付交易情况;

(9) 目前公司执行的采购合同期限;

(10) 各供应商的采购提前期和在途运输时间;

(11) 采购总成本,主要包括供应商提供产品的报价、货物运输价格和保险成本、货物装卸和驳运成本、资金的时间成本、关税和增值税等附加成本。

上述这些数据能够有助于企业制订适当的采购计划,选择合适的供应商,确定最佳的采购成本。

2. 评价采购决策

传统的采购评价方式主要集中在对供应商的产品报价单进行简单的比较,这种方法在单一区域的供应市场进行采购时比较适用。当在两个不同区域的供应市场上进行采购时,这种方法将不能提供准确的结果。正因为如此,我们需要对相关的数据资料、供应商和采购成本进行系统分析。

3. 数据资料分析

数据资料分析主要是对原始数据资料进行提炼和整理,使之能够符合统一的比较标准。包括以下步骤:

(1) 根据目前各供应商的产品报价,按照现时的外汇兑换比率进行转换,并考虑关税和增值税等成本。

(2) 检查是否存在明显的成本差异。如果差距明显,则需要重新审核一下各项步骤,看是否出现遗漏或错误;如果差距不是十分明显,则需要通过供应商分析和采购成本比较分析来确定。

(3) 经初步删选后,剔除掉一些明显不合适的供应商,然后对剩下的供应商(包括现有的和潜在的)进行较详细的供应商分析和采购成本分析。

(4) 初步设定采购物料(产品或服务)的目标成本或成本基准,以便于进行供应商选择和与供应商的采购谈判。

4. 供应商分析

对供应商进行分析,有助于系统了解供应商的现状和发展前景,保障稳定的资源供应。一般来讲,供应商分析主要考虑以下几大因素:

(1) 供应商的技术水平。供应商在所处行业内是否具有一定的技术优势,有没有足够的技术能力去制造或供应所需的产品,有没有产品开发和创新改进的技术背景,能否独立进行产品的设计。

(2) 供应商的生产能力。供应商有没有足够的生产能力满足需求,生产情况是否稳定,产品的制造和加工流程是否通畅,是否能够生产出缺陷尽可能少的产品,它主要涉及供应商的人力、物力等方面的因素。

(3) 供应商的声誉和可靠性。具有良好市场声誉的供应商,能够给客户以稳定的印象,因而需要对供应商的市场声誉、经营稳定性及财务状况作比较详细的认识。

(4) 供应商的售后服务。供应商是否具备进行售后服务的能力,目前的售后服务情况如何,市场对其售后服务的评价如何。供应商及时周到的售后服务能够使企业获得有效的技术和服务支持,增强企业的反应能力和竞争柔性。

(5) 供应商的地理位置和地区特点。对制造厂商来说,供应商的地理位置将直接影响到产品的采购价格和送货周期,大多数制造厂商都期望供应商距离自己近些,以便于能够进行准时化的采购和配送。即使是在厂商紧急缺货时,也可以快速送货到位。

(6) 供应商的其他因素。另外还需要考虑供应商的市场信用状况、人力资源情况和公司发展前景等,是否可以与供应商进行互惠经营,供应商是否愿意为采购方建立库存、进行多批次小批量的送货服务等准则。

5. 采购成本分析

对采购成本的分析主要是确定最佳的成本基准,需要结合供应商的产品报价、相关的运输成本、关税和增值税等附加成本,从而计算出到各供应商地点进行采购的总成本。

国际化采购能够使企业获得优良的采购质量和较低的采购价格,但对大多数企业来讲,仍然希望能够在本地采购。这主要跟国际化采购的特点相关,对供应商的情况不够了解,采购提前期较长,不确定的因素较多,且手续繁琐,需花费大量的时间、物力和精力。相对而言,企业比较了解本地供应商,采购提前期相对较短。因而,在这种情况下,企业有必要对本地采购和国际化采购进行比较分析,以便采取最佳的选择决策。总体上来讲,是进行本地采购,还是进行国际化采购,主要是从公司的发展战略和采购物流的市场价格这两方面来考虑的。一般而言,根据企业的实际需要,某些物料在本地采购,某些物料进行国际化采购。例如,公司对某些核心部件的质量要求较高,本地供应商并不能满足其要求,因而需要寻求国外供应商;某些零部件的国外市场价格非常便宜,也可以考虑进行国际化采购;公司想与国外某家供应商结成战略同盟关系,考虑到未来双方的合作因素,有必要进行国际化采购。

6. 供应商选择决策

国际采购供应商与国内供应商选择步骤与评价方法基本相同。国际采购中供应商与采购企业由于所处国籍、地域差异大,而导致不能获得充分的评价信息,因而对供应商的生产能力进行评价有一定的困难。评价信息的两个主要来源是采购者的经验和对供应商的实地考察。如果没有对供应商进行实地考察,采购者可以通过向供应方索取以下几方面信息以判断其生产能力:①过去几年及当前大客户名单;②款项支付过程;③相应银行的信息;④设备清单;⑤在质量协会中的成员资格;⑥其他基本商业情况,如经营业务的时间长短、销售情况、资产情况、产品线及所有权问题。

7. 进行采购合同谈判

企业全面实施全球采购战略,必须与供应商进行沟通和谈判。在此阶段,需要投入足够的人力和精力来制订、组织、安排与供应商就采购目标、运输配送、货款支付等条款进行谈判,以期为己争取最大的利益,获得供应商的配合。特别注意的是,与海外供应商谈判需要考虑到所在国法律、文化风俗习惯的差异,并且需要对合同执行过程中可能出现的风险因素明确责任。

8. 持续改进和评估

持续改进和评估的主要目的是进一步降低采购成本,提高采购质量,维持与供应商良好的合作关系。可以从以下几方面加以考虑:

(1)使采购标准不断合理化。当企业采购一种新的原材料或零部件时,通常需要制定一个合理的产品采购标准(包括对采购产品的技术要求、价格要求、服务要求等)。一般情况下,采购方只能先从供应商那里获得该产品的数据资料和性能说明,而这些数据资料或性能说明不一定能够完全满足采购方的要求,这就要求双方通过谈判和协商,共同制定和设定一套评估和选择标准。该项标准一旦确认,将直接决定该项产品的成本结构和技术参数,只有在市场情况发生改变时,才能得到修正或改进的机会。

(2) 加强供应商过程分析。成本结构改善的另一途径是供应商过程分析,即分析供应商生产制造过程的各个环节,主要包括供应商采用的生产技术、原材料的消耗和劳动力资源的使用等方面的信息,进而考察供应商的资源利用情况和可能的利润空间。在不同供应商之间寻找其生产情况和资源利用过程中的共同点,如果存在共同的资源利用,则需要调查供应商资源的获得情况以及与供应商的协作情况。如果存在潜在的协作或更好的资源利用的机会,则需要重新设计供应商的供应链流程,并分析这种重新设计后的流程能够给供应商带来何种程度的成本降低或利润上升。如果实际操作可行,则需要与供应商协调谈判,重新改进标准参数,使之逐渐趋向合理化。这种对供应商生产过程的分析,有利于与供应商结成战略同盟关系,从而为双方创造更多的收益。

12.3 国际化采购的风险分析

从以上国际采购的特点和一般流程可以看出,多种原因的存在决定了国际化采购会具有很多风险,各种各样的风险的存在会或多或少地影响国际化采购的效率和其职能的发挥。下面我们分析一下国际化采购具体存在哪些风险。

1. 语言与宗教文化的差异带来的风险

特定国家的国民进行商品交易的方式,特定人群的礼仪、习惯、价值观、交流方式和谈判风格等,都会受到国家和地区的宗教文化差异的影响。宗教文化的形成受国家和地区地域特点和发展历史的影响,是根植于当地民众的意识形态之中,并表现在其行为上的。不同地域的宗教文化由于地域和发展历史的不同,必定存在着差异。这种差异往往表现在沟通方式和对事物的价值判断上。有的时候,不同宗教文化背景的人在表达某种相同的意愿时,可能会用截然相反的表达方式。不同的宗教文化会存在截然不同的宗教文化禁忌。即便语言相同,不同地区文化形成的方言和俚语也会有很大的差异或相反的意思。上述差异都会为国际化采购活动中的谈判和业务沟通带来障碍,有时甚至是成本风险、质量风险、时间风险,乃至采购失败的根源。

2. 外汇风险

在国内采购,供应商与采购方都使用本国的货币,不存在计价货币选择和货币兑换的问题。而在国际采购中,要使用双方约定的外币币种计价、结算和支付。从谈判达成合同到交易执行,再到应收账款的收进或应付账款的付出、借贷本息的最后偿付会有一个时间段。在这个时间段内,结算外币的汇率会随着国际经济的变化而变化,从而产生外汇风险。而1973年以来,世界各国普遍实行了浮动汇率制度,汇率变动幅度大而且频繁。

3. 贸易手续复杂性与多限制性带来的风险

国际采购除了包含国内采购几乎所有的手续和程序外,还涉及进出口许可证的申请、货币兑换、保险、租船订舱、商品检验、通关以及争议处理等繁琐复杂的手续和相关事宜。国内采购一般较少受到限制,商品、劳务往往能自由地从一个地区流向另一个地区。国际采购则受到较多的限制,不同的国家由于经济发展水平、商品竞争能力存在较大差异,因而实施不同的关税和非关税保护措施,而且随着经济状况和国际收支状况的变化,其保护措施还会实行动态的调整。因此在进行国际采购时,必须了解本国对所采购商品的进口管制,供应商所在国对商品的出口管制,以便采取相应的对策。

国际惯例、国际贸易法规、国际公约和国际条约规范所有的国际贸易行为,凡参与到国际贸易中进行国际采购,就必须遵照执行。并且还应了解供应商所在国的经济和贸易法律。

4. 时间差异带来的风险

比如在希腊,14点到17点,生意人是不打电话的,因为,传统上希腊人在这段时间内喜欢打个瞌睡;瑞士人上班时间早得让人难以适应,苏黎世的银行家们多半把业务上的会面定在7点;英国人则在9点半准时来到自己的办公室,不过他们不喜欢恰在此时有人打电话来,而在17点半后,即便是他们还在上班,也很难打通电话了,因为此时接线员已把电话挂断。这意味着当公司与供应商就国际采购问题进行磋商谈判协调时,不得不调整自己的工作时间来适应当地的工作时间。不同国家的时差客观存在,这就是说,当供应商在工作时,公司可能正是晚上或下班时间,或者某家供应商要比公司的其他供应商早几小时上班。时差问题真让人头疼,现在得益于通信技术的发展,传真、录音电话、电子邮件可以大大减少时差的影响,并可以缩短人们对不同国家市场的心理距离。

5. 运输成本的风险

国际采购往往意味着长距离的商品运输问题,必须考虑由此带来的时间成本和费用成本。如果供应商不负责提供将货物运输到门的服务,你则必须安排和支付至少是部分的运输费用,它可能包括因转换运输方式而产生的服务费用和因延误卸货、重新装货、商品检验、组织两个以上供应商的管理货物的费用。

6. 交货准确性带来的风险

大家都知道,国际采购都需要进行国际运输,但时间却很难保证,有时候运输中发生的问题往往是难以估计的。比如说某个地区突然发大水导致一段时间内的运输中断,或货运船只在海上遭遇台风丢失了两只集装箱的货物而导致货物不能及时送到。这些情况很有可能导致客户不能准时拿到货,导致生产线停线或市场上无法供货,从而造成极大损失。

7. 交货后服务困难带来的风险

本地采购工厂中,当供应厂商交付的产品有任何质量问题时,解决问题比较容易,可以打电话叫供应厂商来解决,甚至叫供应厂商把产品运回返工。但在国际采购中这种方法就不行了,因为供应商所在地遥远、运输费昂贵,供应厂商返工或把产品运回的成本很高。有时如果质量问题无法解决,不但产品只能作废,还要供应商出处理废品的费用,这时候客户和供应厂商都会蒙受巨大损失。

12.4　国际化采购的途径

采购是直接进行还是经由中介人,取决于采购部门在采购方面的经验和采购的数量及频率,这方面有很大的选择空间。数量少、频率低的采购通常采用直接采购或通过中介进行采购的方式,而数量大、频率高的采购则通过国际采购中心进行。

1. 直接采购

需求企业根据自己的实际生产需求,编制需求计划及需求描述,在全球范围内进行投标选择。国际化采购的直接采购与国内采购的直接采购过程相同,区别在于可供选择供应商的范围得到扩大。

2. 进口代理商或销售代理

向代理公司支付一定费用(通常是采购总额的一个百分比,最高为 25%),他们会协助采购方选择供应商并办理所需凭证,所有权会直接转让给采购方,采购方也应就第三方提供的服务给予合理的报酬。

3. 进口经营商

进口商首先和采购商签订合同,然后由进口商以自己的名义从国外供应商处购得产品,取得所有权,将产品运往采购商指定的地点,然后以商定价格向采购方开出账单,采购方应为第三方提供的服务付出一定报酬(含在产品价格中)。

4. 贸易公司

这种公司规模较大,其业务经营范围也较广,其经销的进口产品可以覆盖一个或者多个国家。采购者通过贸易公司进行采购的优点有:①方便;②高效;③数量大,成本低;④所需时间短;⑤对质量有更好的保证;⑥风险低。贸易公司在运输前一般要对生产厂家进行考察,但对采购者来说,应先对贸易公司进行认真仔细的调查。

5. 国际采购中心

由于信息技术和经济全球化的发展,国际化公司经营管理模式从传统的纵向一体化向横向一体化发展,传统的大而全经营方式已不能满足国际生产的需要。为了在全球竞争环境下生存与发展,在国际性的资产重组和结构调整中,国际化公司将许多并不擅长的业务剥离出去,而把资源集中于更有竞争优势的业务领域与经营环节,注重培养企业的核心竞争力。另外,技术的进步,尤其是通信网络、信息技术的高度发展,大大降低了通过外部市场获取合格投入品的交易费用。结果,业务外包与取得的优势更加突出,成为国际化公司生产策略变动的重要趋势。在这种新的经营模式下,从事核心业务的国际化公司与外部企业之间形成了从供应商到制造商再到分销商的贯穿所有企业的供应链,企业之间的关系由垂直整合转向了虚拟整合,由功能整合转向程序整合,由对立转向联合,由信息保留转向信息分享,企业经营也由预测转向了终测。而从事核心业务的国际化公司本身则对供应链实行管理,以发挥供应链上每一节点的竞争优势,实现整条供应链的价值最大化。供应链示意图如图 12-2 所示。

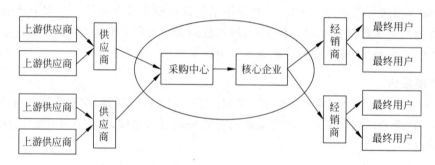

图 12-2　供应链示意图

与业务外包相对应,许多国际化公司还以集中采购来提高采购的效率。虽然各行业采购的集中程度有所区别,但大型国际化公司往往在特定的区域范围内设立一个专门的中心来完成采购功能。这个中心把分散的采供功能集中起来,并与分销、配送的集中调度相配合,国际采购中心由此应运而生。

所谓国际采购中心指设在一个国家的经济发达地区,以面向国际化企业为主,进行商品采购的固定场所。这种采购中心一般有两种基本模式:一种是国际化企业在某一国家的某一经济中心设立采购中心,其目标是采购企业生产经营所需要的商品(包括生产资料和消费品)。如美国沃尔玛在上海成立家得宝,在我国上海和深圳设立全球采购中心;家乐福在我国北京、天津、大连、青岛、武汉、宁波、厦门、广州和深圳开设了区域性的全球采购中心,其总部设在上海。另一种模式是在一个国家的某一中心城市建立的相对固定的,为全球国际化企业提供咨询信息服务的国际采购中心,以吸引更多的国际化企业到本国进行采购,以扩大商品的出口,建立稳定的出口商品供应基地。

12.5　信息技术在国际化采购中的应用

现代信息技术的发展和全球信息网络的兴起,将全球经济紧密地联系在一起,任何信息都可以通过网络传遍世界各地。信息技术是一个内容十分广泛的技术群体,但它们都是围绕信息管理来进行的。信息管理对任何企业都是必需的。

在国外,信息技术已经广泛应用于采购环节。美国三大汽车厂商通用、福特、克莱斯勒进行合作,共同运营 13213 网上采购的商务网站,网上交易额已达到 6000 亿美元以上。位居美国零售业第二的 Sears 公司和欧洲第一的家乐福公司联合成立 B2B 网上采购企业,在全球范围内进行连锁商品的采购,预计网上的交易金额将达到 3000 亿美元以上。

在国际化采购过程中广泛应用先进的信息技术,构建良好的技术支撑体系,使得采购方式和采购过程逐渐实现电子化,主要体现在以下几个应用层面。

1. 数据和信息的收集整理

对国际化采购而言,数据资料、信息情报的收集和整理是一件异常繁琐的工作,但利用网络通信、Internet/Intranet、Lotus Notes 等技术可以方便地从其他地方获取有用信息,通过应用这些技术信息传输时间得到缩短,利用数据仓库(data warehouse)、数据挖掘(data digging)、共享数据库技术、人工智能和智能识别系统等技术还能够对企业的信息数据进行有效的整理。

2. 数据和信息的传递交换

目前,EDI 技术是企业进行国际化采购的主要信息手段之一,它在文件传输、交接货确认、采购订单处理、预测和付款等事务中扮演着非常重要的角色。凭借统一的标准格式,使计算机与计算机之间能够通畅地进行业务数据交换。在某些情况下,单点联系(single point of contact)技术、开放数据库通信(open data base communication)、E-mail、传真、电话也为这些数据信息的访问和交换提供了众多的选择余地。

3. 辅助决策和决策支持

数据可视技术(data visualization technology)、在线分析处理(online analytical processing)、CAD、CIM、DRP 等技术,有助于对全球范围内的供应商进行定位和选择,有利于采购方合理配置供应商资源。专家决策支持系统、技术分析专家系统、智能分析系统、高级计划编制与时间安排(advanced planning and scheduling,APS)系统等能够为采购决策提供科学的依据,提高采购决策的正确性和及时性。

4. 远程沟通和谈判协调

在全球范围内与供应商进行沟通和谈判,可通过电话会议、多媒体通信、E-mail、电话/传真、GPS、GIS 和网络站点等方式进行,直接缩短了信息沟通的距离和时滞,提高了信息流的反应速度,一定程度上节省了人力、物力和财力。

12.6　国际化采购在我国的发展趋势

随着经济全球化发展和供应链管理的普遍实施,国际化采购已经成为各国企业充分利用全球资源、降低生产成本、增强核心竞争力、获取最大利润的重要手段。而近年来,随着我国制造业的不断强大,越来越多的跨国公司到我国建立跨国采购中心、研发基地和生产基地,把中国作为全球配置的基点。目前,全球采购已逐步成为我国企业出口的主要形式之一和我国扩大出口的主渠道。

1. 在我国的全球采购规模日益增大

据了解,2000 年以前跨国公司在我国境内的采购额不足 100 亿美元;2001 年跨国零售集团在我国采购产品的总额达到了 300 亿美元;2002 年通过全球采购方式出口的中国商品金额达到了 400 亿美元,占当年我国出口总额的 12%;2003 年这一数字又突破了 550 亿美元,占当年我国出口总额的 13%。专家预测,按照目前每年 30% 的速度增长,五年内通过全球采购方式出口的中国商品金额将会超过 1000 亿美元。

2. 一批知名的国际采购商在我国设立采购中心

越来越多的国际采购商把目光投向我国,积极把全球采购中心迁至我国,或在我国设立采购办事处。沃尔玛的全球采购中心已从香港搬到深圳;家乐福在上海设立全球采购中心,并陆续在我国境内建立若干区域性采购中心;麦德龙把上海和天津作为我国南北区域采购供应枢纽;翠丰集团在上海也设立了采购中心。根据全球供应商网站最近的一项调查,在未来 3 年内,80% 的供应商将寻找更多的机会从中国采购商品和原材料,40% 的供应商希望在中国采购超过 2.5 亿欧元的产品。

3. 一些经济发达的城市和地区积极打造国际采购中心

国内许多城市越来越认识到与国际采购商建立战略合作关系的重要性。比如上海、天津、深圳、北京等经济发达的城市,凭借其城市本身的经济发展水平、良好的交通条件、物流集散的能力、较高水平的金融服务、展览服务以及完善的贸易促进体制等优势,积极兴建国际采购交易平台,努力打造国际采购中心,充分利用这种国际采购发展的机会来拓展商品出口的新途径,为地区的经济发展做出贡献。

4. 各类专业化的国际采购展会层出不穷

专业化、全球采购显示出旺盛的生命力,国内许多专业化采购展会都有了可喜的进展。2004 年 3 月,中国首届汽车零部件跨国采购贸易洽谈会在上海开幕;4 月,参加重庆全球采购大会的 78 家跨国采购商带来了总值 45 亿美元的采购清单;5 月在北京举办的中国国际家电展,来自全球的家电采购商参展规模大大超过了上届;6 月,青岛全球采购大会吸引了沃尔玛、家乐福、百安居等 30 家跨国采购巨头的目光;7 月,第二届"美国制造业代理商来华采购洽谈会"在上海和广州举行,包括机床及配件、电机、电子电器产品、计算机及配件、轴承、金属铸件、空调及配件、五金制品、电线电缆、园艺设备、酒店设备等领域的 70 余家北美和欧洲采购商向我国供应商抛出了采购大单。

12.7　国际化采购对中国经济的影响

全球采购的迅速发展及其在中国市场日趋频繁的采购活动,对中国经济发展有着许多积极的影响。

1. 微观层面的影响

从微观层面来看,全球采购对中国企业的积极影响主要表现在以下几个方面:

(1) 这种国际采购活动无疑为我们中国的企业,特别是那些过去以内销为主的多数国内企业提供了一个开拓国际市场、建立稳定销售渠道、带动企业产品出口的机遇。

(2) 中国企业在参与全球采购并与国际化公司或国际企业合作的过程中,不仅仅能够建立起稳定的供销关系,而且能够按照国际市场的规则来进行生产、提供产品,这样可以使我们的企业直接和更快地了解国际市场的运行规则和需求,促进企业加快自身产品结构的调整和技术的创新,提高自己的产品质量和竞争能力。

(3) 中国企业目前面临着"走出去"的发展挑战,需要学习和尽快适应全球采购的资源配置方式,使我们的企业能够在与国际对手竞争的过程中也建立起全球化的生产网络和采购网络,真正提高在国际市场上的竞争能力。

2. 宏观层面的影响

从宏观层面来看,全球采购也有着积极的影响和作用,主要表现在以下几个方面:

(1) 全球采购进入中国市场以后,能对中国出口规模的扩大和出口结构的升级起到非常积极的推动作用。因为中国在经济发展过程中,出口对经济增长的贡献一直是非常重要的。扩大出口是中国经济发展战略中非常关键的领域。因此,全球采购作为一种新的贸易渠道和贸易方式,将为中国产品走向国际市场提供一个非常好的机遇。另一方面,长期以来,我国的出口结构更多的是依赖初级产品和资源性产品,而对于我们已经形成了一定竞争能力的制造业产品,依靠传统的贸易公司和企业自营出口开拓市场,不仅难度较大,而且很难进入到国际生产和国际市场的主流领域。因此利用这种国际化的采购活动和全球采购网络体系可以使我们很多有竞争能力的制造业产品进入到国际市场,从而真正推动我们有附加价值的和有竞争能力的产品的出口,进而推动我们出口结构的升级。

(2) 更为重要的和积极的意义在于其对中国经济结构及产业结构的调整有着积极的促进作用。在全球经济一体化加速发展的过程中,整个世界的经济结构都处在一个新的调整过程中,新的国际分工格局正在形成。这就使得当前我国的经济结构特征既要从自身经济发展要求来进行主动的调整,也需要在国际分工新格局的形成过程中早作选择。因此,国内企业通过与国际企业合作并纳入全球采购网络,可能会尽快赢得一些有利的竞争地位,并进而占据国际性市场,从而使得我们的产业结构调整既能够适应中国经济发展的要求,也能够适应全球市场发展的需求,为中国经济发展赢得更广泛的市场发展空间。

(3) 全球采购能够有效地促进和维持中国的竞争性市场结构。全球采购进入中国市场,实际上是给我们中国企业,特别是过去一直在国内市场进行经营和竞争的企业带来直接的国际竞争。这种国际竞争将迫使国内企业采取符合国际市场规则的、更加规范的竞争手段来寻求企业的发展,逐步走出以恶意价格竞争、依靠政府维持地区性或行业性的垄断而获得市场优势的低层次的竞争怪圈,使我国市场经济中的竞争水平得到提高,真正发挥市场机制的作用来促进中国经济的发展。

当然,全球采购活动进入中国,也对中国企业和经济政策、贸易制度提出了许多挑战。例如,企业的产品种类、质量与标准能否满足国际化公司全球生产体系和国际市场的要求,企业如何了解和适应国际采购的规则和方法,国内相关服务行业和基础设施是否能够适应国际采购中心运作的要求,经济体制和贸易政策中还存在着哪些不利于企业参与国际化竞争的内容等。这些方面也正是当前需要企业、政府及相关研究机构进行深入研究和探讨的领域。

小结与讨论

国际化采购是在供应链思想的指导下,利用先进技术和手段,在全球范围内寻求最佳的资源配置,寻找最佳供应商,采购性价比最好的原材料和服务,以更有竞争力地满足客户需求的过程。现代科学技术的发展、经济全球化进程、成功企业的示范作用以及先进通信技术和交通方面的发展是促进全球化采购获得蓬勃发展的背景。

与进行国内采购相比,国际化采购具有更长的订货提前期、需要遵守相关国际惯例、承担更大采购风险,需要国际贸易方面相关知识以及受供应商所在国和国际环境影响的特点。在进行国际化采购之前企业必须建立国际采购管理制度。国际化采购的流程包括收集相关数据、评价采购决策、数据资料分析、供应商分析、采购成本分析、供应商选择决策、进行采购合同谈判以及持续改进和评价 8 个阶段。国际化采购效率和职能能够得到怎样的发挥,受到语言与宗教文化差异、外汇、贸易手续、时差、运输成本、交货准确性以及交货后服务困难等众多风险因素的影响。企业可以通过直接采购、进口代理商或销售代理、进口经销商、贸易公司以及国际采购中心多种方式实现自己的国际化采购。

本章最后介绍了信息技术在国际化采购中的应用,以及国际化采购在我国的发展趋势和对我国经济的影响。通过本章的学习,读者可以对国际化采购具有比较深刻的了解。

习题与思考题

1. 国际化采购产生的背景是怎样的?
2. 促使企业进行国际化采购的原因是什么?
3. 与进行国内采购相比,国际化采购的特点是什么?
4. 描述如何建立国际采购管理制度?
5. 国际化采购的一般流程是什么?
6. 国际化采购可能遇到的风险包括哪些?
7. 进行国际化采购的途径有哪些?
8. 先进信息技术可以在国际化采购中哪些方面得到应用?
9. 国际化采购在我国的发展趋势怎样?
10. 如何评价国际化采购对中国经济的影响?

第 13 章　采购与供应管理的发展趋势

全球化和科技进步的双重力量促进了传统观念(规模经济)和新观念(网络智能和细分化采购)的融合。对于具有稳定结构的大型企业(如大型国有企业、电器生产商和零售商)来说,面对不断变化的市场环境,很难轻易地调整或精简分支机构。在这种情况下,联盟结构可能会更适用,因为分支机构仅在一些方面(如内部投资)存在竞争,但在更多方面(如降低价格和提高质量)则是合作。

13.1　采购内涵逐步发生改变

随着采购业务的不断发展,采购职能在企业运作、社会发展中的作用也日益重要。经济全球化、信息技术等新浪潮的到来,也促使传统的采购活动发展根本的转变,见表 13-1。采购活动中的新内涵,体现了新的经济模式下对采购的要求,也体现了企业运作模式的转变。

表 13-1　传统采购与未来采购的比较

采购的传统内涵	未来采购的内涵
采购功能(purchasing)	货源搜寻(sourcing)
物料需求(material requisition)	顾客需求(customer requirements)
供应厂商(vendors)	外部资源(external resources)
价格第一(price)	利润第一(bottom line contribution)
官僚架构(bureaucracy)	竞争优势(competitive advantage)
敌对关系(adversarial relationship)	策略联盟(strategic alliance)
压迫降价(pressure tactics)	联合成本管理(joint cost management)

13.2　采购模式的变化

当前,随着经济全球化和信息技术的快速发展,采购模式正在发生着翻天覆地的变化,新的采购策略正在改变着大多数企业。

13.2.1　全球化采购日益普遍

信息化时代促使经济发展日益全球化,消费者对低价格、高质量的个性化商品的需求越来越大,在全球范围内寻找低成本的产品供应商逐步成为一种趋势,在此背景下,以比较成本优势快速成长的发展中国家逐渐成为世界各国采购的重要基地。比如,中国、东南亚国家的许多产品已经成为西方国家重要的产品供应地。据 Aberdeen 最近一项调查结果显示:未来 3 年(2008—2010 年)内,全球首席采购官们的当务之急便是进行低成本国家采购,同时,还必须在性价比与采购总成本之间寻求平衡。

近年来,全球化采购逐步发展成为几种主要的模式:离岸外包(offshoring outsourcing)、离岸外包和近岸外包(onshore outsourcing)结合、业务流程外包(business process outsourcing, BPO)、多源采购以及联盟采购等。服务的全球化采购以及供应来源的多样性代表着今年的总体趋势。尤其是 IT 服务的全球外包市场已趋于成熟,其增长也高出业务流程外包的平均水平。另一个值得关注的特点是,企业除了传统的外包策略之外,正越来越多地考虑将不同业务部门的功能外包出去,由更专业的第三方去打理。如今 HR 已经成为被外包的主要部门,紧随其后的是采购部和财务部的外包。从市场角度看,中国和其他离岸外包市场正持续发展并对印度在外包市场的统治地位造成威胁,而与此同时,印度的主要供应商正积极地改造和创新以期维持市场的主导地位。全球化采购目前呈现以下特征。

1. 多重货源

目前在全球经济体系范围内,尤其是在美国和欧洲,越来越多的企业在实行外包采购时考虑的已不仅仅是以成本控制为目的,而是在提升企业运作效率和满足企业快速增长的需求上起到更直接的作用。这使得企业在货源开发上更倾向于一体化而不是个体化。这一变化可以从过去 3 年中平均每个外包项目的总金额逐年下降中可见一斑,这是由于越来越多的企业不再像以前那样将一个大项目统统外包给一个供应商,而是将这个大的外包单子分拆成几个小单子分别外包给不同的供应商。例如,Computer Wire 公司专门对业内订单进行日常追踪,该公司在 2005 年中追踪报道的超过 10 亿英镑的订单有 15 起,而这个数字在 2004 年和 2003 年分别是 25 起和 29 起。又如 ABN Amro 公司在 2005 年,除了与 EDS 公司维持现有的台式电脑业务之外,还同另外 5 家供应商签订了 5 年的合作协议。2006 年,GM 外包项目总金额将达 150 亿英镑,分包给几家不同的供应商。业界预估,到 2008 年,70％的企业将使用至少 4 家 IT 服务供应商,其中大约只有 30％的企业具备足够的管理技术来运作这些多重货源(multi-sourcing)项目。要真正使多重货源策略发挥功效,企业需要投入更多资源,加强执行力度,培养相关管理技术。

2. 业务流程外包

在多重货源采购不断增长的同时,业务流程外包(BPO)也在快速增长。而且 BPO 在以传统的前台业务外包为主的市场形势下,后台业务的外包也逐渐发展起来了,2006 年以来,后台业务外包将呈现强有力的增长势头。

对 BPO 持续增长起主要支撑作用的是 HR 外包(HRO),HRO 近年来发展迅速,采购业务外包(PO)的发展仍然比较缓慢。大多数企业都认识到,采购业务外包有两大潜在的利益,其一是节省采购操作的成本,其二是通过重新谈判在所购买的物料或服务上节省更多成本。一般来讲,一个大型企业每年采购的间接支出大约占采购总金额的 20%,如果通过外包的手段可以将该支出比例降低为 10%,那么,采购外包可以成为企业发展的较好选择。财务业务的外包对企业也是有可能的,目前,很多中小型企业也采用了这种模式。

3. 离岸外包

专业调查和报道显示,离岸仍然是目前全球外包市场的主流。该市场上印度继续保持领先,中国紧随其后。有资料表明,在中国进行离岸外包相比之下似乎更具优势。

印度的外包市场经历了 3 个阶段的演变。第一阶段,发展一流的程序开发技术,以便在国外公司寻求低成本服务时与其合作。第二阶段,印度本地公司提供低档次的后台服务,包括客户呼叫中心、资料记录、投诉受理等。第三阶段,即当前阶段,是提供各种复杂多样的服务。

有一个现象值得关注,现在的外包市场中,客户对离岸采购已经不再需要反复斟酌,而是把它看作是服务解决方案的一个理所当然的组成部分。客户更多的是让供应商来为自己作出选择,并决定采用何种形式的离岸采购才能够达到既定目的。这就对中等规模的供应商提出了一个很现实的问题,未来这些供应商如何与离岸的当地供应商和世界级供应商进行有效竞争将越来越仰赖于该供应商在离岸地的规模和实力。

4. 地域趋势

在美国和欧洲,外包市场甚为乐观。以美国市场为例,在 2005—2010 年,预计平均的增长将达到 9.3%,这一增长的驱动力主要来自于越来越多的企业采用业务流程外包。

5. 供应商趋势

目前,世界级大公司仍然占据采购市场的主导地位,比如 IBM、EDS、CSC 等。他们是全球采购市场的主角,而且,他们的合同还在不断扩大。

就整个供应商群体而言,被国际大公司和快速成长的离岸地供应商夹在当中的那些中等层次的供应商形势甚为窘迫。这些中等层次的供应商在多重货源采购中可以占一席之地,但要做到多重货源采购,他们必须着力于降低成本,提高利润率,提高市场占有率。而世界级供应商和印度本土供应商则野心勃勃地通过兼并来扩大他们的实力和在某些领域的规模,尤其是在硝烟弥漫的 HR 外包市场。兼并和市场合并将是未来采购大趋势之一。

6. 数据的保密性和安全性

数据的保密性和安全性(data privacy and security)在全球采购中将受到越来越广泛的重视。世界各国采取各种手段对违反国际间交易数据的保密性行为予以制止。无论哪个国家,在这点上是公认的,如果跨国交易的数据保密性出现问题,那必然导致严重的损失,包括各种各样的罚款,客户丢失,甚至诉讼。事实上,此类事件的后果还在于信誉受损,因此,不难解释为什么现在的客户对数据保密性措施的关注比任何时候都强烈。

综合来看,离岸采购已经在全球采购市场中扎根,随着 BPO 外包的快速发展,近岸采购和离岸采购的有机结合将成为未来采购的重要趋势。离岸采购的交付和运输模式迫使供应商的价格必须具有竞争优势,客户在这些交易中也变得越来越精明。无疑,未来的市场将仍然维持买方市场,企业在进行采购和资源开发时必须要考虑清楚自己的定位,这样才能在采购市场中获得最大利益。

【案例】

耐克全球化采购经验借鉴

1. 耐克目标

全球扩展的公司正在为产品开发的成本最优化而努力。许多公司试图通过统一全球的顾客需要,以全球需求量为生产批量,从而降低产品开发成本,获得规模经济效益。然而,全球性寻源决策必须在全球标准化设计带来的规模生产优势和满足成本目标及当地需求、注重产品地域特色之间作出平衡。

2. 耐克现状

耐克公司是一个在供应基地既抓廉价劳动成本,又构建了先进技术能力的生动案例。耐克公司在全球是为整个产品而不是为某个部件进行寻源的。

在过去的 20 年中,耐克公司已发展了一个大约有 40 个供应点(主要在亚洲的一些低收入国家)的供应基地。结果,耐克的 Pegasus 跑鞋在美国的成本仅为零售价的 25% 左右。

3. 耐克成功原因

耐克的全球采购来自低成本和高成本国家的有效组合。最初,它的大量生产在南韩和中国台湾(那时的低成本地区)进行。但随着这些低成本地区工资率的提高,耐克又发展了新的更低的成本供应商——印度尼西亚和中国大陆。同时,耐克继续增加产品的技术复杂度,增添一些新特性,如气垫嵌入物和多彩的鞋底板。相应地,南韩和中国台湾的高级供应商,现在生产一些日益复杂的产品,而低工资国家的新供应商则生产简单的劳动密集型产品。

13.2.2　电子化采购手段的应用

从全球的采购发展趋势来看,电子采购将越来越广泛地被企业管理者接受。而事实上,许多跨国公司已通过电子采购方式获得了它们想采购的部分物品,一些公司一年通过电子采购的金额就达数百亿美元之巨。实行了电子采购的企业认为电子采购比传统采购方式有更多的优点,一方面,因特网给采供双方提供了更广阔的选择余地。另外,在采购单价及采购管理费用上的开支也可大幅度减少。

电子采购是企业传统物资采购业务的一种技术创新,就像电话、传真机一样,为企业采购人员提供了一种完成定价过程的工具。它是通过互联网,寻找、管理合格的供货商和物品,随时了解市场行情和库存情况,编制采购计划,在线采购所需的物品,并对采购订单和采购的物品进行在途管理、台账管理和库存管理,实现采购的自动统计分析,实现阳光采购。

电子采购方式主要包括公开招标、邀请招标、竞争性谈判、询价采购和单一来源的协议采购。电子采购既是电子商务的重要形式,也是采购发展的必然;它不仅是形式上和技术上的改变,更重要的是改变了传统采购业务的处理方式。优化了采购过程,提高了采购效率,降低了采购成本。通过电子目录,采购商可以快速找到更多的供货商;根据供应商的历史采购电子数据,可以选择最佳的货物来源;通过电子招标、电子询比价等采购方式,形成更加有效的竞争,降低采购成本;通过电子采购流程,缩短采购周期,提高采购效率,减少采购的人工操作错误;通过供应商和供应链管理,可以减少采购的流通环节,实现端对端采购,降低采购费;通过电子信息数据,可以了解市场行情和库存情况,科学制订采购计划和采购决策。

电子采购为物资部门和供应商之间搭起了一座信息交流的桥梁,对于买卖双方都将带来业务上的便利。对于物资采购、管理和执行部门而言,电子采购有以下特点:

(1) 采购执行过程可以通过互联网实现完全的电子化;

(2) 具有参数化的流程定制及修改功能;

(3) 电子招标采购支持在线发标、邀标、售标、投标、开标、评标、授标,支持评标专家管理、招投标费用管理,支持单价、总价、专家评标等多种决标方式;

(4) 强大的统计分析功能,帮助进行采购决策分析和采购绩效考评;

(5) 与企业现有应用软件形成闭环,实现供应商数据、采购物料数据以及采购结果数据等业务信息的无缝整合;

(6) 自助式的产品目录服务使供应商能及时将包括价格在内产品信息与采购商交流,系统规范的采购流程起到规范供应商交易业务行为的作用;

(7) 信息的及时、有效、廉价沟通是互联网信息应用系统的重要价值,以 E-mail 为基础的多种信息传递、交流方式,能及时了解采购方信息,并有效进行交流。

对于重要物资的采购以及采购标的评判比较复杂的情况,一般采用招标采购方式。以"公开、公平、公正"为原则的招标采购,能够在保证竞争的情况下充分考虑评价供应商的其他商务、技术要素,从而保证采购的效果。

传统方式的招标采购操作,由于其业务流程复杂,相关的采购业务人员必须对招标业务有相当的了解,从而加重了业务人员的负担。而且,传统招标操作周期较长,效率较低。

电子招标采购方式是以《中华人民共和国招标投标法》为依据结合行业专家的经验设计开发的,其业务流程涵盖了传统招标的所有过程,实现了招标过程的电子化管理和运作,使招标理念和信息技术完美结合,从而使一般业务人员可以轻松操作招标项目。每次招标业务的相关数据、文档可以有序保存,有效形成知识沉淀,供企业今后业务需要使用。采用电子招标采购还可以显著缩短采购业务周期。

竞价采购是招标方式、拍卖技术以及现代互联网信息技术的有机结合,是类似于拍卖竞购的一种逆向行为。即用逐步降低销售价格方式赢得标的物的过程,也称拍购。竞价时,由采购商发布竞价标书,事先约定拍购条件,并主持整个竞价过程。经过采购商资格预审合格的供应商,都是在匿名条件下与对手竞争,可以在规定的竞拍过程中充分进行竞争性报价,争取自己获得有利的排位,符合预设中标条件的供应商最终中标。

相比传统的招投标方式,竞价采购将投标的静态报价转换为动态报价,允许供应商在公平竞争的环境中多次报价,从而能够快速达到采购产品的平均市场成本线。

相比传统的竞争报价方式,网上竞价采购在保证实时竞争现场的同时又能保证参与各供应商间的背对背,从而有条件创造出一个充分竞争的环境,保证采购企业的利益。

架构于先进互联网信息技术的网上竞价采购,以其竞争气氛激烈、降价效果明显、业务流程简便易操作、业务周期短等特点被越来越多的企业所接受。实践证明,企业采用竞价采购系统可以降低采购成本 10%~35%;在降低采购成本同时,采用竞价采购还可以有效缩短采购周期。

询比价采购,顾名思义就是货比三家,通过比质比价方式确定最终供应商。适用于采购金额低,通过简单谈判即可完成采购的情况。基于互联网的询比价采购包括以下功能:

(1) 公开询价:向所有的供应商公开发布询价函,询征报价;

(2) 邀请询价:向经过资格预审的合格供应商直接进行询价;

(3) 报价谈判:采购员分别与各供应商进行多轮次的谈判,确定最终报价;

(4) 在线比价:采购员对各供应商的报价进行在线比较,选中性价比最优的供应商,形成供需订单草案;

(5) 询价过程跟踪:采购人员和审批人员可以查看整个询价过程,可以详细到每次谈判记录和报价清单;

(6) 日志查询:系统提供询报价日志查询;

(7) 订单审批:经过谈判,订单提交审批。

作为对于传统物资管理工作的技术创新,企业实施电子采购系统,必将遇到管理和业务方面的种种困难,只要我们充分准备、踏实工作,就一定能够找到解决问题的办法。

采购的主要使命不仅仅是控制成本和质量,促进企业的现金流动和保持良好的市场形象,更重要的是通过电子化在全球范围内整合供应资源,突破管理的极限,即有效资源的合理利用问题。因此,充分利用信息时代先进、高效的电子手段和技术工具,扩展供应网络成了当代采购管理的新方向。

电子化采购,不仅对提高供需双方沟通速度、降低沟通成本和快速扩大选择范围等诸方面有着不可替代的战略优势,而且通过买方、卖方或第三方商业模式的运作,还能为采购方带来更好的信息共享、公平竞争的难得的良好机会。

【案例】

微软电子化采购经验借鉴

1. 微软电子化采购现状

MS 是基于企业采购申请而建立的微软公司内部局域网,为雇员提供方便快捷的、从其桌面就可下订单的工具。MS 直接与 SAP/R3(现在微软的企业资源解决方案)连接,采用流水线订单程序,便利了汇票的高效传送,降低了日常管理开支。微软公司通过简化采购过程,把每个订单的成本由 60 美元降到了 5 美元,仅此一项每年就节省了 730 多万美元。

与当今竞争性市场中的其他公司一样,微软的成功部分归功于在为雇员提供生产需要的最优材料和服务的同时,不断有效地抑制了成本的增加。

2. 改革之前的采购情况

1996 年之前,微软公司的采购过程依赖于大量的有纸化工作和多重订制的采购商品服务的申请表。处理多种在线和纸制等形式的订单,造成很大的成本浪费,而且效率也不高,比较容易造成人为的数据输入错误,供应商和雇员双方都难于管理订单的递送和支付。

每周的采购申请都是成千上万的,但每张订单都不足 1000 美元,批量大、金额小的交易就占了微软采购业务的 70%。大量资源都用于处理这些交易和多余的手制数据。

1996 年 7 月,一项以 MS 命名的、颇具创新意识、以网络为基础的采购应用系统,跃入了更多微软雇员的眼帘。

3. MS 的功能

MS 是一种在线订购系统,在微软公司内部网上运行。它为雇员提供了易学易用的在线订单形式,如办公用品、电脑硬件、商务卡片、供应商合同、商业货运及差旅服务等。

MS 使诸如定价这样的信息合法化,确保每份订单都有专属的会计代号,并能自动把日常订单通过电子邮件发送到经过处理的等待批复通知。

微软公司高级采购经理海斯延斯曾说:“我们特意把 MS 发展成为一个流水线形式的审批过程,并影响批量较大的交易,与供应商谈判以争取更有利的价格。”

在世界范围内,MS 每年处理超过 40 万笔的交易,公司的订单交易额高达 50 亿美元。

微软用批量交易与选定的交易商进行定价和折扣谈判,为公司创造了额外的成本节约。

在运营的第一年,MS 帮助公司采购部重新分配以前负责处理订单的 19 位职员中的 17 位,让他们关注于分析采购数据,并与供应商谈判批量折扣。

运行 4 年后,MS 为微软公司节省了上百万美元的营业费,提高了与供应商进行折扣谈判的能力,把每份订单的管理成本从 60 美元降低到 5 美元。

MS 在降低企业采购成本方面功勋卓著,至今已共为微软节约了 1800 万美元的采购成本。

此外,MS 还改变了职员管理商业申请和配置公司资源的方式,职员现可在线下订单, 一般在 3 min 内便能快速完成,而且还免受管理大堆文件及繁琐的官僚程序之苦。

MS 成功地引导微软开始介入网站服务器的应用,建立了商业编辑程序的技术板块,成功地介入了建立普通电子商务企业内部网解决方案使用的样本站点。

13.2.3　重视价值采购

所谓价值采购,就是在采购过程中,以增加产品的价值为导向,采购能够为客户带来价值增加的商品,实现采购过程中的价值增值。实行价值采购,实际上更是强强联合。作为采购方,选择好的供应商,就是选择好的合作伙伴,更好地获得企业的外部资源,同时也创建了自己的采购品牌,在遇到危机时会获得更多的帮助和利益。

【案例 1】

GE 的采购价值分析——石棉板事件

背景情况:

1940 年,GE 需要购买石棉板,用来铺设车间地面,而石棉板当时市场上奇缺,价格昂贵,财务开支上也有困难。这迫使采购工程师麦尔斯思考这样一个问题:为什么非要用石棉板呢?原来,在生产过程中,在给电器元件上涂料时,容易溅落到地板上,而涂料中的溶剂是一种易燃易挥发的物品,地面上铺设了石棉板后,可以预防火灾事故。因此,《中华人民共和国消防法》(以下简称《消防法》)规定这种车间地面必须铺上石棉板。可是,这种物品偏偏难于买到,严重影响了正常的生产,由此麦尔斯想到了能否使用其他替代品的问题。

解决途径:

采购部人员终于在市场上找到了一种不易燃的纸,能起到与石棉板同样的功能,而且容易买到,价格又便宜,是一种很好的替代品。但是,《消防法》规定必须使用石棉板,经过麦尔斯的据理力争,修改了原来《消防法》的有关规定,才被允许使用这种不易燃的纸来铺设车间,代替原来的石棉板。

【案例 2】

用户为什么要选择节能灯泡

客观实际：

用户需要 60 W 亮度的灯泡，市场上可供选择的有名牌、杂牌和节能（12 W 相当于 60 W 的亮度）等各种灯泡，其单价分别是 2.5 元、1.8 元和 14 元；使用寿命分别是 800 h、300 h 和 1800 h。

具体分析：

初看时杂牌灯泡最便宜，但经过采购的价值分析，你就不会再购买杂牌灯泡了。为什么呢？因为节能灯的 1800 小时相当于 1800/300＝6 只杂牌灯，需支付 6×1.8＝10.8（元），还需支付电费 60×1.8×0.4＝43.2（元），共需支付 10.8＋43.2＝54（元）。而节能灯的费用支出是 14＋（12×1.8×0.4）＝22.64（元），名牌灯泡的总支出为 1800/800×2.5＋（60×1.8×0.4）＝48.825（元）。从以上的分析可以明显地看出，用户必然毫无疑问地选购节能灯泡。

结论：

事实上，用户把必要功能的最低费用看作是为购买物品应支付的费用，售价则看作是用户为得到必要功能而支付的实际费用。

显然，如果实际费用越接近于最低费用，用户就会认为购买物品的机会越高。这里，用户是把实现必要或基本功能的最低总费用定为 22.64 元，而名牌灯泡的价值系数 $V＝22.64/48.825＝0.46$，杂牌灯泡的价值系数 $V＝22.64/(10.8＋43.2)＝0.42$，都小于 1，所以名牌和杂牌的灯泡都不值得购买。

13.2.4　租赁或成未来采购趋势[①]

对于某些技术折旧迅速的设备和非消耗性产品，企业可以采用租赁的模式获得资产的使用权，每年只要支付一定租赁费用，资产的管理也由设备出租厂商负责，再继续租赁新设备。这样既可以减少投资于固定资产的资金占用，提高周转率，又可以快速跟进技术变革。

比如，相对于很多国内企业需要对电脑设备进行"购买—折旧（定期拨付折旧费）—处理—再购买"等复杂的流程和固定资产管理，一些跨国公司已经把国外通行的租赁方式引进到了中国。这种模式可以保证企业的固定资产能够维持较高的技术水平，保证资产的高效使用。此模式一般适用于大型、昂贵的设备或技术更新快的设备，如大型工程机械、电子设

---

① 　中国计算机报，http://www.sina.com.cn，2007-06-05。

备等。

　　这种采购模式的出现是应对目前高新技术产品的快速的技术更新,既能作为一种采购模式,也可以看作是一种基于供应链系统的资本运作模式。可以有效克服资金短缺的困难,以较少的资金投入获得技术领先的设备等资产。

【案例 1】

斑马公司的办公电脑租赁

　　斑马技术亚太有限责任公司就是使用租赁模式的一家跨国公司。斑马公司在全球各个区域都跟 Dell 签了租赁合同。至于租赁价格,按租赁时间长短和电脑配置的不同会有区别。中国公司电脑的租期是 3 年,每个季度支付一定费用。一般来讲,一台主流电脑的费用,3 年下来共需 2 万元左右。

　　显然这要比购买贵很多。但从财务角度讲,这会减轻当期的资金压力。"租赁方式相当于把采购成本分摊到 3 年里去,然后再加上一笔租金。就像个人买电脑分期付款一样,当期不用一下子拿出那么多钱,但总价肯定要比一次交清要大一些。"因为电脑产权不是自己的,所以他们是不能动任何硬件的,有问题都由 Dell 的人来处理,这又省下了公司的部分电脑维护成本。

　　这种模式除了财务周转收益外,还省去很多管理固定资产所需要的人力和办公场地等成本。"现在很多公司即便是自己买电脑,也不会花精力到硬件的拆卸和维修上,那样需要硬件成本,更主要的是需要增加人力,而人力成本在跨国公司和大公司里是很贵的。"

　　河南移动 IT 支持部门负责人郑先生也告诉记者:"我们公司也准备采取租赁方式了。主要是因为现在电脑更新速度太快,我们原定的 5 年折旧期太长,而租赁一般是 3 年,还把电脑跌价的风险转嫁给电脑厂家了。"

　　事实上,转嫁资金压力和电脑跌价风险的做法还有一种,即让员工先掏钱将电脑买回来,然后企业逐月补贴。随着越来越多的企业给员工配备笔记本电脑,这种做法就更普遍了。"有 30% 的笔记本电脑是员工先掏钱,然后公司每个月给补贴一定的额度,一般在雇佣合同期内折完笔记本电脑的钱,电脑产权从一开始就归个人了。如果员工中途离职,那么公司就停止给他补贴。"

【案例 2】

如何有效处理电子设备

　　IT 企业是如何处置日益增加的废旧电脑的呢? 调查发现,物尽其用是其主流方式。而在重新采购电脑时,一些在跨国公司通行的租赁方式正逐步得到国内众多企业的重视和应用。

截至 2006 年底,我国拥有的电脑数量已经过亿。这其中,废旧电脑的数量就接近 3000 万台。那么,作为电脑使用大户的各 IT 企业是如何处置日益增加的废旧电脑的呢? 为此,我们调查了 162 位 IT 企业的网络管理员或 IT 部门负责人,发现物尽其用是其处置废旧电脑的主流方式。而在重新采购电脑时,一些在跨国公司通行的租赁方式正逐步得到国内众多企业的重视和应用。

　　企业的 IT 管理者如何定义废旧电脑,将决定这些废旧电脑将被如何处置。调查发现,占到被调查网络管理员(或 IT 负责人)总数 90% 左右的人都认为,废旧电脑是"濒临"不能用的电脑,无论是"达到年限"还是"维修次数"都说明了这个问题。

　　另外,在对网管员的深入访谈中,我们发现,许多 IT 企业对废旧电脑都从固定资产管理的角度进行了界定。

　　北京振戎融通通信技术有限公司网络管理员高工就告诉记者,他们公司对电脑折旧的年限是 4~5 年。"我们对废旧电脑的定义是:折旧完 4 年的电脑。这是财务那边的规定,没有其他定义。"也有企业从另外角度对废旧电脑进行了定义。久游网 IT 部门负责人就根据需求的两个层次,对废旧电脑进行了定义:不能满足高的使用要求——比如是美工、开发者使用要求的电脑,或者连文档处理这样的低需求都无法满足的电脑。而中国数码信息责任有限公司是按照配置来区分废旧电脑的,CPU 主频低于 1GB 或内存低于 256MB 或硬盘低于 20GB 的电脑都叫废旧电脑。

　　那些达到折旧期的废旧电脑会被怎么处置? 显然它们的流向也是多种多样的。据调查,各企业转移使用和直接售卖给收购商是最主要的处置废旧电脑的做法(各有 35% 和 38% 的认可度)。而原岗使用和当垃圾扔在库房这两个极端,都不为网管员所重点采用。废旧电脑俨然成为一些非关键岗位员工的专用办公机器。

　　很多企业采购回来的新电脑一般是优先给程序员等对配置要求比较高的人使用。"一般他们用两年左右就要换新的。"高栗群说,"当然也要看工作需要,原来 256MB 内存就可以跑动的操作系统,现在都要 1GB 以上的内存了。能升级的尽量升级,然后转给那些只需要上网、处理基本文档的办公室人员和做测试的人员使用。"

　　那些折旧期满的电脑如果还能用,就转给行政、招聘、秘书、助理、实习生等对电脑性能和配置要求不高的人群使用。

　　而对于那些没有达到折旧年限却已经坏掉的电脑,大多企业都选择了"再利用"方式。"我们把坏电脑里还值钱的、能够使用的配件,如主板和内存条等拆卸下来,放到其他电脑上。"高栗群认为很多配件还是能用的。而调查中也有 48% 的人持同样观点。显然,大多企业是站在节约成本的角度考虑。

　　调查发现,对那些不能再维修和利用的电脑,大多数企业都处理给废旧电脑收购商了。但很多企业并不关心收购商是否具有国家资质和电子垃圾处理实力。

　　比如,有 55% 的人选择"私营的电子设备收购和处理商,出价比较高";有 30% 的人选择"二手电脑市场里的老板"。有 85% 左右的企业选择了个体收购商来售卖废旧电脑,只有

15％的人真正关心收购商有无国家资质。而对于那些散落街头的收购者,企业似乎都不作选择。显然,IT企业对废旧电脑的处理并没有太多的环保意识。

"我们有固定的收购商,按照200～400元/台的价钱给他们,每次处理20台左右,占整个公司电脑数量的5％左右。"

而金山公司每次处理一般都是几十甚至上百台废旧电脑,其审计部门要求至少要找3个收购商上门来竞价,谁出的价格高,就处理给谁。"至于折价多少,则要看配置,我们现在处理的机器一般都是2003年买的,那时候配置较低,也不值多少钱。"金山公司IT部门负责人唐彬说。不过,唐彬也坦承,对于收购商,"公司没有要求他们具备什么资质"。

此外,还有些尚可继续使用的废旧电脑,被企业作为公关活动的捐赠品了。"不能在公司继续用的电脑,维修好后交给行政部,行政部将其捐赠出去。"中国数码的网管员刘先生说,"先对电脑进行清理,删除掉一些程序,然后检修,保证其能运行。"

当然,也有不少企业尝试把一些折旧完的电脑以较低的价格处理给员工。"以前我们就是处理给员工,后来发现效果不好。因为处理电脑的价格高和低都不合适,容易引发员工的议论。后来就取消了这种做法,直接卖给二手收购商。"

13.3　供应商对策建议

13.3.1　关注最终客户需求

随着客户需求的日益多样化,企业的生产过程也日趋复杂,满足客户的需求意味着这个供应链系统要实现跨主体的弹性组合。因此,采购过程日益变得不可预测。

因此,对于供应商来讲,开发按需定制的能力,将"产品生产"延伸至"产品定制"乃至"产品原创"的高度上,以充分满足市场个性的需求,就显得至关重要。

关注最终客户的需求,为制造商提供能够满足最终客户需求的原材料、零部件、技术服务等,是供应商未来要关注的问题。

站在客户的立场去了解需求,要能够分配更多的时间去关注客户,更要能与客户进行换位思考。回想一下在上个月中花了多少时间与你的5位最重要的客户在一起? 与他们的交谈仅仅是礼貌的寒暄,还是关于客户最重要需求的实质性讨论?

作为企业来说,早就应该结束想当然制造客户需求的阶段了,只有企业整体重视起来,从实际出发,以客户为本,才能真正达到对客户需求的了解。

13.3.2　关注质量和成本

企业采购最为关注的是供应商质量和采购成本。采购企业的背景可能五花八门,但他们的采购需求是相同的,即发展与低成本、高质量供应商的合作。因此,高质量供应商无可置疑成为新采购趋势下的焦点。

所谓高质量的供应商,必须能为买家创造高投资的回报率,因此,供应商对采购总成本、产品性价比及产品生命周期的掌控能力成为其中关键因素。

首先,买家们都关注采购总成本。而低产品价格并非意味着低采购总成本。比如,采购一种电脑零件,产品价格仅占采购总成本的40%,另外还存在一些隐性成本,如,劣质原材料带来的高报废率、包括关税和运费在内的物流成本高于预期、供应商的生产融资出现问题、对当地市场现状缺乏了解等所产生的额外费用。因此,即使是产品价格低的供应商,买家对其采购的总成本也可能是高的。

目前,科技、信息日新月异,消费者对新产品的热情也是转瞬即逝,产品生命周期也因而越来越短。采购产品最关键的问题之一就是时间,从产品设计到制造、物流,供应商必须快速学习如何在各个环节与买家合作,严格、有效地控制从接到订单到产品生产、出口的整个流程;同时,还必须具备不断推陈出新的能力。

如何成为优质供应商?要生产出物超所值的产品,最显而易见的方法当然是降低成本,同时提升产品质量和技术创新。然而,低成本与高质量之间本来就存在着难以调和的矛盾。深圳振弘陶公司拥有这方面的成功经验,因为拥有自己的矿山资源,振弘陶所生产的陶瓷产品具备了原材料最好且成本较低的巨大优势;与此同时,其产品在质量方面也毫不逊色。

创新须根植于需求,而通过选择与高质量的海外买家合作,中国供应商便能够深入了解最新的消费需求及市场潮流,并以此引领产品创新。例如,百思买(Best Buy)就与其供应商分享它的客户信息并与供应商一起开发适销对路的产品。

13.3.3　关注服务

服务是采购活动的延伸。提高全面服务也是对现代供应商的基本要求。

供应链战略是目前企业整合供应资源的主要模式,作为供应商来讲,培育自身的竞争力,不仅仅要着眼于产品质量和成本的效能比,更应该将自身融合到企业的整体战略之中,从供应起点就要开展致力于满足最终客户需求的产品供应,为企业提供最富有价值的产品供应。

小结与讨论

全球化是目前世界经济发展的一个基本写照,在全球化的背景下,企业的全球化采购、分布式采购已经成为一种趋势,由此衍生的新型采购模式、采购技术的应用已经明显改变了传统的采购模式。大面积的业务外包,是企业采购的一个发展趋势,将从传统的资源型采购转变为新型的能力型采购。尤其是世界知名的大型企业,为凸显核心能力,不断开拓采购领域,形成了一种新型的能力采购模式。非核心业务外包和电子化采购成为目前企业采购的重要模式,也是未来采购的趋势。

能力型采购、价值型采购是采购从单纯的获得资源转变为获得优势能力和价值,形成了企业资源集成和全球化运作的基本模式,也是未来企业发展的一个重要方向。

习题与思考题

1. 简述传统采购与外来采购在采购内涵上的差异。
2. 简述全球化采购的主要模式,比较这些采购模式与传统模式有哪些变化。
3. 分析电子化采购与全球化采购的区别和联系。
4. 价值采购的内涵是什么? 在采购中如何运用价值采购的理念?
5. 在新型的采购环境中,作为供应商应如何面对?

附录 A 供应商调查问卷范例

范例 1

1. 供应商基本情况

供应商名称：_____

地址：_____

电话：_____　　传真：_____

网址：_____

电邮：_____

总经理：_____　　业务联系人：_____

手机：_____　　电邮：_____

(1) 成立时间：_____年_____月_____日,注册资本：_____万元;
公司性质：_____合作方：_____

(2) 工厂占地_____m²,建筑面积_____m²,厂房(自有;租赁)_____

(3) 员工总数_____人,生产工人_____人,技术人员_____人,
高级职称_____人,中级_____人;

(4) 公司组织结构图如何?(请提供附件)

(5) 公司整体运营流程图如何?(请提供附件)

(6) 年正常生产_____天,每天生产班次平均_____班,
各班生产时间_____小时/天;

(7) 主打产品是_____,出口比例_____%,
前年产量_____,去年产量_____,今年产量_____;

(8) 工厂设计产量_____,现有产量_____;比例为_____%;

(9) 最大客户是_____公司,年供应量_____,占总产量_____%,
交货周期_____天;

(10) 最大供应商是_____公司,供应的产品是_____,
年供应量_____,发货周期_____天。

2. 供应商质量体系

(1) 质量方针政策是＿＿＿＿＿＿＿＿＿＿＿＿＿＿＿＿＿＿＿＿＿＿＿＿＿＿＿；

(2) 质量代表是＿＿＿＿＿＿，职位＿＿＿＿＿＿，手机＿＿＿＿＿＿；

(3) 质量管理体系结构图如何？（请提供附件）

(4) 是否已通过 ISO 9002 认证？ □ 是（提供证书附件）；□ 否（计划何时＿＿＿＿＿）

(5) 今年质量目标主要是＿＿＿＿＿＿＿＿＿＿＿＿＿＿＿＿＿＿＿＿＿＿＿＿＿；

(6) 来料按＿＿＿＿＿＿标准执行，主要指标是＿＿＿＿＿＿＿＿＿＿＿＿＿＿＿＿＿；

(7) 是否有质量实验室？ □ 无；□ 有（主要检验设备是＿＿＿＿＿＿＿＿＿＿＿＿）

3. 供应商生产计划与物料管理

(1) 企划部，生产部，采购部，销售部的关系框架如何？（请提供附件）

(2) 生产计划＿＿＿＿＿＿人，物料管理＿＿＿＿＿＿人，客户服务＿＿＿＿＿＿人，
储运操作＿＿＿＿＿＿人；

(3) 接单，安排生产，交货的主要流程如何？（请提供附件）

(4) 打样＿＿＿＿＿＿天，首份订单交货周期为＿＿＿＿＿＿天，正常业务交货周期＿＿＿＿＿＿天；

(5) 在制品库存＿＿＿＿＿＿天，成品库存＿＿＿＿＿＿天；安全库存＿＿＿＿＿＿天，
最低库存＿＿＿＿＿＿天；

(6) 本地原材料采购周期＿＿＿＿＿＿天，占总原材料＿＿＿＿＿＿％，原材料库存＿＿＿＿＿＿天；

(7) 进口原材料进口周期＿＿＿＿＿＿天，占总原材料＿＿＿＿＿＿％，原材料库存＿＿＿＿＿＿天；

(8) 是否有最小生产批量？ □ 无；□ 有（最小批量是＿＿＿＿＿＿＿＿＿＿＿＿）

(9) 确认订单需要＿＿＿＿＿＿小时；

(10) 采用了哪些软件系统？ □ MRP；□ MRPII；BPCS；□ ERP；□ CRM；□ 其他

4. 供应商生产技术/工艺水平/工程能力

(1) 开发工程部的功能架构图如何？（请提供附件）

(2) 产品研发＿＿＿＿＿＿人，工艺＿＿＿＿＿＿人，工程师＿＿＿＿＿＿人，其他技术员＿＿＿＿＿＿人；

(3) 自己设计的产品主要有＿＿＿＿＿＿，工具模具有＿＿＿＿＿＿；

(4) 自己设计制作的设备有＿＿＿＿＿＿＿＿＿＿＿＿＿＿＿＿＿＿＿＿＿＿＿＿＿；

(5) 新产品的开发周期为＿＿＿＿＿＿天；

(6) 是否有客户参与产品或工艺的开发？ □ 无；□ 有（请提供记录）

(7) 是否有供应商参与产品或工艺的开发？ □ 无；□ 有（请提供记录）

(8) 应用的设计软件是＿＿＿＿＿＿，其功能是＿＿＿＿＿＿；

(9) 设备利用率是＿＿＿＿＿＿％，设备故障率是＿＿＿＿＿＿％；

(10) 模具制造维修主要设备设施有＿＿＿＿＿＿＿＿＿＿＿＿＿＿＿＿＿＿＿＿＿＿；

(11) 技术人员年流失率＿＿＿＿＿＿％，管理人员年流失率＿＿＿＿＿＿％，
生产工人年流失率＿＿＿＿＿＿％。

5．供应商环境管理情况

（1）环境方针/政策是＿＿＿＿＿＿＿＿＿＿＿＿＿＿＿＿＿＿＿＿＿＿＿＿＿＿＿＿；

（2）环境管理代表是＿＿＿＿＿先生/女士，手机＿＿＿＿＿；

（3）是否已通过 ISO 14001 认证？　□ 是（提供证书附件）；□ 否(计划何时＿＿＿＿＿)

（4）今年环境管理的主要目标是＿＿＿＿＿＿＿＿＿＿＿＿＿＿＿＿＿＿＿＿＿＿＿；

（5）是否已对公司的产品设计/工厂建设进行了环境影响的评估？

　　　　□ 是（提供证书附件）；□ 否（计划何时＿＿＿＿＿）

（6）产品中是否含有贵重金属？　□ 否；□ 是(含量是＿＿＿＿＿%)

（7）包装材料能否循环使用？　□ 否；□ 能

用户对该供应商的基本情况调查结果/供应商评审委员会初步意见

□ 优秀供应商　　□ 良好供应商　　□ 一般供应商　　□ 不合格供应商

评审人签名：＿＿＿＿＿日期＿＿＿＿＿年＿＿＿＿＿月＿＿＿＿＿日

核定人签名：＿＿＿＿＿日期＿＿＿＿＿年＿＿＿＿＿月＿＿＿＿＿日

采购人签名：＿＿＿＿＿日期＿＿＿＿＿年＿＿＿＿＿月＿＿＿＿＿日

核定人签名：＿＿＿＿＿日期＿＿＿＿＿年＿＿＿＿＿月＿＿＿＿＿日

范例 2

调查目的：		
预定调查日期		
公司名称	地址	联系电话
提供商品类别	特殊产品	传真
1. 历史及所有权		
公司成立年份	公司运作的年份	企业　私营　合资 性质　外资　国有
子公司　　分部（名称/地址）		
开发历史		
2. 财务状况		
年销售额		销售成本
净值	目前负债	目前资本

续表

3. 人员

总人数			直接人员	间接人员	工程人员
生产人员	行政人员		其他辅助人员	检查员与操作的比例	
总裁	董事长		总经理		销售经理
生产经理	客户服务经理		QA 经理		主管监管人数
生产经理向谁汇报			QA 经理向谁汇报		
工厂总面积		生产面积		检验区面积	行政区面积
建筑物 总数		建筑 □ 租借　□ 自有		设备 □ 租借　□ 自有	
设备清单(请另附纸填写)					

4. 销售

直接　　代理(名字)	谁制定价格
主要客户及比例	
订单流程描述	

5. 生产

生产能力	班次 □ 正常　□ 两班　□ 三班
生产控制系统描述	

6. 品质体系

品质体系认证：ISO 9001/14000/无/其他：		
取得年份		
其他认可的奖项：		
如果没有,有无计划去获得认证：		
有无品质手册或局面运作程序 如果回答有,请提供一份复印件	有	无
在贵公司谁负责品质？ 联系人的姓名：　　　　　部门：　　　　　联系电话：		
有无一份工序流程图？ 如果回答有,请提供一份复印件	有	无
是否保持所有检查记录	是	否
有无文件控制系统	有	无

续表

图纸及图纸更改如何控制		
文件控制系统能否保证最新版本的图纸被使用		
受控文件保持多久		

7. 品质部的组织结构

整个品质部计划的检查操作是什么样的？请提供详细的品质计划		
每批出货是否都附有 OQC 报告？	是	否
是否提供物料证明给客户？	是	否
是否检查外购件或原材料？	是	否
有无设备测试原材料？	有	无
如何检验原材料？　　　　自检　　　　第三方团体检验	物料证明	
是否使用统计过程控制技术？ 如果是,请注明：	是	否
是否和主要客户一起确定检验标准？ 如果是,是哪一个客户？	是	否
有的相关标准/规格是否适合贵公司的业务？ 如果是,请列出一部分：	是	否
新产品管理：请描述如何控制供应商？		
品质部的组织结构：		

8. 来料检验

是否表明来料检验状态？	是	否
使用何种抽样计划？		
a. MIL-STD-105E	是	否
b. 仅随即抽取,无特殊抽样计划	是	否
c. 全检	是	否
d. 不检	是	否
e. 其他		
如何识别及追溯拒收批文？请详细说明：		

9. 过程控制

在量产前是否实行首检？		是	否
由谁执行？	Q.C	生产部	其他
是否记录首检数据？		是	否
过程检验频度为多少？			

是否有检验清单？	是	否
是否提供操作指示给检验员？	是	否
是否执行过程能力检查？ 如果是，请详细说明：	是	否
是否使用统计品质控制技术？	是	否
如果是，请详细说明：		

10. 最终检验

在交付前是否所有项目都执行最终检验？	是	否
有无出货检验检查记录？	是	否
是否向客户提供 COC？	是	否
使用何种抽样计划？		
QC/QA 有无权力停止出货？	有	无
有无运作程序？		

11. 测量设备

请提供一份测量设备的清单		
测量仪器有无校准计划？ 如果有，请提供一份复印件	有	无
如何处理校准失败的设备/仪器？		

12. 其他

有无一个维护工具和设备的合适体系？ 如果回答有，请解释：	有	无
有无合适的储存能力并进行控制？	有	无
如果回答有，请解释：		
在工厂里是否实行先进先出制度？	是	否
是否同意提供一些我们购买的产品的一部分品质计划？	是	否
是否向客户提供书面的对不符合要求而被退回的产品的纠正措施？ 如果回答是，请说明贵公司目前纠正措施	是	否
如何处理紧急情况以避免不能向客户出货这种情形？		

13. 结论

14. 填制这份表格的人员

姓名：	职务：
签字：	日期：

主要参考文献

1. Flynn A，Farney S. The Supply Management Leadership Process. Tempe，AZ：Institute for Supply Management，2000

2. van Weele A. Purchasing and Supply Chain Management：Analysis，Planning and Practice. 3rd Ed. London：Cengage Learning Business Press，2001

3. Bowersox D J，Closs D J，Cooper M B. Supply Chain Logistics Management. 2nd Ed. New York：McGraw-Hill Higher Education，2006

4. Daly J L. Pricing for Profitability：Activity-Based Pricing for Competitive Advantage. Hoboken，NJ：Wiley，2001

5. Lysons K，Gillingham M. Purchasing & Supply Chain Management. 6th Ed. London：Financial Times Management，2003

6. Ellram L M，Choi T Y. Supply Management for Value Enhancement. Tempe，AZ：Institute for Supply Management，2000

7. Leenders M R，Johnson P F，Flynn A et al. Purchasing Supply Management. 13th ISE edition. Singapore：McGraw-Hill Education Singapore，2005

8. Monczka R M，Trent R J，Handfield R B. Purchasing and Supply Chain. 3th Ed. Boston：South-Western College Publisher，2004

9. Fawcett S E. The Supply Management Environment. Tempe，AZ：Institute for Supply Management，2000

10. Foster T. Managing Quality：Integrating the Supply Chain. 3rd Ed. Boston：Prentice Hall，2006

11. 陈勇强. 项目采购管理. 北京：机械工业出版社，2002

12. 杜红平，刘华. 国际采购实务. 北京：中国物资出版社，2003

13. 龚国华，吴嵋山，王国才. 采购与供应链. 上海：复旦大学出版社，2005

14. 何红锋. 招标投标法研究. 天津：南开大学出版社，2004

15. 胡丹婷，国际贸易实务. 北京：机械工业出版社，2007

16. 王国文，赵海然. 供应链管理：采购流程与战略. 北京：企业管理出版社，2006

17. 王为人. 采购案例精选. 北京：电子工业出版社，2007

18. 乌云娜等. 项目采购与合同管理. 北京：电子工业出版社，2006

19. 于淼，供应商管理. 北京：清华大学出版社，2006

20. 赵道致，孙建勇，逄守杰. 基于 MICK-4FI 资源运营模式的自制-外购决策工具开发. 组合机床与自动化技术，2007(1)：105～109

21. 赵道致，供应链管理. 北京：中国水利水电出版社，2007

22. 鞠颂东，徐杰. 采购管理. 北京：机械工业出版社，2005

23. 徐杰，田源. 采购与仓储管理. 北京：清华大学出版社，北京交通大学出版社，2004

24. 张远昌. 生产物流与采购管理. 北京：中国纺织出版社，2004

25. 赵道致. 供应链管理. 北京：中国水利水电出版社，2007

26. 沈小静,谭广魁,唐长虹. 采购管理.北京：中国物资出版社,2003
27. 余彤鹰. 供应商关系管理.企业工程论坛,2001-1-25
28. 李亚伯,成卫华. 论"双赢"的供应商关系管理模式.现代管理科学,2005(8)：64～65
29. 王学平.买卖关系模式的转变及伙伴关系的兴盛.珠江经济,2006(5)：89～96
30. 大卫·波特,唐纳德·多布勒,斯蒂芬·斯大林.世界级供应管理.何明珂,张海燕,张京敏,译.北京：电子工业出版社,2003